언제 어디서나 통하는

러시아어 일상회화사전

조안순 지음

정진출판사

머리말

러시아는 우리에게 가깝고도 먼 나라입니다. 러시아어는 유엔 6개 공용어 중 하나이고, 많은 나라에서 사용되고 있지만, 아직까지 우리나라에서 러시아어를 지속적으로 공부하는 것은 그리 쉽지 않습니다. 첫걸음 교재나 강좌는 어느 정도 있는 편이지만 그 뒤에 이어지는 공부를 하기에는 자료나 여건이 아직 많이 부족하니까요. 이 책은 어느 정도 러시아어를 공부한 사람들이 다양한 상황에서 쓸 수 있는 표현들을 정리하는 데 초점을 두었습니다.

교재의 러시아어 표현들을 한국어 발음으로 표기하긴 했지만, 한국어로 표현할 수 없는 발음이 많습니다. 특히 억양이나 강세는 직접 들으면서 따라 해야 실제로 어떻게 말하는지 감을 잡을 수 있습니다. 그러니 교재 음성파일을 자주 쓰는 핸드폰이나 플레이어에 넣어 수시로 들으면서 따라 말해 보세요. 조금 익숙해졌다면 한국어만 보고 러시아어로 말해 보고, 좀 더 익숙해지면 앞에 있는 사람에게 말을 한다고 생각하고 조금씩 외워서 말해 보세요. 그렇게 외울 때 스마트폰이나 태블릿의 녹음 기능을 활용하면 좋습니다. 나는 제대로 말했다고 생각했는데, 녹음된 걸 들어보면 엉뚱한 말을 하고 있거나 실수를 반복하는 경우가 많거든요. 그렇게 실수를 조금씩 교정해 나가면서 여러 번 소리내어 말하다 보면 완전히 외워진 표현들이 쌓이기 시작합니다. 툭 치면 자동으로 나올 정도로 소리내어 따라 하고 이런 과정을 시차를 두고 반복하세요.

그 과정에서 내 입으로 외워진 러시아어 표현들은 내가 하고 싶은 말을 러시아어로 할 때 아주 중요한 기본 바탕이 됩니다. 그러한 바탕 위에서 꾸준히 러시아어를 연습해 나간다면, 시간은 결국 여러분의 편이 되어줄 겁니다.

저자 조안순

목 차

▶ **발음편: 러시아어의 문자와 발음**

1. 러시아어 알파벳 12
2. 러시아어 발음 14
3. 러시아어 억양 22

제1장 인 사

Part 01 안녕, 사샤. 24
Part 02 처음 뵙겠습니다. 26
Part 03 오랜만입니다. 28
Part 04 일은 어떠신가요? 30
Part 05 안녕히 가세요. 32
Part 06 곧 돌아오겠습니다. 34
■ 관련단어 : 대명사 주격/대명사 y 생격/대명사 여격/대명사 대격
대명사 c 조격/대명사 o 전치격/소유형용사 주격
■ 문화 엿보기 : 러시아에 대한 기본사항

제2장 소 개

Part 01 이분은 미스터 박입니다. 44
Part 02 이 사람은 누구인가요? 46
Part 03 성함이 어떻게 되세요? 48
Part 04 한국인이세요? 50
Part 05 무슨 일을 하십니까? 52
Part 06 회사에서 무슨 일을 하세요? 54
Part 07 어디 사세요? 56
Part 08 여기는 무슨 일로 오셨어요? 58
■ 관련단어 : 국가 이름
■ 문화 엿보기 : 러시아어에 관하여

제3장 감사 · 사과 · 축하

Part 01 감사합니다. 68

Part 02 폐 많이 끼쳤습니다. 70
Part 03 죄송합니다. 72
Part 04 새해 복 많이 받으세요. 74
■관련단어 : 주요 형용사
■문화 엿보기 : 러시아의 인구, 분포, 성별

제4장 날짜 · 시간 · 나이

Part 01 오늘은 며칠인가요? 82
Part 02 오늘은 무슨 요일인가요? 84
Part 03 몇 시예요? 86
Part 04 얼마나 걸립니까? 88
Part 05 이 시계 정확해요? 90
Part 06 나이가 어떻게 되세요? 92
Part 07 누가 나이가 더 많아요? 94
■관련단어 : 요일/월/날짜
■문화 엿보기 : 러시아의 시간대와 주요 도시

제5장 가족 · 결혼

Part 01 가족이 몇 분이세요? 104
Part 02 자녀가 몇 명이에요? 106
Part 03 결혼하셨어요? 108
Part 04 맞벌이하세요? 110
Part 05 당신 옆에 있는 아가씨는 누구입니까? 112
■관련단어 : 가족 호칭
■문화 엿보기 : 러시아의 가족

제6장 일상생활

Part 01 몇 시에 집에서 출발하세요? 120
Part 02 오늘 일 있어요? 122

Contents

Part 03 학교는 어떻게 가십니까? 124
Part 04 언제까지 서명해야 하나요? 126
Part 05 집세는 얼마인가요? 128
Part 06 집이 얼마나 넓어요? 130
Part 07 오늘 날씨가 어때요? 132
Part 08 일기예보에서 내일 비가 온다고 합니다. 134
■관련단어 : 날씨
■문화 엿보기 : 러시아의 기후와 지형

제7장 여가 · 취미

Part 01 여가 시간에 무엇을 하세요? 146
Part 02 취미가 무엇입니까? 148
Part 03 시간 있어요? 150
Part 04 나갑시다! 152
Part 05 하지만 잘하지는 못합니다. 154
Part 06 콘서트는 몇 시에 시작합니까? 156
Part 07 설날에는 무엇을 합니까? 158
■관련단어 : 취미, 스포츠
■문화 엿보기 : 러시아인의 여가생활

제8장 초대 · 방문

Part 01 언제 만나뵐까요? 168
Part 02 실례합니다. 170
Part 03 우리 집에 초대하고 싶어요. 172
Part 04 와줘서 기뻐요. 174
Part 05 무엇을 마시겠습니까? 176
Part 06 많이 드세요. 178
Part 07 맛이 어때요? 180
Part 08 이만 가보겠습니다. 182
■관련단어 : 서수

■문화 엿보기 : 러시아의 다차

제9장 회사생활

Part 01 어떤 회사입니까? 190
Part 02 사원은 몇 명인가요? 192
Part 03 점심은 회사 구내식당에서 먹습니다. 194
Part 04 입사한 지 10년입니다. 196
Part 05 지금 회의 중이세요. 198
Part 06 휴가는 어떻게 보내실 겁니까? 200
Part 07 잔업을 많이 합니까? 202
■관련단어 : 직위/사무실
■문화 엿보기 : 루우스끼와 라씨이스끼 그리고 라씨이아닌

제10장 전 화

Part 01 여보세요, 이라네 집인가요? 214
Part 02 잠시만 기다려 주십시오. 216
Part 03 오랜만입니다. 218
Part 04 잘못 거셨습니다. 220
■문화 엿보기 : 마트료시카

제11장 교통 · 길묻기

Part 01 붉은광장은 어디에 있어요? 226
Part 02 이 길을 건너세요. 228
Part 03 길을 잃어버렸어요. 230
Part 04 이 버스는 기차역에 갑니까? 232
Part 05 동물원은 몇 번째 정거장입니까? 234
Part 06 환승해야 되나요? 236
Part 07 이 주소로 가 주세요. 238
Part 08 이 열차는 블라디보스토크행입니까? 240

Contents

■관련단어 : 교통수단/방향
■문화 엿보기 : 시베리아 횡단철도

제12장 질문 · 부탁 · 요청

Part 01 잠깐 기다리세요. 250
Part 02 천천히 운전해도 되겠지요? 252
Part 03 100루블 빌릴 수 있습니까? 254
Part 04 일찍 출발하는 게 좋겠지요? 256
Part 05 다시 말씀해 주시겠어요? 258
Part 06 도와주실 수 있습니까? 260
Part 07 사진 좀 찍어주시겠습니까? 262
■관련단어 : 감정표현
■문화 엿보기 : 러시아의 공휴일과 명절

제13장 여러 가지 표현

Part 01 저 키 큰 사람은 누구입니까? 270
Part 02 건강해지길 바랍니다. 272
Part 03 배 안 고프세요? 274
Part 04 힘내세요! 276
Part 05 대단하네! 278
Part 06 맙소사! 이런! 280
■관련단어 : 외모
■문화 엿보기 : 러시아의 공중화장실

제14장 쇼 핑

Part 01 모자 있습니까? 288
Part 02 다른 색으로 보여주세요. 290
Part 03 입어보시겠습니까? 292
Part 04 이거 얼마입니까? 294

Part 05 싸게 해주시지 않겠습니까? 296
Part 06 그걸로 하겠습니다. 298
■관련단어 : 치수
■문화 엿보기 : 러시아의 화폐

제15장 식사 · 음주

Part 01 점심 식사 예약하겠습니다. 306
Part 02 비프스테이크를 주문하겠습니다. 308
Part 03 매운 것을 좋아하세요? 310
Part 04 햄버거 하나 주세요. 312
Part 05 주문한 게 아직 안 나왔어요. 314
Part 06 바에 자주 가십니까? 316
Part 07 맥주 한잔 해요. 318
Part 08 계산해 주세요. 320
■관련단어 : 양념/음식/맛
■문화 엿보기 : 러시아의 음식

제16장 공항에서 호텔까지

Part 01 제 좌석은 어디입니까? 330
Part 02 방문 목적이 무엇입니까? 332
Part 03 짐 찾는 곳은 어디입니까? 334
Part 04 신고할 물건 있습니까? 336
Part 05 예약하겠습니다. 338
Part 06 빈방 있습니까? 340
Part 07 룸서비스입니다. 342
Part 08 귀중품을 맡아주시겠습니까? 344
Part 09 체크아웃 하겠습니다. 346
■관련단어 : 공항 내 주요 안내 표시/호텔
■문화 엿보기 : 한러 비자면제 협정

Contents

제17장 여러 가지 상황

Part 01	책을 몇 권까지 빌릴 수 있습니까?	356
Part 02	은행 계좌를 갖고 계세요?	358
Part 03	항공우편입니까?	360
Part 04	일주일간 차를 빌리고 싶습니다.	362
Part 05	타이어가 펑크 났어요.	364
Part 06	핸드폰이 안 돼요.	366
Part 07	가방을 잃어버렸어요.	368
Part 08	지갑을 도난당했습니다.	370
Part 09	어디가 아프세요?	372
Part 10	두통약 있습니까?	374
Part 11	구급차를 불러주세요.	376
	■관련단어 : 병 관련	
	■문화 엿보기 : 젬스키 닥터	

▶부록

초심자를 위한 러시아어 막사용 설명서 388

그림 단어 390

1. 객실
2. 화장실
3. 컴퓨터
4. 문구용품
5. 가전제품
6. 주방
7. 승용차
8. 인체
9. 과일
10. 야채
11. 동물

단어 찾아보기 401

발음편

☞ 한 가지 학습자 여러분께 당부드리고 싶은 말은 이 책에 한글로 병기된 발음은 단지 참고로만 활용하시고, 정확한 발음은 녹음된 러시아 현지인의 발음을 따라하면서 습득하시기 바랍니다.

러시아어의 문자와 발음

1. 러시아어 알파벳

러시아어 알파벳은 모음 10개, 자음 21개, 부호 2개로 총 33개입니다.

■ **알파벳 Alfabeto**[아우파베뚜]

	인쇄체		명칭	발음	분류
1	А	а	아	아	모음
2	Б	б	베	ㅂ (b)	자음
3	В	в	베	ㅂ (v)	자음
4	Г	г	게	ㄱ	자음
5	Д	д	데	ㄷ	자음
6	Е	е	이에	이에	모음
7	Ё	ё	이오	이오	모음
8	Ж	ж	쥐에	쥐	자음
9	З	з	제	ㅈ (z)	자음
10	И	и	이	이	모음
11	Й	й	이 끄라뜨까예	이	반자음 (짧은 이)
12	К	к	까	ㄲ	자음
13	Л	л	엘	ㄹ (l)	자음
14	М	м	엠	ㅁ	자음
15	Н	н	엔	ㄴ	자음
16	О	о	오	오	모음
17	П	п	뻬	ㅃ	자음

18	Р	р	에르	ㄹ (r)	자음
19	С	с	에스	ㅅ	자음
20	Т	т	떼	ㄸ	자음
21	У	у	우	우	모음
22	Ф	ф	에프	ㅍ (f)	자음
23	Х	х	하	ㅎ	자음
24	Ц	ц	쩨	ㅉ (ts)	자음
25	Ч	ч	취에	취	자음
26	Ш	ш	쉬아	쉬	자음
27	Щ	щ	쒸아	쒸	자음
28	ъ		뜨뵤르듸 즈나크	소리 없음	부호 (경음부호)
29	Ы	ы	의	의	모음
30	ь		마흐끼 즈나크	소리 없음	부호 (연음부호)
31	Э	э	에	에	모음
32	Ю	ю	이우	이우	모음
33	Я	я	이아	이아	모음

1) 러시아어 알파벳은 모음 10개, 자음 21개, 부호 2개로 총 33개입니다. 문장의 첫 글자와 고유명사는 대문자로 쓰는데, 부호 2개는 자음 뒤에만 오므로 대문자로 쓸 일이 없습니다.
2) 5번 글자인 д는 이탤릭체 소문자에서 *∂*가 되고, 20번 글자 т는 이탤릭체 소문자에서 *m*가 됩니다.
3) 러시아어를 손으로 쓸 때는 인쇄체가 아닌 필기체로 씁니다. 처음 배울 때는 인쇄체와 필기체가 많이 헷갈리므로, 인쇄체를 먼저 익힌 후, 익숙해지면 바로 필기체 연습을 하시기 바랍니다.

- 필기체 대문자 *АБВГДЕЁЖЗИЙКЛМНОПРСТУФХЦЧШЩЭЮЯ*
- 필기체 소문자 *абвгдеёжзийклмнопрстуфхцчшщъыьэюя*

2. 러시아어 발음

1) 러시아어의 모음

러시아어의 모음은 모두 10개입니다. 철자 위에 표시한 '′'는 러시아어의 강세가 있는 부분이며 길고 세게 읽어줍니다.

А 우리말의 [아]와 비슷합니다.
ананáс 아나나-스 파인애플

Я 우리말의 [야(이아)]와 비슷합니다.
я́хта 야-흐따 요트

О 우리말의 [오]와 비슷합니다.
он 온 그 남자, 그것(남성명사)

Ё 우리말의 [요(이오)]와 비슷합니다. 이 글자가 들어가는 단어에는 별도의 강세 표시를 하지 않아도 항상 강세를 받습니다.
ёлка 욜-까 크리스마스트리

Э 우리말의 [에]와 비슷합니다.
эх 에흐 에휴, 아이고(감탄사)

Е 우리말의 [예(이에)]와 비슷합니다.
ем 옘 (나는) 먹는다

У 우리말의 [우]와 비슷합니다.
урóк 우로-크 수업, 과

Ю 우리말의 [유(이우)]와 비슷합니다. (모음 o에 강세가 없을 때 [아]와 비슷한 발음입니다.)
ю́мор 유-마르 유머

Ы 우리말의 [의]와 비슷한 발음이지만, 단모음입니다.
ты 띄 너

И 우리말의 [이]와 비슷한 발음입니다.
игрá 이그라- 게임

2) 러시아어의 자음

러시아어의 자음은 모두 21개입니다.

Л 우리말의 [ㄹ]과 비슷하며 뒤에 모음이 없을 때 받침이 됩니다. 뒤에 모음이 오면 한 번 더 발음됩니다. 맨 앞에 올 때는 [을] 발음이 있는 것처럼 들립니다.
лунá 루나- 달
стол 스똘 책상, 식탁
слéва 슬례-바 왼쪽에

Р 우리말의 [ㄹ]과 비슷하지만 뒤에 모음이 없을 때 살짝 [으]를 넣어 발음합니다. 혀끝이 빠르게 진동하는데, 맨 앞에 올 때는 [흐] 발음이 있는 것처럼 들립니다.
рабóта 라보-따 일, 업무, 직장
курс 꾸르스 (대학의) 학년
средá 스리다- 수요일
(모음 е는 강세가 없을 때 [이]로 발음됩니다.)

Г 우리말의 [ㄱ]과 비슷합니다.
гигáнт 기간-트 거인, 자이언트

К 우리말의 [ㄲ]과 비슷합니다. 뒤에 자음이 오면 받침이 되지만, 단어 끝과 자음 т 앞에서 [ㅋ]로 소리납니다.

как 까크 어떻게

кто 크또 누구

М 우리말의 [ㅁ]과 비슷합니다. 뒤에 모음이 없을 때 받침이 될 수 있습니다.

мир 미르 평화, 세계

дом 돔 집

Н 우리말의 [ㄴ]과 비슷합니다. 뒤에 모음이 없을 때 받침이 될 수 있습니다. 뒤에 г나 к의 자음이 오면 받침 [ㅇ]과 비슷한 발음이 납니다.

нет 녜트 아니다, 없다

он 온 그 남자, 그것(남성명사)

А́нглия 앙-글리야 영국

Б 우리말의 [ㅂ]과 비슷합니다.

бана́н 바난- 바나나

П 우리말의 [ㅃ]과 비슷하며, 맨 끝에 올 때는 [ㅍ]로 소리납니다.

по́вар 뽀-바르 요리사

В 우리말의 [ㅂ]과 비슷하지만, 영어의 [v]처럼 윗니와 아랫입술이 마찰하여 소리납니다.

вор 보르 도둑

Ф 우리말의 [ㅍ]과 비슷하지만, 영어의 [f]처럼 윗니와 아랫입술이 마찰하여 소리납니다.

фо́рмула 포-르물라 공식

Д 우리말의 [ㄷ]과 비슷합니다.
да 다 그렇다, 맞다

Т 우리말의 [ㄸ]과 비슷하며, 맨 끝에 올 때는 [ㅌ]로 소리납니다.
тут 뚜트 여기에(구어체)

З 우리말의 [ㅈ]과 비슷하지만, 영어의 [z]처럼 혀끝과 윗니가 마찰하여 소리가 납니다.
зал 잘 홀, 넓은 방

С 우리말의 [ㅅ]과 비슷하며, 모음과 결합하면 [ㅆ]과 비슷한 발음이 됩니다.
спорт 스뽀르트 스포츠
сок 쏘크 주스

Ж 우리말의 [쥐]와 비슷한데, 혀가 수저 모양으로 움푹 파이며 바람 소리가 납니다.
журна́л 쥐우르날- 잡지

Ш 우리말의 [쉬]와 비슷한데, 혀가 수저 모양으로 움푹 파이며 바람 소리가 납니다.
шко́ла 쉬꼴-라 학교(초중고등학교)

Щ 우리말의 [쉬]와 비슷한데, 혓바닥을 입천장에 가까이하며 바람 소리를 냅니다.
щётка 쉬요-뜨까 브러시, 솔

Ч 우리말의 [취]와 비슷한데, 혓바닥을 입천장에 가까이하며 바람 소리를 냅니다.

ча́сто 취아-스따 자주

Ц 우리말의 [쯔]와 비슷하게 들리지만, 혀끝이 윗니 뒤에 닿았다가 떨어지며 나는 발음입니다.

цари́ца 짜리-짜 여왕

Х 우리말의 [ㅎ]과 비슷하게 들리지만, 영어의 [kh] 발음과 가깝습니다.

хао́с 하오-스 카오스, 혼란

Й 우리말의 [이]와 비슷하지만 짧게 발음하며, 혓바닥을 입천장에 가까이하여 소리냅니다.

чай 취아이 차(tea)

3) 러시아어의 부호

러시아어의 부호는 2개입니다.

Ь [미아흐끼 즈나크] 연음부호

자음 뒤에만 오며, [이] 소리를 속으로 삼키는 느낌입니다. 빨리 말하면 잘 안 들립니다.

пальто́ 빨또- 외투

Ъ [뜨비오르드이 즈나크] 경음부호

자음 뒤에만 오며, [으] 소리를 살짝 넣어 발음합니다.

подъе́зд 빠드예-스트 건물 입구, 아파트 공동현관

(зд가 [스트]로 발음되는 것은 자음동화 참고)

4) 러시아어의 강세

• 한 단어에 한 강세이므로 모음이 2개 이상일 때만 표시하며, 강세는

길고 세게 발음합니다.
ма́ма 마-마 엄마

- o가 강세가 없으면 [아]에 가까운 발음이 됩니다.
  хорошо́ 하라쉬오- 좋다, 잘

- e가 강세가 없으면 [이]에 가까운 발음이 됩니다. 강세가 없으면서 맨 끝에 오면, 힘을 뺀 [예] 발음과 비슷합니다.
  Сеу́л 씨울- 서울
  мо́ре 모-례 바다

- я가 강세가 없으면 [이]에 가까운 발음이 됩니다. 강세가 없으면서 맨 끝에 오면, 힘을 뺀 [야] 발음과 비슷합니다.
  язы́к 이지-크 언어, 혀
  Росси́я 라씨-야 러시아

- ё는 항상 강세를 가지고 있습니다.
  ёлка 욜-까 크리스마스트리

- 2개 이상의 단어가 결합한 합성어일 때는, 강세가 2개가 될 수도 있습니다.
  по́лго́да 뽈-고-다 반 년

- ча가 강세가 없으면 [취]에 가까운 발음이 됩니다. 강세가 없으면서 맨 끝에 오면, 힘을 뺀 [취아]가 됩니다.
  часы́ 취씌- 시계
  да́ча 다-취아 별장, 주말농장

- ща가 강세가 없으면 [쉬]에 가까운 발음이 됩니다. 강세가 없으면서 맨 끝에 오면, 힘을 뺀 [쉬아]가 됩니다.
  пло́щадь 쁠로-쉬쯔 광장(дь가 [쯔]로 발음되는 것은 자음동화, 구개음화 참고)
  тёща 찌요-쉬아 장모, 아내의 어머니(тё가 [찌요]로 발음되는 것은 구개음화 참고)

❖ 참고로 러시아어 문장이나 단어에는 원래 강세 표시가 없는데, 이 책에서는 학습의 편의상 강세 표시(´)를 하였습니다. 또한 강세를 표시할 때 단어 첫 글자가 대문자이면서 강세가 있으면 강세 표시를 생략하는 것이 원칙이지지만 이 책에서는 학습자의 편의를 위해 그 경우에도 표시했습니다.

5) 자음동화(역행동화)

성대가 떨리는 유성음과 성대가 떨리지 않는 무성음이 연달아 있을 때, 뒤에 있는 자음의 영향으로 앞의 자음이 변하는 것을 말합니다.

• 대응하는 유성음과 무성음

유성음	б	в	г	д	ж	з
무성음	п	ф	к	т	ш	с

• 대응하는 쌍이 없는 무성음

무성음	ч	ц	щ	х

• 유성음 6개(б, в, г, д, ж, з)는 무성음 10개(п, ф, к, т, ш, с, ч, ц, щ, х) 앞에 올 때 무성음이 됩니다.

авто́бус 아프또-부스 버스 (유+무 → 무+무)

• 무성음 4개(ч, ц, щ, х)는 대응하는 유성음은 없지만, 앞의 유성음을 무성음으로 바꿉니다.

вчера́ 프취라- 어제 (유+무 → 무+무)

• 무성음 6개(п, ф, к, т, ш, с)가 유성음 5개(б, г, д, ж, з) 앞에 올 때 유성음이 됩니다.

вокза́л 바그잘- 기차역 (무+유 → 유+유)

• 뒤에 오는 유성음이 в이면 아무런 변화가 일어나지 않습니다.

твой 뜨보이 너의 (무+в → 무+в)

• 유성음 6개(б, в, г, д, ж, з)는 단어의 맨 끝에 올 때 무성음이 됩니다.

муж 무쉬 남편 (단어 맨 끝 유 → 무)

- 유성음이 단어의 맨 끝에 연달아 오면, 붙어 있는 유성음이 전부 무성음이 됩니다.
  по́езд 뽀-이스트 기차 (단어 맨 끝 유+유 → 무+무)

- 한 단어는 아니지만 앞 단어의 끝 자음과 뒷 단어의 첫 자음 사이에서도 이런 현상은 일어납니다.
  Как дела́? 까그 질라- 어떻게 지내? (де가 [지]로 발음되는 것은 구개음화 참고)

6) 구개음화

- 모음 и, я, е, ё, ю와 연음부호 ь 앞에서 자음 д는 [ㅈ], 자음 т는 [ㅉ]과 비슷하게 발음이 됩니다.
  де́ти 제-찌 아이들

- 일부 외래어에서 е가 [에]로 발음되는 경우에는 구개음화가 되지 않습니다.
  ми́стер 미-스떼르 미스터

7) 묵음

- 3개 이상 겹치는 일부 자음 결합에서는 소리나지 않는 자음인 묵음이 있는 경우가 있습니다.

по́здно 뽀-즈나 늦게 (здн에서 д 묵음)

здра́вствуйте 즈드라-스뜨부이쩨 안녕하세요 (вств에서 맨 앞의 в 묵음)

8) 기타

- сч → щ
  счёт 쉬요-트 계산서, 계좌

- жч → щ

мужчи́на 무쉬-나 남성, 남자

• ться, тся → ца

познако́миться 빠즈나꼬-미짜 서로 소개하다, 인사하다

• 모음 사이에 г → в (단어가 원래 형태가 아니라 생격으로 변한 형태일 때 -ого, -его)

его́ 이보- 그의, 그를

9) 예외 ч → ш

что 쉬또 무엇

коне́чно 까녜-쉬나 물론

3. 러시아어 억양(높낮이)

1) 평서문: 문장 끝 부분의 억양을 내려줍니다.

Ма́ма до́ма. 마-마 도-마 엄마가 집에 있습니다.

2) 의문사 있는 의문문: 의문사에서 강세 있는 곳의 억양을 많이 올리고 나머지는 내립니다.

Когда́ семина́р? 까그다- 씨미나-르 세미나가 언제에요?

3) 의문사 없는 의문문: 궁금한 부분에서 강세 있는 곳의 억양을 많이 올리고 나머지는 내립니다.

Ма́ма до́ма? 마-마 도-마 엄마가 집에 있나요?

4) 부가 의문문: 살짝 내렸다가 물어보는 부분에서 강세 있는 곳의 억양을 올려줍니다.

Ма́ма до́ма. А па́па? 엄마는 집에 있습니다. 그런데 아빠는요?
마-마 도-마 아 빠-빠

5) 감탄문: 단어들에서 강세가 있는 부분들의 억양을 올려줍니다.

Кака́я хоро́шая пого́да! 얼마나 좋은 날씨인지!
까까-야 하로-쉬아야 빠고-다

제 1 장

인 사

1. 안녕 사샤.
2. 처음 뵙겠습니다.
3. 오랜만입니다.
4. 일은 어떠신가요?
5. 안녕히 가세요.
6. 곧 돌아오겠습니다.

Part 01 안녕 사샤.

기본표현

A : Приве́т, Са́ша.
뻐리볫-　　싸-샤

B : Приве́т, Со́ня.
뻐리볫-　　쏘-냐

A : 안녕, 사샤.
B : 안녕, 소냐.

표현늘리기

■ 안녕하세요! (아침 인사)

До́брое у́тро!
도-브라예　우-뜨라

■ 안녕하세요! (낮 인사)

До́брый день!
도-브릐　젠

■ 안녕하세요! (저녁 인사)

До́брый ве́чер!
도-브릐　베-취르

■ 안녕하세요! (시간에 상관없이)

Здра́вствуйте!
즈드라-스뜨부이쩨

■ 너 어떻게 지내?

Как у тебя́ дела́?
깍 우 찌뱌- 질라-

■ 당신은 어떻게 지내세요?

Как у вас дела́?
깍 우 바즈 질라-

■ 잘 지내요.

Хорошо́.
하라쉬오-

■ 저는 기분이 좋아요.

У меня́ хоро́шее настрое́ние.
우 미냐- 하로-쉬예 나스뜨라예-니예

■ 괜찮아요?

Всё в поря́дке?
프쑈- 프 빠랴-뜨꼐

■ 문제없습니다.

Нет пробле́м.
녜트 쁘라블롐-

Tip 러시아어에서는 인사말이 오전, 낮, 저녁 시간 때에 따라서 달라지는데, Здра́вствуйте는 시간에 상관없이 아무 때나 쓸 수 있는 말로, '안녕하세요'와 같은 인사말입니다. 가까운 사이에서는 '안녕'이라는 말로 Приве́т을 쓰고, 좀 더 격의 없이 쓸 때 Здоро́во라고 하기도 합니다.

Part 02 처음 뵙겠습니다.

기본표현

A : Прия́тно познако́миться.
뻐리야-뜨나 빠즈나꼬-미짜

B : Я Ким Мин Су. О́чень прия́тно.
야 김 민 수 오-취인 뻐리야-뜨나

A : 처음 뵙겠습니다.
B : 김민수입니다. 반갑습니다.

표현늘리기

■ 이분은 미스터 김입니다.

Э́то ми́стер Ким.
에-따 미-스떼르 낌

■ 소피야 알렉산드로브나입니다. 반갑습니다.

Меня́ зову́т София Александровна. О́чень прия́тно.
미냐 자부트 쏘-피야 알릭싼-드라브나 오-취인 뻐리야-뜨나

■ 저 역시 만나서 기쁩니다. (화자가 남자일 때)

Я то́же рад знако́мству.
야 또-쥐예 라트 즈나꼼-스뜨부

■ 저 역시 만나서 기쁩니다. (화자가 여자일 때)

Я то́же ра́да знако́мству.
야 또-쥐예 라-다 즈나꼼-스뜨부

■ 저를 간단히 소개하겠습니다.

Расскажу́ немно́го о себе́.

라그까쥐우-　님노-가　아 씨베-

■ 저는 이유나입니다.

Я Ли Ю На.

야 리　유　나

■ 성함이 어떻게 되세요?

Как вас зову́т?

까크　바즈　자부-트

■ 제 이름은 아나스타샤입니다.

Меня́ зову́т Анастаси́я.

미냐-　자부-트　아나스따씨-야

■ 우리 전에 만난 적이 있던가요?

Мы встреча́лись ра́ньше?

므이　프스뜨리취알-리스　란-쉬예

■ 당신이 낯익어 보입니다.

Мне знако́мо ва́ше лицо́.

므녜　즈나꼬-마　바-쉬예　리쪼-

Tip

'기쁘다'는 표현을 할 때 남자는 рад, 여자는 ра́да라고 합니다. 그리고 남자를 정중하게 지칭할 때 쓰는 ми́стер와 같은 뜻의 러시아어 단어로 господи́н이 있습니다. 여성을 지칭할 때 쓰는 단어로는 госпожа́와 мисс, масси́с가 있습니다.

Part 03 오랜만입니다.

기본표현

A : Давно́ не ви́делись. Здра́вствуйте.
다브노-　니　비-질리스　즈드라-스뜨부이쩨

B : У меня́ всё хорошо́. Спаси́бо.
우 미냐-　프쑈-　하라쉬오-　스빠씨-바

A : 오랜만입니다. 안녕하세요.
B : 전 잘 지내요. 감사합니다.

표현늘리기

■ 5년 만이군요.

Мы не ви́делись 5(пять) лет.
므이　니　비-질리스　빠쯔　례트

■ 어떻게 지내세요?

Как вы покива́ете?
까크　브이　빠쥐바-이쩨

■ 너는?

А у тебя́?
아 우 찌바-

■ 당신은요?

А у вас?
아 우 바스

■ 그럭저럭요.

Потихо́ньку.
빠찌혼–꾸

■ 나쁘지 않아요.

Непло́хо.
니쁠로–하

■ 건강해 보이네요.

Хорошо́ вы́глядите.
하라쉬오– 브이–글리지쩨

■ 보고 싶었어요. (화자가 여자일 때)

Хоте́ла вас уви́деть.
하쪨–라 바스 우비–지쯔

■ 보고 싶었어요. (화자가 남자일 때)

Хоте́л вас уви́деть.
하쪨– 바스 우비–지쯔

■ 저도요.

Я то́же.
야 또–쥐예

Tip '보고 싶었다'고 말할 때 남자는 **хоте́л**이라고 말하고, 여자는 **хоте́ла**라고 말합니다. 몇 년 만에 만났는지를 표현할 때 5년일 때는 **лет**을 썼지만, 1년이면 **год**, 2년~4년일 때는 **го́да**라고 하고, 5년 이상일 때는 **лет**을 씁니다.

Part 04 일은 어떠신가요?

기본표현

A : Как ва́ши дела́?
까크 바–쉬 질라–

B : Дела́ иду́т хорошо́.
질라– 이두–트 하라쉬오–

A : 일은 어떠신가요?
B : 잘되어 갑니다.

표현늘리기

■ 업무가 바쁘세요?

Мно́го рабо́ты?
므노–가 라보–띄

■ 아주 바쁩니다.

Рабо́ты о́чень мно́го.
라보–띄 오–취인 므노–가

■ 일 때문에 꼼짝을 못합니다.

Из-за рабо́ты нет вре́мени ни на что.
이자 라보–띄 녜트 브례–미니 니 나 쉬또

■ 요즈음 어떻게 지내세요?

Чем занима́етесь в после́днее вре́мя?
취옘 자니마–이찌스 프 빠슬례–드니예 브례–먀

■ 창업을 했습니다. (화자가 남자일 때)

Откры́л своё де́ло.

앗끄릴- 스바요- 젤-라

■ 창업을 했습니다. (화자가 여자일 때)

Откры́ла своё де́ло.

앗끄릴-라 스바요- 젤-라

■ 모든 게 괜찮습니다.

Всё хорошо́.

프쑈- 하라쉬오-

■ 그렇게 나쁘지는 않아요.

Непло́хо.

니쁠-로하

■ 한가해요. (화자가 남자일 때)

Я свобо́ден.

야 스바보-진

■ 한가해요. (화자가 여자일 때)

Я свобо́дна.

야 스바보-드나

Tip 말하는 사람이 남자인지 여자인지 구분하는 경우는 서술어가 형용사이거나 동사의 과거시제일 때입니다. 동사의 끝은 **-ть, -ти, -чь**이거나 여기에 **ся**가 붙은 형태입니다. 서술어가 형용사이거나 동사의 과거라면 성별을 꼭 체크해 보세요.

Part 05 안녕히 가세요.

기본표현

A : До свида́ния. Уви́димся.
다 스비다-니야 우비-짐쌰

B : Хоро́шего дня.
하로-쉬바 드냐

A : 안녕히 가세요. 또 봐요.
B : 좋은 하루 되세요.

표현늘리기

■ 집에 가야 할 시간이네요.

Пора́ домо́й.
빠라- 다모-이

■ 살펴 가세요.

Счастли́во.
쉬이슬리-바

■ 내일 또 봐요.

За́втра уви́димся.
자-프뜨라 우비-짐쌰

■ 나중에 봐요.

До встре́чи.
다 프스뜨레-취

■ 안녕히 주무세요!

Спокóйной нóчи!
스빠꼬-이나이 노-취이

■ 그 사람들에게 안부 전해 주세요.

Передáйте им привéт.
삐리다-이쩨 임 쁘리베-트

■ 보고 싶습니다.

Хочý вас увúдеть.
하취우- 바스 우비-지쯔

■ 모든 게 잘되길 빕니다.

Желáю вам успéхов во всём.
쥐일라-유 밤 우스뻬-하프 바 프쏨-

■ 또 봅시다.

Ещё увúдимся.
이쉬요- 우비-짐쌰

■ 즐거운 주말 되세요.

Хорóших выходны́х.
하로-쉬흐 븨하드늬-흐

Tip 기원하는 표현은 생격을 씁니다. 좋은 하루나 즐거운 주말이나 편안한 밤 되시라는 표현은 다 생격입니다. '기원하다'라는 의미의 동사인 **желáть**가 생격을 쓰는 동사이기 때문입니다. 무언가 기원하고 싶은 내용이 있다면 그 형용사와 명사를 생격으로 바꿔보세요.

Part 06 곧 돌아오겠습니다.

기본표현

A : Ско́ро верну́сь.
스꼬-라 비르누-스

B : Бу́дьте осторо́жны.
붓-쪠 아스따로-쥐늬

A : 곧 돌아오겠습니다.
B : 조심하세요.

표현늘리기

■ 언제 돌아오세요?

Когда́ вернётесь?
까그다- 비르뇨-찌스

■ 집에 늦을 것 같아요?

Домо́й вернётесь по́здно?
다모-이 비르뇨-찌스 뽀-즈나

■ 집에 저녁 먹으러 올게요.

Приду́ домо́й поу́жинать.
쁘리두- 다모-이 빠우-쥐나쯔

■ 4시까지 집에 올게요.

Верну́сь домо́й к 4-м(четырём) часа́м.
비르누-스 다모-이 크 취띄룜- 취쌈-

■ 3시에 돌아옵니다.

Верну́сь в 3(три) часа́.

비르누-스 프 뜨리 취싸-

■ 여보, 다녀왔어요. (상대방이 남자이고 내가 여자일 때)

Дорого́й, я пришла́.

다라고-이 야 쁘리쉴라-

■ 여보, 다녀왔어요. (상대방이 여자이고 내가 남자일 때)

Доро́гая, я пришёл.

다라가-야 야 쁘리쉬욜-

■ 어서 오세요. / 환영합니다.

Добро́ пожа́ловать.

다브로- 빠쥐알-라바쯔

■ 오늘 어땠어요?

Как прошёл день?

까크 쁘라쉬욜- 젠

■ 쉬세요.

Отдыха́йте.

앗디하-이쩨

Tip 돌아올 때 사용하는 동사는 **верну́ться**(돌아오다, 돌아가다) 혹은 **прийти́**(오다, 도착하다)입니다. 완료상이므로 주어에 따라 변화시키면 미래 시제인데, '내가 돌아올 거야'라는 표현은 **я верну́сь, я приду́**라고 합니다.

단어늘리기

기본단어

*명사는 주격, 형용사는 남성형, 동사는 원형만 표기했습니다.
*-ь로 끝나는 명사는 성별을 써주고, 동사 완료상, 불완료상인 경우에는 따로 표기해 두었습니다.
*〈남〉은 남성명사, 〈여〉는 여성명사, 〈중〉은 중성명사, 〈복〉은 복수명사, 〈불변〉은 불변명사, 〈불완료〉는 불완료동사, 〈완료〉는 완료동사의 약어 표시입니다.

привéт	쁘리베-트	안녕, 안부
здорóво	즈다로-바	안녕(가까운 사이에)
дóбрый	도-브릐이	좋은, 착한
ýтро	우-뜨라	아침
день	젠	낮, 날〈남〉
вéчер	베-취르	저녁
здрáвствуйте	즈드라-스뜨부이쪠	안녕하세요
как	까크	어떻게, 언제(접속사)
дéло	졜-라	일, 사건
делá	질라-	일들, 사건들
у тебя́	우 찌뱌-	너에게(소유, 일정)
у вас	우 바스	당신에게(소유, 일정)
хорошó	하라쉬오-	좋다, 잘
у меня́	우 미냐-	나에게(소유, 일정)
хорóший	하로-쉬이	좋은
настроéние	나스뜨라예-니예	기분
всё	프쑈-	모든 것
в поря́дке	프 빠랴-드꼐	괜찮다, 순조롭다
нет	녜트	아니다, (생격이) 없다
проблéма	쁘라블례-마	문제
нет проблéм	녜트 쁘라블례-마	문제들이 없다
прия́тно	쁘리야-뜨나	반갑다, 기분 좋다
познакóмиться	빠즈나꼬-미짜	서로 인사하다〈완료〉
óчень	오-취인	매우

э́то	에-따	이 사람들, 이것(들)
ми́стер	미-스떼르	미스터
мисс	미스	미스
мисси́с	미씨-스	미세스
господи́н	가스빠진-	~씨〈남〉
госпожа́	까스빠쥐아-	~씨〈여〉
я	야	나는
то́же	또-쥐예	또한
рад	라트	(여격에) 기쁘다
знако́мство	즈나꼼-스뜨바	알게 됨, 친분
рассказа́ть	라스까자-쯔	이야기하다〈완료〉
немно́го	님노-가	조금
о себе́	아 씨베-	자신에 관해
вас	바스	당신을
зову́т	자부-트	(사람들이) 부른다 (*зва́ть 부르다〈불완료〉)
меня́	미냐-	나를
встреча́ться	프스뜨리취아-짜	서로 만나다, 사귀다〈불완료〉
ра́ньше	란-쉬예	예전에
мне	므녜	나에게 (수신자)
знако́м	즈나꼼-	(여격에게) 익숙하다
ваш	바쉬	당신의
лицо́	리쪼-	얼굴
давно́	다브노-	오래 전에
ви́деться	비-지짜	서로 보다〈불완료〉
не	니	~가 아닌
спаси́бо	스빠씨-바	감사하다
пять	빠쯔	5
год / го́да / лет	고트 / 고-다 / 레트	년, 해, 살
вы	븨	당신은

단어늘리기

пожива́ть	빠쥐바–쯔	지내다〈불완료〉
а	아	그런데
потихо́ньку	빠찌혼–꾸	그럭저럭
непло́хо	니쁠로–하	나쁘지 않다
вы́глядеть	빅–글리지쯔	～하게 보이다〈불완료〉
хоте́ть	하쪠–쯔	원하다〈불완료〉
уви́деть	우비–지쯔	보다〈완료〉
идти́	잇찌–	가다, 진행되다〈불완료〉
мно́го	므노–가	많다
рабо́та	라보–따	업무, 직장
из-за	이자	(생격) 때문에
вре́мя	브례–먀	시간
вре́мя на что	브례–먀 나 쉬또	(на 대격을 할) 시간
ни	니	어떠한 ～도 (부정문에서)
занима́ться	자니마–짜	하다, 종사하다〈불완료〉
в после́днее вре́мя	프 빠슬례–드니예 브례–먀	최근에
откры́ть	앗끄릐–쯔	열다〈완료〉
свой	스보이	자신의
свобо́ден	스바보–진	자유롭다
до	다	(생격) ～까지
свида́ние	스비다–니예	만남, 데이트
уви́деться	우비–지짜	서로 보다〈완료〉
хоро́ший день	하로–쉬이 젠	좋은 하루
пора́	빠라–	～할 때
домо́й	다모–이	집으로
счастли́во	쉬이슬리–바	다행히, 안녕!, 잘 가!
за́втра	자–프뜨라	내일
встре́ча	프스뜨레–취아	만남
споко́йная ночь	스빠꼬–이나야 노취	편안한 밤
переда́ть	삐리다–쯔	전달하다〈완료〉

им	임	그들에게 (여격)
желáть	쥐일라–쯔	기원하다〈불완료〉
вам	밤	당신에게 (여격)
успéх	우스뻬–흐	성공
во всём	바 프쏨–	모든 분야에서
ещё	이쉬요–	아직, 더, 또
хорóшие выходны́е	하로–쉬예 븨하드늬–예	좋은 주말
скóро	스꼬–라	곧
верну́ться	비르누–짜	돌아오다, 돌아가다〈완료〉
быть	븨쯔	있다, 이다 (형용사와 결합 가능)〈완료, 불완료〉
осторóжен	아스따로–쥔	조심하다
когдá	까그다–	언제
пóздно	뽀–즈나	늦게
прийти́	쁘리이찌–	오다, 도착하다〈완료〉
поу́жинать	빠우–쥐나쯔	저녁 먹다〈완료〉
к четырём часáм	크 취띄룜– 취이쌈–	4시까지
в три часá	프 뜨리 취싸아–	3시에
дорогóй	다라고–이	소중한, 친근한 사이의 호칭
добрó пожáловать	다브로– 빠쥐알–라바쯔	환영하다
пройти́	쁘라이찌–	지나가다〈완료〉
отдыхáть	앗듸하–쯔	쉬다〈불완료〉

관련단어

[대명사 주격]

я	야	나
ты	띄	너
он	온	그, 그것

단어늘리기

она́	아나–	그녀, 그것
оно́	아노–	그것〈중〉
мы	믜	우리
вы	븨	당신(들)
они́	아니–	그들, 그것들

[대명사 у 생격]

у меня́	우 미냐–	나에게 (소유, 일정)
у тебя́	우 찌뱌–	너에게 (소유, 일정)
у него́	우 니보–	그에게 (소유, 일정)
у неё	우 니요–	그녀에게 (소유, 일정)
у нас	우 나스	우리에게 (소유, 일정)
у вас	우 바스	당신(들)에게 (소유, 일정)
у них	우 니흐	그들에게 (소유, 일정)

[대명사 여격]

мне	므녜	나에게
тебе́	찌볘–	너에게
ему́	이무–	그에게
ей	예이	그녀에게
нам	남	우리에게
вам	밤	당신(들)에게
им	임	그들에게

[대명사 대격]

меня́	미냐–	나를
тебя́	찌뱌–	너를
его́	이보–	그를
её	이요–	그녀를
нас	나스	우리를

вас	바스	당신(들)을
их	이흐	그들을

[대명사 с 조격]

со мной	싸 므노이	나와
с тобóй	스 따보–이	너와
с ним	스 님	그와
с ней	스 녜이	그녀와
с нáми	스 나–미	우리와
с вáми	스 바–미	당신(들)과
с ни́ми	스 니–미	그들과

[대명사 о 전치격]

обо мне	아바 므녜	나에 관해
о тебé	아 찌볘–	너에 관해
о нём	아 뇸–	그에 관해
о ней	아 녜이	그녀에 관해
о нас	아 나스	우리에 관해
о вас	아 바스	당신(들)에 관해
о них	아 니흐	그들에 관해

[소유형용사 주격]

мой	모이	나의
твой	뜨보이	너의
егó	이보–	그의〈불변〉
её	이요–	그녀의〈불변〉
наш	나쉬	우리의
ваш	바쉬	당신(들)의
их	이흐	그들의〈불변〉

문화 엿보기

러시아에 대한 기본사항

- **공식명칭** : 러시아 연방(Росси́йская Федера́ция)
- **언어** : 러시아어
- **수도** : 모스크바
- **정체** : 이원집정부제(대통령 권한이 강한 편)
- **인구** : 약 146,793,744명(세계 9위)
- **면적** : 약 17,100,000km²
- **GDP** : 1조 637억 달러(세계 11위)
- **종교** : 러시아 정교(약 70%이지만 정기적으로 교회에 참석하지는 않음), 기타
- **기후** : 대체로 대륙성 기후이나 국지적으로 극지, 아열대, 계절풍 기후가 나타남
- **통화** : 루블
- **국기** : 삼색기 (흰색, 파란색, 빨간색)

제 2 장

소 개

1. 이분은 미스터 박입니다.
2. 이 사람은 누구인가요?
3. 성함이 어떻게 되세요?
4. 한국인이세요?
5. 무슨 일을 하십니까?
6. 회사에서 무슨 일을 하세요?
7. 어디 사세요?
8. 여기는 무슨 일로 오셨어요?

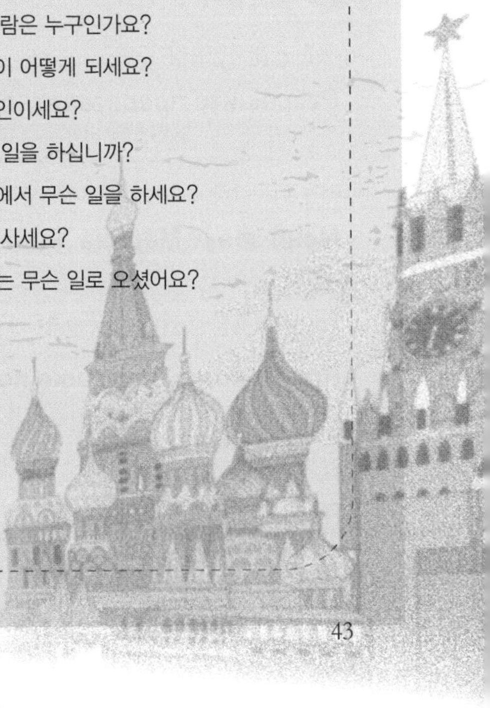

Part 01 이분은 미스터 박입니다.

기본표현

A : Э́то ми́стер Пак.
에-따 미-스떼르 빡

B : Рад встре́че.
라트 프스뜨례-취예

A : 이분은 미스터 박입니다.
B : 만나서 반갑습니다. (화자가 남자일 때)

표현늘리기

■ 저를 소개하겠습니다.

Разреши́те предста́виться.
라즈리쉬-쪠 쁘릿스따-비짜

■ 저는 마리나라고 합니다. 만나서 반가워요.

Меня́ зову́т Мари́на. Ра́да встре́че.
미냐- 자부-트 마리-나 라-다 프스뜨례-취예

■ 친구를 소개하겠습니다. (소개하는 친구가 여자일 때)

Предста́влю вам свою́ подру́гу.
쁘릿스따-블류 밤 스바유- 빠드루-구

■ 친구를 소개하겠습니다.

Предста́влю вам своего́ дру́га.
쁘릿스따-블류 밤 스바이보- 드루-가

▪ 이쪽은 제 아내입니다.

Э́то моя́ супру́га.

에–따 마야– 쑤쁘루–가

▪ 이쪽은 제 남편입니다.

Э́то мой супру́г.

에–따 모이 쑤쁘룩–

▪ 제게 당신의 친구를 소개해 주세요. (친구가 여자일 때)

Предста́вьте мне ва́шу подру́гу.

쁘릿스따–프쪠 므녜 바–쉬우 빠드루–구

▪ 제게 당신의 친구를 소개해 주세요.

Предста́вьте мне ва́шего дру́га.

쁘릿스따–프쪠 므녜 바–쉬바 드루–가

▪ 마리야, 이 사람은 내 친구 박민호야.

Мари́я, э́то мой друг Пак Мин Хо.

마리–야 에–따 모이 드룩 빡 민 호

▪ 키릴, 이 사람은 내 친구 이유나야.

Кири́лл, э́то моя́ подру́га Ли Ю На.

키릴– 에–따 마야– 빠드루–가 리 유 나

Tip 아내와 남편을 공식적으로 말할 때는 супру́га, супру́г이라 하고, 일상 대화에서는 жена́, муж라고 합니다. 성별이 여자인 친구를 말할 때는 подру́га이고, 성별이 남자인 친구나 친구라는 개념을 말할 때는 друг을 씁니다.

Part 02 이 사람은 누구인가요?

기본표현

A : Кто э́то?
크또 에–따

B : Э́то мой да́вний друг.
에–따 모이 다–브니 드룩

A : 이 사람은 누구인가요?
B : 그는 나의 오랜 친구입니다.

표현늘리기

■ 그녀는 나의 오랜 친구입니다.

Э́то моя́ да́вняя подру́га.
에–따 마야– 다–브니야 빠드루–가

■ 우리는 학교 동창입니다. (초중고등학교 동창)

Мы однокла́ссники.
믜 아드나끌라–스니끼

■ 우리는 서로 아는 사이입니다.

Мы знако́мы.
믜 즈나꼬–믜

■ 우리는 같은 회사에서 일합니다.

Мы рабо́таем в одно́й компа́нии.
믜 라보–따임 브 아드노–이 깜빠–니이

■ 그는 제 상사입니다.

Э́то мой нача́льник.

에-따 모이 나취알-닉

■ 그는 구매부 팀장입니다.

Э́то нача́льник отде́ла заку́пок.

에-따 나취알-닉 앗젤-라 자꾸-빠크

■ 그는 제 직장 동료입니다.

Э́то мой сослужи́вец.

에-따 모이 싸슬루쥐이-비쯔

■ 그녀는 제 직장 동료입니다.

Э́то моя́ сослужи́вица.

에-따 마야- 싸슬루쥐이-비짜

■ 그는 우리 고객입니다.

Э́то наш клие́нт.

에-따 나쉬 끌리옌-트

■ 그녀는 우리 고객입니다.

Э́то на́ша клие́нтка.

에-따 나-쉬아 끌리옌-뜨까

Tip 지시대명사 э́то는 남성이나 여성이나 혹은 여러 명을 다 지칭할 수 있습니다. Кто э́то?라는 질문에 대한 답을 할 때는 그 사람이 남자이든 여자이든 복수이든 э́то로 시작하면 됩니다. 동급생이라는 단어는 одноклáссник인데 여성 동급생을 지칭할 때는 одноклáссница를 씁니다.

Part 03 성함이 어떻게 되세요?

기본표현

A : Как вас зову́т?
까크 바스 자부-트

B : Меня́ зову́т Макси́м.
미냐- 자부-트 막씸-

A : 성함이 어떻게 되세요?
B : 제 이름은 막심입니다.

표현늘리기

- 가나다 상사의 김수호입니다.

Я Ким Су Хо, сотру́дник компа́нии Ганада́.
야 낌 쑤 호 싸뜨루-드니크 깜빠-니이 가나다-

- 저는 당신의 이름을 모릅니다.

Я не зна́ю ва́шего и́мени.
야 니 즈나-유 바-쉬바 이-미니

- 당신 이름의 철자가 어떻게 됩니까?

Как пи́шется ва́ше и́мя?
까크 삐-쉬짜 바-쉬예 이-먀

- 당신 성의 철자가 어떻게 됩니까?

Как пи́шется ва́ша фами́лия?
까크 삐-쉬짜 바-쉬아 파밀-리야

■ 제 명함 여기 있습니다.

Вот моя́ визи́тка.

보트 마야– 비지–뜨까

■ 저는 당신의 명함이 없습니다.

У меня́ нет ва́шей визи́тки.

우 미냐– 녜트 바–쉬이 비지–뜨끼

■ 명함을 주시겠습니까?

Да́йте ва́шу визи́тку.

다–이쩨 바–쉬우 비지–뜨꾸

■ 여기 있습니다.

Вот, возьми́те.

보트 바즈미–쩨

■ 저는 알렉산드르입니다. 사샤라고 불러주세요.

Я Алекса́ндр. Называ́йте меня́ Са́шей.

야 알릭싼–드르 나지바–이쩨 미냐– 싸–쉬

■ 당신은 별명이 있나요?

У вас есть про́звище?

우 바스 예스쯔 쁘로–즈비쉬예

Tip

잘 모르는 대상이나 없는 대상을 표현할 때는 생격을 씁니다.

철자를 물어볼 때는 'Как пи́шется~'로 질문을 시작하면 됩니다.

회사에서 일하는 남자 직원은 сотру́дник, 여자 직원은 сотру́дница라고 합니다.

Part 04 한국인이세요?

기본표현

A : Ми́стер Ким, вы коре́ец?
미-스떼르 낌 븨 까례-이쯔

B : Да, коре́ец.
다 까례-이쯔

A : 미스터 김, 한국인이세요?
B : 네, 그렇습니다.

표현늘리기

■ 어디 출신입니까?

Отку́да вы?
앗꾸-다 븨

■ 어느 나라에서 오셨습니까?

Из како́й вы страны́?
이즈 까꼬-이 븨 스뜨라늬-

■ 한국에서 왔습니다. 당신은요.

Я из Коре́и. А вы?
야 이스 까례-이 아 븨

■ 저는 러시아에서 왔습니다.

Я из Росси́и.
야 이즈 라씨-이

■ 국적이 어디인가요?

Како́е у вас гражда́нство?
까꼬-예 우 바스 그라쥐단-스뜨바

■ 저는 한국인입니다. (화자가 여자일 때)

Я коре́янка.
야 까리얀-까

■ 당신은 중국인인가요?

Вы кита́ец?
븨 끼따-이쯔

■ 여기는 일 때문에 왔습니다. (화자가 여자일 때)

Сюда́ прие́хала по рабо́те.
쓔다- 쁘리예-할라 빠 라보-쪠

■ 관광하러 왔습니다. (화자가 남자일 때)

Прие́хал с це́лью тури́зма.
쁘리예-할 스 쩰-류 뚜리-즈마

■ 러시아어는 어디서 배우셨나요?

Где вы учи́лись ру́сскому языку́?
그졔 븨 우취-일리스 루-스까무 이지꾸-

Tip 어디에서 왔는지를 표현할 때는 **из** 생격을 쓰면 됩니다. 어떤 국가의 국민을 표현하는 명사는 남녀에 따라 다르게 써서 구별되는데, 한국인은 성별에 따라 **коре́ец**, **коре́янка**라고 합니다. 동사 **учи́ться**는 배우는 과목을 여격으로 씁니다.

Part 05 무슨 일을 하십니까?

기본표현

A : Чем вы занима́етесь?
취옘 븨 자니마-이찌스

B : Я учу́сь.
야 우취우-스

A : 무슨 일을 하십니까?
B : 저는 학생입니다.

표현늘리기

■ 저는 대학생입니다.

Я студе́нт.
야 스뚜젠-뜨

■ 저는 변호사입니다.

Я адвока́т.
야 아드바까-트

■ 저는 의사입니다.

Я врач.
야 브라취

■ 저는 관광 안내원입니다.

Я гид по тури́зму.
야 기트 빠 뚜리-즈무

■ 저는 은행원입니다.

Я ба́нковский слу́жащий.

야 방-까프스끼이 슬루-쥐아쉬이

■ 저는 영어 선생입니다.

Я преподава́тель англи́йского языка́.

야 쁘리빠다바-찔 앙글리-스까바 이즤까-

■ 어디서 일하세요?

Где вы рабо́таете?

그졔 븨 라보-따이쪠

■ 은행에서 일합니다.

Я рабо́таю в ба́нке.

야 라보-따유 브 방-꼐

■ 전자회사에서요.

В компа́нии по произво́дству электроте́хники.

프 깜빠-니이 빠 쁘라이즈봇-스뜨부 엘릭뜨라쪠-흐니끼

■ 작은 가게를 운영하고 있습니다.

Я держу́ небольшо́й магази́н.

야 지르쥐우- 니발쉬오-이 마가진-

Tip

학생인지 아닌지는 '배우다, 재학하다'라는 동사인 учи́ться로 표현합니다.

학생들 중에서 대학생은 студе́нт, 여대생은 студе́нтка라고 하며, 회사나 단체에 소속되어 일하는 직원은 слу́жащий, 여직원은 слу́жащая라고 합니다.

내용이나 분야를 표현할 때 선지사 по 뒤에 여격을 씁니다.

Part 06 회사에서 무슨 일을 하세요?

기본표현

A : Каку́ю рабо́ту вы выполня́ете в компа́нии?
까꾸-유 라보-뚜 븨 븨빨냐-이쪠 프 깜빠-니이

B : Я отвеча́ю за прода́жи.
야 앗비취아-유 자 쁘라다-쥐

A : 회사에서 무슨 일을 하세요?
B : 저는 판매 담당입니다.

표현늘리기

■ 어느 부서에서 근무합니까?

В како́м отде́ле вы рабо́таете?
프 까꼼- 앗젤-례 븨 라보-따이쪠

■ 저는 구매부에서 일합니다.

Я рабо́таю в отде́ле заку́пок.
야 라보-따유 브 앗젤-례 자꾸-빠크

■ 저는 회계부서에서 일합니다.

Я ра́ботаю в бухга́лтерском отде́ле.
야 라보-따유 브 부흐갈-찌르스깜 앗젤-례

■ 저는 무역부 과장입니다.

Я ме́неджер торго́вого отде́ла.
야 메-니쥐이르 따르고-바바 앗젤-라

■ 어느 회사에서 일하세요?

В како́й компа́нии вы рабо́таете?
프 까꼬-이 깜빠-니이 븨 라보-따이쩨

■ 가나다 회사에서 일합니다.

Я рабо́таю в компа́нии Ганада́.
야 라보-따유 프 깜빠-니이 가나다-

■ 어느 대학 다니세요?

В како́м университе́те вы у́читесь?
프 까꼼- 우니비르씨쩨-쩨 븨 우-취이찌스

■ 저는 가나다 대학에 다닙니다.

Я учу́сь в университе́те Ганада́.
야 우취우-스 브 우니비르씨쩨-쩨 가나다-

■ 무엇을 전공하고 계세요?

Каку́ю специа́льность вы получа́ете?
까꾸-유 스뻬찌알-나스쯔 븨 빨루취아-이쩨

■ 러시아어를 전공합니다.

Моя́ специа́льность - ру́сский язы́к.
마야- 스뻬찌알-나스쯔 루-스끼 이지-크

Tip 어떤 일에 책임을 맡고 있다는 표현을 할 때는 отвеча́ть за 대격을 씁니다.
Кто отвеча́ет за прода́жи? 누가 판매를(판매들) 담당하고 있나요?
Я отвеча́ю за э́ту рабо́ту. 제가 이 업무 담당입니다.

Part 07 어디 사세요?

기본표현

A : Где вы живёте?
그제 빅 쥐이뵤-쪠

B : Я живу́ в Сеу́ле.
야 쥐이부- 프 씨울-례

A : 어디 사세요?
B : 서울에 삽니다.

표현늘리기

■ 고향이 어디세요?

Где вы родили́сь?
그제 빅 라질리-스

■ 내 고향은 일산입니다. (화자가 여자일 때)

Я родила́сь в Ильса́не.
야 라질라-스 브 일싸-녜

■ 내 고향은 일산입니다. (화자가 남자일 때)

Я роди́лся в Ильса́не.
야 라질-쌰 브 일싸-녜

■ 오래 전부터 서울 근교에 살았어요.

Я давно́ живу́ в при́городе Сеу́ла.
야 다브노- 쥐이부- 프 쁘리-가라졔 씨울-라

■ 직장은 서울입니다.

Я рабо́таю в Сеу́ле.
야 라보-따유 프 씨울-레

■ 교통이 편리합니다.

Удо́бная тра́нспортная инфраструкту́ра.
우도-브나야 뜨란-스빠르뜨나야 인프라스뚜룩뚜-라

■ 댁이 서울에서 멉니까?

Вы живёте далеко́ от Сеу́ла?
븨 쥐이뵤-쪠 달리꼬- 앗 씨울-라

■ 네. 여기서 멉니다.

Да. Отсю́да далеко́.
다 앗쓔-다 달리꼬-

■ 지하철로 대략 30분 걸립니다.

Приме́рно 30(три́дцать) мину́т на метро́.
쁘리메-르나 뜨리-짜쯔 미누-트 나 미뜨로-

■ 우리 집은 여기서 가깝습니다.

Наш дом располо́жен бли́зко отсю́да.
나쉬 돔 라그빨로-쥐인 블리-스까 앗쓔-다

Tip 거리를 표현할 때는 기준점이 되는 장소를 от 생격으로 씁니다. 여기가 기준점이 되면 부사 отсю́да, 거기나 저기가 기준점이 되면 отту́да를 씁니다.

далеко́ от Сеу́ла 서울에서 멀다
далеко́ отсю́да 여기서 멀다

Part 08 여기는 무슨 일로 오셨어요?

기본표현

A : По каки́м дела́м прие́хали сюда́?
빠 까낌– 질라–미 쁘리예–할리 쓔다–

B : У меня́ совеща́ние.
우 미냐– 싸비쉬아–니예

A : 여기는 무슨 일로 오셨어요?
B : 회의가 있습니다.

표현늘리기

■ 러시아는 처음입니까?

Вы впервы́е в Росси́и?
븨 프뻬르븨–예 브 라씨–이

■ 네, 처음입니다.

Да. Э́то мой пе́рвый визи́т.
다 에–따 모이 뻬–르븨 비지–트

■ 아니요. 두 번째입니다.

Нет. Э́то мой второ́й визи́т.
녜트 에–따 모이 프따로–이 비지–트

■ 업무 출장인가요?

Вы в командиро́вке?
븨 프 까만지로–프꼐

■ 네, 시장 조사하러 왔습니다. (화자가 남자일 때)

Да, я прие́хал с це́лью иссле́дования ры́нка.
다 야 쁘리예-할 스 쩰-류 이슬례-다바니야 린-까

■ 친구들을 만날 겁니다. (화자가 여자일 때)

Прие́хала повида́ться с друзья́ми.
쁘리예-할라 빠비다-짜 즈 드루쟈-미

■ 여기는 언제 왔어요?

Когда́ вы прие́хали?
까그다- 븨 쁘리예-할리

■ 어젯밤에 도착했습니다. (화자가 여자일 때)

Прие́хала вчера́ но́чью.
쁘리예-할라 프취이라- 노-취유

■ 이전에 여기 와 보신 적 있으세요?

Вы быва́ли тут ра́ньше?
븨 븨발-리 뚜트 란-쉬예

■ 네, 저는 페테르부르크가 마음에 듭니다.

Да, мне нра́вится Петербу́рг.
다 므녜 느라-비짜 삐찌르부-륵

Tip 어떤 장소를 방문했을 때 마음에 든다는 표현은 'мне нра́вится 장소 이름'을 쓰면 됩니다.

참고로 첫 번째에서 열 번째까지의 서수 표현은 다음과 같습니다.

пе́рвый(1), второ́й(2), третий(3), четвёртый(4), пя́тый(5), шесто́й(6), седьмо́й(7), восьмо́й(8), девя́тый(9), деся́тый(10)

단어늘리기

기본단어

разреши́ть	라즈리쉬–쯔	허락하다〈완료〉
предста́виться	쁘릿스따–비쨔	스스로를 소개하다〈완료〉
предста́вить	쁘릿스따–비쯔	(대격을) 소개하다〈완료〉
подру́га	빠드루–가	여성 친구
друг	드룩	남성 친구, 친구
супру́га	쑤쁘루–가	아내 (공식체, 문어체)
супру́г	쑤쁘룩–	남편 (공식체, 문어체)
жена́	쥐이나–	아내
муж	무쉬	남편
кто	크또	누구 (사람, 동물)
да́вний	다–브니	오랜, 오래된
однокла́ссник	아드나끌라–스니크	동급생
однокла́ссница	아드나끌라–스니쨔	여자 동급생
рабо́тать	라보–따쯔	일하다〈불완료〉
оди́н	아진–	하나의, 같은
компа́ния	깜빠–니야	회사
нача́льник	나취알–니크	상사, 팀장, 관리자
отде́л	앗젤–	부서, 부
заку́пка	자꾸–프까	대량 구매
сослужи́вец	싸슬루쥐이–비쯔	직장 동료
сослужи́вица	싸슬루쥐이–비쨔	직장 동료〈여〉
клие́нт	끌리옌–트	고객
клие́нтка	끌리옌–뜨까	여성 고객
сотру́дник	싸뜨루–드니크	직원, 동료
сотру́дница	싸뜨루–드니차	여직원, 여자 동료
знать	즈나쯔	알다〈불완료〉

и́мя	이-먀	이름〈중〉
писа́ться	삐싸-짜	쓰여지다〈불완료〉
фами́лия	파밀-리야	성(family name)
вот	보트	자 여기
визи́тка	비지-뜨까	명함
взять	브쟈쯔	잡다, 가져가다〈완료〉
называ́ть	나즤바-쯔	(사람 별칭, 사물을) 부르다〈불완료〉
про́звище	쁘로-즈비쉬예	별명
коре́ец	까례-이쯔	한국인
корея́нка	까리얀-까	한국인 여성
да	다	네, 그렇다
так	따크	그렇게, 그렇다
отку́да	앗꾸-다	어디로부터
из	이즈	(생격)으로부터
како́й	까꼬-이	어떤
страна́	스뜨라나-	국가, 나라
Коре́я	까례-야	한국
Росси́я	라씨-야	러시아
гражда́нство	그라쥐단-스뜨바	국적
кита́ец	끼따-이쯔	중국인
сюда́	쓔다-	여기로
прие́хать	쁘리예-하쯔	타고 오다〈완료〉
по рабо́те	빠 라보-쪠	업무상으로 (*рабо́та 업무)
цель	쪨	목표, 목적〈여〉
с це́лью	스 쪨-류	(생격의) 목표를 가지고
тури́зм	뚜리-즘	관광
учи́ться	우취이-짜	재학하다, (여격을) 배우다〈불완료〉

단어늘리기

ру́сский язы́к	루-스끼 이지-크	러시아어
студе́нт	스뚜젠-트	대학생
студе́нтка	스뚜젠-뜨까	여대생
адвока́т	아드바까-트	변호사
врач	브라취	의사
гид	기트	가이드
по тури́зму	빠 뚜리-즈무	관광 분야의 (*тури́зм 관광)
ба́нковский	방-까프스키	은행의
слу́жащий	슬루-쥐아쉬이	근무하는 직원
слу́жащая	슬뤼-쥐아쉬야	근무하는 여직원
преподава́тель	쁘리빠다바-찔	강사〈남〉
англи́йский язы́к	앙글리-스끼 이지-크	영어
где	그제	어디에서
банк	방크	은행
произво́дство	쁘라이즈봇-스뜨바	생산
электроте́хника	엘릭뜨라쪠-흐니까	전기공학, 전자기기
держа́ть	지르쥐아-쯔	유지하다, 잡다〈불완료〉
небольшо́й	니발쉬오-이	크지 않은
магази́н	마가진-	가게, 상점
выполня́ть	븨빨냐-쯔	수행하다, 이행하다〈불완료〉
отвеча́ть за	앗비취아-쯔 자	(대격에) 책임을 맡다〈불완료〉
прода́жа	쁘라다-쥐아	판매
бухгалте́рский	부흐갈쪠-르스끼	회계의
ме́неджер	메-니쥐르	매니저
торго́вый	따르고-븨이	무역의, 거래의
университе́т	우니비르씨쪠-트	종합대학
специа́льность	스뻬찌알-나스쯔	전공, 전문〈여〉
получа́ть	빨루취아-쯔	받다, 얻다〈불완료〉

жить	쥐이쯔	살다〈불완료〉
Сеу́л	씨울-	서울
роди́ться	라지-짜	태어나다〈완료〉
Ильса́н	일싼-	일산
при́город	쁘리-가라트	교외, 시부속지
удо́бный	우도-브느이	편리한
тра́нспортный	뜨란-스빠르뜨느이	교통의
инфраструкту́ра	인프라스뜨룩뚜-라	인프라
далеко́	달리꼬-	(от 생격에서) 멀다
отсю́да	앗쓔-다	여기로부터
приме́рно	쁘리메-르나	대략
три́дцать	뜨리-짜쯔	30
мину́та	미누-따	분
метро́	미뜨로-	지하철〈불변〉
на метро́	나 미뜨로-	지하철 타고
дом	돔	집
располо́жен	라스빨로-쥐인	위치한다
бли́зко от	블리-스까 아트	(생격에서) 가깝다
по каки́м дела́м	빠 까낌- 질람-	무슨 일로 (내용, 원인)
совеща́ние	싸비쉬아-니예	회의, 협의회
впервы́е	프삐르븨-예	처음으로
визи́т	비지-트	방문
командиро́вка	까만지로-프까	출장
иссле́дование	이슬레-다바니예	조사
ры́нок	릐-나크	시장
повида́ться с	빠비다-짜 스	(조격과) 서로 보다〈완료〉
друзья́	드루쟈-	친구들
вчера́	프취이라-	어제
но́чью	노-취유	밤에

단어늘리기

быва́ть	븨바–쯔	있곤 하다〈불완료〉
тут	뚜트	여기에 (구어체)
нра́виться	느라–비짜	(여격) 마음에 들다〈불완료〉
Петербу́рг	삐찌르부–륵	페테르부르크

관련단어

[국가 이름]

Росси́я	라씨–야	러시아
Коре́я	까례–야	한국
Ю́жная Коре́я	유–쥐나야 까례–야	남한
Се́верная Коре́я	쎼–비르나야 까례–야	북한
Кита́й	끼따–이	중국
Япо́ния	이뽀–니야	일본
И́ндия	인–지야	인도
Индоне́зия	인다녜–지야	인도네시아
Мала́йзия	말라–이지야	말레이시아
Филиппи́ны	필리피–늬	필리핀
Вьетна́м	비트남–	베트남
Австра́лия	압스뜨랄–리야	호주
Ира́к	이라–크	이라크
Ира́н	이란–	이란
Изра́иль	이즈라–일	이스라엘〈남〉
Афганиста́н	아브가니스딴–	아프가니스탄
Еги́пет	이기–삐트	이집트
США	쓰쉬아	미국〈복〉
Кана́да	까나–다	캐나다
Ме́ксика	멕–씨까	멕시코

Брази́лия	브라질-리야	브라질
Португа́лия	빠르뚜갈-리야	포르투갈
Аргенти́на	아르긴찌-나	아르헨티나
Чи́ли	칠-리	칠레
Герма́ния	기르마-니야	독일
Фра́нция	프란-찌야	프랑스
А́нглия	앙-글리야	영국
Бе́льгия	벨-기야	벨기에
Да́ния	다-니야	덴마크
Финля́ндия	핀란-지야	핀란드
Гре́ция	그레-찌야	그리스
Ирла́ндия	이를란-지야	아일랜드
Ита́лия	이딸-리야	이탈리아
Нидерла́нды	니지를란-디	네덜란드〈복〉
Норве́гия	나르베-기야	노르웨이
А́встрия	압-스뜨리야	오스트리아
Шве́ция	쉬베-찌야	스웨덴
Швейца́рия	쉬비이짜-리야	스위스
Испа́ния	이스빠-니야	스페인
Ту́рция	뚜-르찌야	터키
Болга́рия	발가-리야	불가리아
По́льша	뽈-쉬아	폴란드

문화 엿보기

러시아어에 관하여

러시아어는 유엔(UN)의 6개 공용어 중 하나로, 세계적으로 널리 사용되고 있는 중요한 언어입니다. 전 세계 인구 중에서 약 2억 6천만 명이 러시아어를 사용하고 있고, 모국어로 사용하는 인구는 1억 4천만 명 정도 됩니다. 1990년대 초반 소련이 해체된 이후 러시아어의 인기가 좀 떨어지기는 했지만 제2외국어로 러시아어를 배우는 인구도 7천만 명에 이릅니다. 또한 인터넷 사용 언어 순위에서 러시아어는 4천 5백만 명으로 9위를 차지했다고 합니다.

러시아어가 주로 사용되는 나라는 당연히 러시아이며, 러시아 연방을 제외하고 러시아어를 국가 언어로 사용하는 나라로는 벨라루스가 있고, 카자흐스탄과 키르키스스탄은 러시아어를 공용어로 지정하고 있습니다. 독립국가연합(CIS) 10개국에서는 제2공용어로 사용되고 있고, 독립국가연합을 제외한 지역 중에서는 발트해 연안 국가인 에스토니아, 라트비아, 리투아니아에 거주하는 러시아인들을 중심으로 러시아어가 사용되고 있습니다.

언어학상으로 보면 러시아어는 인도유럽어족의 슬라브어군에 속해 있으며, 그중에서도 우크라이나어, 벨라루스어와 함께 동슬라브어에 속합니다. 9세기 중엽 그리스 성직자 콘스탄틴이 형 메포디와 함께 최초의 슬라브 문자를 만들었는데, 콘스탄틴이 사망했을 때 로마 교황으로부터 키릴이라는 성자의 명칭을 부여받았습니다. 이 이름을 따서 10세기 경 만든 문자를 '키릴 문자'라고 하고, 이를 기초로 고대 러시아어가 발달하기 시작했습니다. 그 이후 3차례의 문자 개혁을 거쳐, 오늘날 러시아인들이 사용하는 러시아어가 탄생하게 되었습니다.

제 3 장

감사 • 사과 • 축하

1. 감사합니다.
2. 폐 많이 끼쳤습니다.
3. 죄송합니다.
4. 새해 복 많이 받으세요.

Part 01 감사합니다.

기본표현

A : Спаси́бо.
스빠씨–바

B : Не́ за что.
녜–　자　쉬따

A : 감사합니다.
B : 천만에요.

표현늘리기

- 대단히 감사합니다.

Большо́е спаси́бо.
발쉬오–예　스빠씨–바

- 선물 감사합니다.

Спаси́бо за пода́рок.
스빠씨–바　자　빠다–라크

- 가르침에 감사합니다.

Спаси́бо за обуче́ние.
스빠씨–바　자　아부취에–니예

- 신경 써 주셔서 감사합니다.

Спаси́бо за внима́ние.
스빠씨–바　자　브니마–니예

■ 도와주셔서 감사합니다.

Благодарю́ за по́мощь.
블라가다류-　자　뽀-마쉬

■ 저는 당신께 무척 감사드립니다. (화자가 여자일 때)

Я вам о́чень благода́рна.
야　밤　오-취인　블라가다-르나

■ 저는 당신께 무척 감사드립니다. (화자가 남자일 때)

Я вам о́чень благода́рен.
야　밤　오-취인　블라가다-린

■ 여러분께 감사를 드립니다.

Спаси́бо всем.
스빠씨-바　프셈

■ 당신 덕분입니다.

Благодаря́ вам.
블라가다랴-　밤

■ 아무것도 아니에요.

Пустяки́.
뿌스찌끼-

Tip 감사하다는 표현은 спаси́бо나 동사 благодари́ть를 주로 사용하며, 고마운 이유는 за 대격으로 표현합니다. 고맙다는 인사에 대한 답으로는 Не́ за что, Пожа́луйста, Пустяки́, Не сто́ит 등의 표현이 쓰입니다.

Part 02 폐 많이 끼쳤습니다.

기본표현

A : Доста́вила мно́го неудо́бств.
다스따-빌라 므노-가 니우돕-스뜨프

B : Ничего́.
니취이보-

A : 폐 많이 끼쳤습니다. (화자가 여자일 때)
B : 괜찮습니다.

표현늘리기

- 저를 도와주시겠습니까?

Не могли́ бы вы мне помо́чь?
니 마글리- 븨 븨 므녜 빠모-취

- 당연하죠.

Коне́чно.
까녜-쉬나

- 무엇을 도와드릴까요?

Чем я могу́ помо́чь?
취옘 야 마구- 빠모-취

- 제 차가 말썽이에요.

У меня́ слома́лась маши́на.
우 미냐- 슬라말-라스 마쉬이-나

■ 걱정 마세요.

Не переживáйте.

니 삐리쥐이바–이쪠

■ 도와주셔서 감사합니다.

Благодарю́ за пóмощь.

블라가다류– 자 뽀–모쉬

■ 천만에요.

Нé за что.

녜– 자 쉬따

■ 문제없습니다.

Нет проблéм.

녜트 쁘라블롐–

■ 당신 도움으로 그것을 할 수 있었습니다. (화자가 남자일 때)

Смог э́то сдéлать благодаря́ вам.

스목 에–따 즈젤–라쯔 블라가다랴– 밤

■ 당신 도움으로 그것을 할 수 있었습니다. (화자가 여자일 때)

Смоглá э́то сдéлать благодаря́ вам.

스마글라– 에–따 즈젤–라쯔 블라가다랴– 밤

Tip

помóчь는 '도와주다'라는 동사이며 пóмощь는 '도움'을 뜻하는 여성명사입니다. 본문에서 변화되어 나온 '할 수 있다'라는 동사는 불완료 мочь, 완료 смочь인데, 동사 помóчь와 비슷하게 생겼으며 형태 변화도 비슷하니 유의해서 사용해야 합니다.

Part 03 죄송합니다.

기본표현

A : Андре́й, что произошло́?
안드레-이 쉬또 쁘라이자쉴로-

B : Извини́те, я проспа́л.
이즈비니-쪠 야 쁘라스빨-

A : 안드레이, 어떻게 된 거야?
B : 죄송합니다. 늦잠을 잤습니다. (화자가 남자일 때)

표현늘리기

- 미안해.

Извини́.
이즈비니-

- 늦어서 미안합니다.

Извини́те за опозда́ние.
이즈비니-쪠 자 아빠즈다-니예

- 알람을 듣지 못했습니다. (화자가 남자일 때)

Не услы́шал буди́льник.
니 우슬릐-쉬알 부질-니크

- 용서를 구합니다.

Прошу́ проще́ния.
쁘라쉬우- 쁘라쉬예-니야

■ 제 잘못입니다.

Э́то моя́ вина́.

에–따 마야– 비나–

■ 제 실수입니다.

Э́то моя́ оши́бка.

에–따 마야– 아쉽–까

■ 같은 실수를 반복하지 않겠습니다.

Бо́льше не повторю́ тако́й оши́бки.

볼–쉬에 니 빠프따류– 따꼬–이 아쉽–끼

■ 괜찮아요.

Ничего́.

니취이보–

■ 걱정 마.

Не пережива́й.

니 삐리쥐바–이

■ 침착해.

Успоко́йся.

우스빠꼬–이쌰

Tip 사과의 표현을 할 때도 감사의 표현과 마찬가지로 그 이유에 전치사 **за** 대격을 씁니다. 실수를 반복하지 않겠다는 표현에서 **тако́й оши́бки**는 생격으로, 그런 실수가 없도록 하겠다는 뜻으로 '없음'을 나타내므로 생격이 쓰였고, 정중하게 용서를 구하는 **прошу́ проще́ния**에서 **проще́ния**도 생격인데 추상적인 내용을 유청할 때도 생격이 쓰입니다.

Part 04 새해 복 많이 받으세요.

기본표현

A : С Но́вым го́дом!
스 노-빔 고-담

B : Вас та́кже.
바스 따-그쥐예

A : 새해 복 많이 받으세요.
B : 당신도요.

표현늘리기

■ 메리 크리스마스!

С Рождество́м!
스 라쥐지스뜨봄-

■ 해피 발렌타인!

Счастли́вого дня Свято́го Валенти́на!
쉬이슬리-바바 드냐 스비또-바 발린찌-나

■ 생일 축하해요!

С днём рожде́ния!
즈 드뇸- 라쥐제-니야

■ 축하해요! (주어: 나)

Поздравля́ю!
빠즈드라블랴-유

- 명절 축하해요! (주어; 우리)

Поздравля́ем с пра́здником!
빠즈드라블랴–임 스 쁘라–즈니깜

- 기념일 축하해요! (주어; 우리)

Поздравля́ем с па́мятной да́той!
빠즈드라블랴–임 스 빠–미뜨나이 다–따이

- 신의 가호가 있기를!

Бо́жьего благослове́ния!
보–쥐이바 블라가슬라베–니야

- 행운이 있기를!

Уда́чи!
우다–취이

- 정말 잘됐네요!

Как здо́рово получи́лось!
까크 즈도–라바 빨루취일–라스

- 당신이 잘돼서 기뻐요. (화자가 여자일 때)

Ра́да, что у вас всё получи́лось.
라–다 쉬또 우 바스 프쑈– 빨루취일–라스

Tip 기원하는 내용은 생격으로 표현하고, 축하하는 내용은 с 조격으로 표현합니다.

단어늘리기

기본단어

нé за что	녜– 자 쉬따	천만에요 (감사 인사 답변)
спаси́бо за	스빠씨–바 자	(대격에) 감사하다
пода́рок	빠다–라크	선물
обуче́ние	아부취예–니예	가르침, 교육
внима́ние	브니마–니예	주의, 관심
благодари́ть за	블라가다리–쯔 자	(대격에) 고마워하다〈불완료〉
по́мощь	뽀–마쉬	도움〈여〉
благода́рен	블라가다–린	(여격에게) 감사하다
всем	프쎔	모두에게
пустяки́	뿌스찌끼–	사소한 것들 (*пустя́к 사소한 것)
доста́вить	다스따–비쯔	제공하다, 끼치다〈불완료〉
неудо́бство	니우돕–스뜨바	불편함, 폐
мно́го неудо́бств	므노–가 니우돕–스뜨프	많은 불편함
ничего́	니취이보–	아무것도 아니다, 괜찮다
мочь	모취	할 수 있다〈불완료〉
смочь	스모취	할 수 있다〈완료〉
бы	븨	(동사 과거와 같이) 공손한 표현
помо́чь	빠모–취	(조격으로 여격을) 도와주다〈완료〉
коне́чно	까녜–쉬나	물론
слома́ться	슬라마–짜	망가지다, 부서지다〈완료〉
маши́на	마쉬이–나	자동차, 기계
пережива́ть	삐리쥐바–쯔	걱정하다, 염려하다〈불완료〉
сде́лать	즈젤–라쯔	하다〈완료〉

благодаря́	블라가다랴–	(여격) 덕분에
что	쉬또	무엇 (중성 취급)
произойти́	쁘라이자이찌–	발생하다, 일어나다〈완료〉
извини́ть	이즈비니–쯔	용서하다〈완료〉
проспа́ть	쁘라스빠–쯔	늦잠 자다〈완료〉
услы́шать	우슬리–쉬아쯔	듣다, 들리다〈완료〉
буди́льник	부질–니크	알람시계, 자명종
проси́ть	쁘라씨–쯔	요청하다, 부탁하다〈불완료〉
проще́ние	쁘라쉬예–니예	용서
вина́	비나–	잘못
оши́бка	아쉽–까	실수
бо́льше	볼–쉬예	더 이상, 더 많이
повтори́ть	빠프따리–쯔	반복하다〈완료〉
тако́й	따꼬–이	그러한
успоко́иться	우스빠꼬–이짜	진정하다, 침착하다〈완료〉
с(со)	스(싸)	(조격)과 함께, (조격) 축하
Но́вый год	노–븨이 고트	새해 (1월 1일)
та́кже	따–그쥐예	또한, 마찬가지로
Рождество́	라쥐지스뜨보–	크리스마스
счастли́вый	쉬이슬리–븨이	행복한
день Свято́го Валенти́на	젠 스비또–바 발린찌–나	발렌타인 데이
день рожде́ния	젠 라쥐졔–니야	생일
поздравля́ть	빠즈드라블랴–쯔	(с 조격을) 축하하다〈불완료〉
пра́здник	쁘라–즈니크	명절
па́мятная да́та	빠–미뜨나야 다–따	기념일
бо́жье благослове́ние	보–쥐예 블라가슬라베–니예	신의 축복
уда́ча	우다–취아	행운, 성취

단어늘리기

здóрово	즈도-라바	아주 잘
получи́ться	빨루취이-짜	이루어지다, 되다〈완료〉

관련단어

[주요 형용사]

мнóго	므노-가	많다, 많이, 많은 (형용사 아닌 부사)
мáло	말-라	적다, 적게, 적은 (형용사 아닌 부사)
большóй	발쉬오-이	큰
мáленький	말-린끼	작은
ширóкий	쉬로-끼	넓은
ýзкий	우-스끼	좁은
далёкий	달료-끼	먼
бли́зкий	블리-스끼	가까운
дли́нный	들린-늬	긴
корóткий	까로-뜨끼	짧은
высóкий	븨쏘-끼	키가 큰, 높은
ни́зкий	니-스끼	키가 작은, 낮은
краси́вый	끄라씨-븨	예쁜
урóдливый	우로-들리븨	못생긴
хорóший	하로-쉬이	좋은
плохóй	쁠라호-이	나쁜
нóвый	노-븨	새로운
стáрый	스따-릐	오래된
дорогóй	다라고-이	비싼
дешёвый	지쉬요-븨	싼

ста́рый	스따-리	늙은
молодо́й	말라도-이	젊은
тяжёлый	찌쥐욜-리	무거운
лёгкий	료-흐끼	가벼운
то́лстый	똘-스띄	두꺼운
то́нкий	똔-끼	얇은
си́льный	씰-늬	강한
сла́бый	슬라-븨	약한
у́мный	움-늬	똑똑한
глу́пый	글루-쁴	어리석은
бы́стрый	븨-스뜨리	빠른
ме́дленный	메-들린늬	느린
трудолюби́вый	뜨루달류비-븨	부지런한
лени́вый	리니-븨	게으른
пра́вильный	쁘라-빌늬	옳은
непра́вильный	니쁘라-빌늬	틀린

문화 엿보기

러시아의 인구, 분포, 성별

러시아의 인구는 2018년 기준으로 약 1억 4천만 명으로, 세계 9위이고 유럽 최대입니다. 물론 세계에서 가장 넓은 땅덩이를 고려하면 인구밀도가 높은 편이라고 할 수는 없겠지만, 대부분의 인구는 우랄산맥 서쪽인 유럽 지역에 살고 있으며, 수도인 모스크바와 주요 대도시들도 이 지역에 위치하고 있습니다.

러시아 영토의 훨씬 더 넓은 영역을 차지하는 우랄산맥 동쪽 시베리아와 극동 지방에 살고 있는 인구는 러시아 전체 인구의 약 4%뿐입니다. 이 지역의 환경이 사람이 살기 힘든 곳이 많기에, 제정 러시아나 소련 시절 유형이나 강제 이주로 살기 시작한 경우가 많았고, 그 시절에는 거주 이전의 자유도 많지 않았습니다. 시간이 흘러 더 자유롭게 이동할 수 있게 되고, 경제 위기로 인해 일자리를 찾아 대도시로 이동하는 인구가 많아지면서 계속 인구가 줄게 되었습니다.

러시아 인구의 또 하나의 특징이 있다면, 여성의 인구가 남성의 인구보다 많다는 점입니다. 비율로 보면 여성 100명당 남성은 약 86명인데, 젊은 층에서는 오히려 남성이 약간 더 많은데도 나이 전체 평균으로는 여성이 더 많은 이유 중의 하나로 보드카와 흡연 등으로 인해 남성의 평균 수명의 짧은 것도 있습니다. 이러한 이유와 관련이 있을지 모르겠지만, 러시아는 몇 년 전부터 아주 강력한 금주, 금연법을 시행하고 있습니다.

제 4 장

날짜 • 시간 • 나이

1. 오늘은 며칠인가요?
2. 오늘은 무슨 요일인가요?
3. 몇 시예요?
4. 얼마나 걸립니까?
5. 이 시계 정확해요?
6. 나이가 어떻게 되세요?
7. 누가 나이가 더 많아요?

Part 01 오늘은 며칠인가요?

기본표현

A : Какóе сегóдня числó?
까꼬-예 씨보-드냐 취이슬로-

B : 7(седьмóе) июля.
씨즈모-예 이율-랴

A : 오늘은 며칠인가요?
B : 7월 7일입니다.

표현늘리기

■ 오늘은 3월 8일입니다.

Сегóдня 8(восьмóе) мáрта.
씨보-드냐 바쓰모-예 마-르따

■ 오늘은 10월 9일입니다.

Сегóдня 9(девя́тое) октября́.
씨보-드냐 지뱌-따예 악찌브랴-

■ 오늘이 5월 5일인가요?

Сегóдня 5(пя́тое) мáя?
씨보-드냐 뺘-따예 마-야

■ 아니요, 오늘은 5월 6일입니다.

Нет, сегóдня 6(шестóе) мáя.
녜트 씨보-드냐 쉬스또-예 마-야

■ 생일이 언제입니까?

Когда́ у вас день рожде́ния?

까그다– 우 바스 젠 라쥐제–니야

■ 9월 20일입니다.

20(двадца́того) сентября́.

드바짜–따바 씬찌브랴–

■ 여름방학은 언제 시작합니까?

Когда́ начина́ются ле́тние кани́кулы?

까그다 나취이나–유짜 례–뜨니예 까니–꿀릐

■ 7월 말부터입니다.

С конца́ ию́ля.

스 깐짜– 이율–랴

■ 신학기는 언제 시작합니까?

Когда́ начина́ется но́вый семе́стр?

까그다– 나취이나–이짜 노–븨 씨메–스뜨르

■ 9월 초입니다.

В нача́ле сентября́.

브 나취알–례 씬찌브랴–

Tip 날짜는 순서를 나타내는 서수의 중성으로 표현하는데 뒤에 число가 생략되었기 때문입니다. 날짜를 시간으로 표현할 때는 생격을 사용하며 -ого, -его의 형태가 됩니다.

седьмо́е (число́) 7일
седьмо́е ию́ля 7월(의) 7일
седьмо́го ию́ля 7월(의) 7일에

기본표현

A : Како́й сего́дня день неде́ли?
까꼬-이 씨보-드냐 젠 니젤-리

B : Сего́дня воскресе́нье.
씨보-드냐 바스끄리쎄-녜

A : 오늘은 무슨 요일인가요?
B : 오늘은 일요일입니다.

표현늘리기

■ 지난 주말에 어디 가셨나요?

Куда́ вы е́здили на про́шлых выходны́х?
꾸다- 븨 예-즈질리 나 쁘로-쉴리흐 븨하드늬-흐

■ 지난 토요일에는 무엇을 하셨나요?

Чем вы занима́лись в про́шлую суббо́ту?
취옘 븨 자니말-리스 프 쁘로-쉴루유 쑤보-뚜

■ 최근에 매우 바빴습니다. (화자가 남자일 때)

В после́днее вре́мя я о́чень за́нят.
프 빠슬레-드니에 브레-먀 야 오-취인 자-니트

■ 이번 금요일까지 마칠 수 있습니까?

Успе́ете зако́нчить до э́той пя́тницы?
우스뻬-이쪠 자꼰-취이쯔 다 에-따이 뺘-뜨니찌

■ 조금 어렵지만 월요일까지 끝내겠습니다.

Сложнова́то, но постара́юсь зако́нчить до понеде́льника.

슬라쥐나바–따 노 빠스따라–유스 자꼰–취즈 다 빠니젤–니까

■ 다음 주까지는 끝내 주세요.

Заверши́те до сле́дующей неде́ли.

자비르쉬이–쪠 다 슬레–두유쉬이 니젤–리

■ 최선을 다하겠습니다.

Сде́лаю всё возмо́жное.

즈젤–라유 프쑈–바즈모–쥐나예

■ 약속합니다.

Обеща́ю.

아비쉬아–유

■ 이 프로젝트를 마친 후에 휴가를 갈 거야.

По́сле заверше́ния э́того прое́кта уйду́ в о́тпуск.

뽀–슬례 자비르쉐–니야 에–따바 쁘라엑–따 우이두– 브 옷–뿌스끄

■ 넌 그럴 만한 자격이 있어.

Ты заслу́живаешь э́того.

띄 자슬루–쥐바이쉬 에–따바

Tip 주말을 표현하는 выходны́е를 형용사 복수 형태로 시간으로 표현하는 방법에는 두 가지가 있는데, на 전치격 혹은 в 대격을 사용합니다. '이번 주말에'는 в э́ти выходны́е = на э́тих выходны́х라고 하며, '지난 주말에'는 в про́шлые выходны́е = на про́шлых выходны́х라고 합니다.

Part 03 몇 시예요?

기본표현

A : Ско́лько вре́мени?
스꼴–까 브레–미니

B : 2(два) часа́.
드바 취싸–

A : 몇 시예요?
B : 두 시입니다.

표현늘리기

■ 지금 몇 시나 됐나요?

Ско́лько сейча́с вре́мени?
스꼴–까 씨이취아–스 브레–미니

■ 10시 정각입니다.

Ро́вно 10(де́сять).
로–브나 제–씨쯔

■ 시간이 있습니까?

У вас есть вре́мя?
우 바스 예스쯔 브레–먀

■ 아니요. 3시에 다른 약속이 있습니다.

Нет. В 3(три) часа́ у меня́ друга́я встре́ча.
녜트 프 뜨리 취싸– 우 미냐– 드루가–야 프스뜨레–취아

■ 일 끝나고 만납시다.

Дава́йте встре́тимся по́сле рабо́ты.
다바-이쪠 프스뜨례-찜쌰 뽀-슬례 라보-띄

■ 몇 시에 만날까요?

Во ско́лько встре́тимся?
바 스꼴-까 프스뜨례-찜쌰

■ 9시 15분에 만납시다.

Встре́тимся в 9:15(де́вять пятна́дцать).
프스뜨례-찜쌰 브 제-비쯔 삣나-짜쯔

■ 8시 반에 만납시다.

Встре́тимся в 8:30(по́лдевя́того).
프스뜨례-찜쌰 프 뽈-지뱌-따바

■ 너무 일러요. 6시에 만나요.

Сли́шком ра́но. Встре́тимся в 6(шесть).
슬리-쉬깜 라-나 프스뜨례-찜쌰 프 쉬예스쯔

■ 네, 그게 낫겠네요. 그때 봅시다.

Да, так бу́дет лу́чше. До встре́чи.
다 따크 부-지트 룻-쉬예 다 프스뜨례-취

Tip 시간을 물어볼 때는 ско́лько вре́мени 혹은 кото́рый час로 씁니다. 시각은 час, 분은 минута를 숫자에 맞춰 쓰지만, 대화에서 생략되는 경우가 많습니다. 30분인 경우에는 'пол+서수 생격'을 쓰는데 뒤의 서수는 실제 시간보다 1이 많은 숫자입니다.

по́лдевя́того 8시 반(9번째 시간의 절반)

Part 04 얼마나 걸립니까?

기본표현

A : Скóлько врéмени занимáет дорóга до школы?
스꼴–까 브레–미니 자니마–이트 다로–가 다 쉬꼴–리

B : Примéрно 30(три́дцать) минýт.
쁘리메–르나 뜨리–짜쯔 미누–트

A : 학교까지 얼마나 걸립니까?
B : 약 30분 걸립니다.

표현늘리기

- 사무실이 여기서 가깝습니까?

Óфис бли́зко отсю́да?
오–피스 블리–스까 앗쓔–다

- 여기서 조금 멀리 있습니다.

Далековáто отсю́да.
달리까바–따 앗쓔–다

- 빠르게 걸으면 10분 걸려요.

10(дéсять) минýт бы́стрым шáгом.
졔–씨쯔 미누–트 븨–스뜨림 쉬아–감

- 차로는 얼마나 걸릴까요?

Скóлько врéмени займёт на маши́не?
스꼴–까 브레–미니 자이묘–트 나 마쉬이–네

■ 대략 10분 정도요.

Приме́рно 10(де́сять) мину́т.
뻐리메-르나 제-씨쯔 미누-트

■ 회사가 그리 멀지 않군요.

Компа́ния нахо́дится неподалёку.
깜빠-니야 나호-지짜 니빠달료-꾸

■ 당신의 집은 어디인가요?

Где нахо́дится ваш дом?
그제 나호-지짜 바쉬 돔

■ 이 근처에 있습니다.

В э́том райо́не.
브 에-땀 라이오-녜

■ 서울역 부근입니다.

Вблизи́ Сеу́льского вокза́ла.
브블리지- 씨울-스까바 바그잘-라

■ 부럽군요.

Зави́дую вам.
자비-두유 밤

Tip 특성, 정도를 나타내는 부사의 뒷부분을 -вато로 바꾸면 '약간'이라는 의미가 추가되며, 그때의 강세는 -ва에 위치합니다.

далеко́ 멀다	далекова́то 조금 멀다
сло́жно 어렵다	сложнова́то 조금 어렵다

Part 05 이 시계 정확해요?

기본표현

A : Э́ти часы́ иду́т пра́вильно?
에–찌 취이씌– 이둣 쁘라–빌나

B : Да, пра́вильно.
다 쁘라–빌나

A : 이 시계 정확해요?
B : 네, 정확합니다.

표현늘리기

■ 저는 전자 시계를 씁니다.

Я по́льзуюсь электро́нными часа́ми.
야 뽈–주유스 엘렉뜨론–늬미 취이싸–미

■ 저는 아날로그 시계를 씁니다.

Я по́льзуюсь механи́ческими часа́ми.
야 뽈–주유스 미하니–취이스끼미 취이싸–미

■ 이 시계는 10분 빠릅니다.

Э́ти часы́ спеша́т на 10(де́сять) мину́т.
에–찌 취이씌– 쓰삐쉬아–트 나 제–씨쯔 미누–트

■ 이 시계는 5분 느립니다.

Э́ти часы́ отстаю́т на 5(пя́ть) мину́т.
에–찌 취이씌– 앗스따유–트 나 뺘–쯔 미누–트

■ 이 시계는 문제가 있습니다.

Э́ти часы́ барахля́т.

에–찌 취이씌– 바라흘랴–트

■ 배터리가 다 됐네요.

Се́ла батаре́йка.

쎌–라 바따례–이까

■ 배터리를 교환해 주세요.

Поменя́йте батаре́йку.

빠미냐–이쪠 바따례–이꾸

■ 시계를 많이 가지고 계시는군요.

У вас мно́го часо́в.

우 바스 므노–가 취이쏘–프

■ 이 시계를 고쳐주세요.

Почини́те э́ти часы́.

빠취이니–쪠 에–찌 취이씌–

■ 수리하는 데 한 시간 정도 걸립니다.

Вре́мя почи́нки приме́рно 1(оди́н) час.

브례–먀 빠취인–끼 쁘리메–르나 아진– 취아스

Tip 시계는 1개라 하더라도 항상 복수 형태를 씁니다. 시계가 얼마나 느리거나 빠른지를 표현할 때는 'на 숫자 대격+명사'를 써주면 됩니다.

Part 06 나이가 어떻게 되세요?

기본표현

А : Ско́лько вам лет?
스꼴-까 밤 례트

Б : 27(два́дцать семь) лет.
드바-짜쯔 솀 례트

А : 나이가 어떻게 되세요?
Б : 27세입니다.

표현늘리기

- 실례지만 나이가 몇 살입니까?

Извини́те, ско́лько вам лет?
이즈비니-쪠 스꼴-까 밤 례트

- 당신 아버님 연세가 어떻게 되시나요?

Ско́лько лет ва́шему отцу́?
스꼴-까 례트 바-쉬이무 앗쭈-

- 56세입니다.

56(пятьдеся́т шесть) лет.
삣지쌰-트 쉬예스쯔 례트

- 어머님은요?

А ма́тери?
아 마-찌리

■ 어머님은 53세입니다.

Ма́тери 53(пятьдеся́т три) го́да.
마-찌리 삣지쌰-트 뜨리 고-다

■ 당신은 몇 년 생입니까?

Како́го вы го́да рожде́ния?
까꼬-바 븨 고-다 라쥐제-니야

■ 저는 1990년생입니다.

Я 1990(ты́сяча девятьсо́т девяно́стого) го́да рожде́ния.
야 띄-씨취이 지빗쏘-트 지비노-스따바 고-다 라쥐제-니야

■ 저는 30살입니다.

Мне 30(три́дцать) лет.
므녜 뜨리-짜쯔 레트

■ 우린 동갑이군요.

Мы рове́сники.
믜 라볘-스니끼

■ 스무 살인 줄 알았습니다.

Вы вы́глядите на 20(два́дцать) лет.
븨 븨-글리지쩨 나 드바-짜쯔 레트

Tip
나이를 말할 때는 여격을 씁니다. 나이나 햇수를 나타내는 단위는 숫자의 끝이 1(оди́н)일 때 **год**, 2~4(два, три, четы́ре)일 때는 **го́да**, 그 이상의 숫자에서는 **лет**을 씁니다. 가까운 사이가 아니라면 상대의 나이를 묻는 것은 실례이므로 주의해야 합니다.

Part 07 누가 나이가 더 많아요?

기본표현

A : Я ста́рше тебя́ на це́лых 10(де́сять) лет.
야 스따-르쉬예 찌뱌- 나 쩰-리흐 제-씨쯔 례트

B : Пра́вда? Не ве́рится.
쁘라-브다 니 볘-리짜

A : 내가 너보다 10살이나 많아.
B : 정말요? 믿기지 않네요.

표현늘리기

■ 내가 당신보다 나이가 많습니다.

Я ста́рше вас.
야 스따-르쉬예 바스

■ 네, 제가 당신보다 어리군요.

Да, я мла́дше вас.
다 야 블라-드쉬예 바스

■ 당신과 당신 부인 중에 누가 더 나이가 많아요?

Кто из вас ста́рше - вы и́ли ва́ша супру́га?
크또 이즈 바스 스따-르쉬예 븨 일-리 바-쉬아 쑤쁘루-가

■ 당신은 첫째인가요?

Вы ста́рший ребёнок в семье́?
븨 스따-르쉬이 리뵤-나크 프 씸예-

■ 아니요, 막내입니다.

Нет, я мла́дший.

네트 야 믈라-드쉬이

■ 누나와 남동생이 있습니다.

У меня́ есть ста́ршая сестра́ и мла́дший брат.

우 미냐- 예스쯔 스따-르쉬아야 씨스뜨라- 이 믈라-드쉬이 브라트

■ 형은 저보다 두 살 많습니다.

Брат ста́рше меня́ на 2(два) го́да.

브라트 스따-르쉬예 미냐- 나 드바 고-다

■ 우리는 같은 달에 태어났군요.

Мы родили́сь в одно́м ме́сяце.

믜 라질리-스 브 아드놈- 메-씨쩨

■ 저는 미성년자입니다. (화자가 남자일 때)

Я несовершенноле́тний.

야 니싸비르쉬인나례-뜨니이

■ 저는 외동입니다.

Я еди́нственный ребёнок в семье́.

야 이진-스뜨빈늬 리뵤-나크 프 씸예-

Tip 나이가 많을 때는 ста́рше, 나이가 적을 때는 мла́дше를 사용합니다. мла́дше 대신 моло́же를 쓸 수도 있는데, мла́дше가 직급의 낮음을 표현할 수도 있는 반면 моло́же는 나이에만 쓰일 수 있습니다. моло́же는 더 젊어 보인다는 뜻으로 쓰이기도 합니다.

단어늘리기

기본단어

сего́дня	씨보-드냐	오늘
число́	취이슬로-	날짜
ию́ль	이율-	7월〈남〉
март	마르트	3월
октя́брь	악짜-브르	10월〈남〉
май	마이	5월
сентя́брь	씬짜-브르	9월〈남〉
двадца́тый	드바짜-띠이	20번째의
начина́ться	나취이나-짜	시작되다〈불완료〉
ле́тний	례-뜨니이	여름의
кани́кулы	까니-꿀릐	방학〈복〉
коне́ц	까녜-쯔	끝, 말
с конца́	스 깐짜-	~의 말부터
нача́ло	나취알-라	초, 시작
в нача́ле	브 나취알-례	~의 초에
но́вый	노-븨이	새로운
семе́стр	씨메-스뜨르	학기
неде́ля	니젤-랴	주(week)
день неде́ли	젠 니젤-리	요일
воскресе́нье	바스끄리쎄-녜	일요일
е́здить	예-즈지쯔	타고 다녀오다〈불완료〉
про́шлый	쁘로-쉴릐	지난
выходны́е	븨하드늬-예	주말(형용사 복수 형태)
суббо́та	쑤보-따	토요일
после́дний	빠슬례-드니이	마지막의, 최근의
за́нят	자-니트	바쁘다

успе́ть	우스뻬–쯔	(시간적으로) 성공하다〈완료〉
зако́нчить	자꼰–취이쯔	끝내다, 마치다〈완료〉
э́тот, э́та, э́то, э́ти	에–따트, 에–따, 에–따, 에–찌	이러한, 이
пя́тница	뺘–뜨니짜	금요일
сложнова́то	슬라쥐나바–따	조금 어렵다
постара́ться	빠스따라–짜	노력하다〈완료〉
понеде́льник	빠니젤–니크	월요일
заверши́ть	자비르쉬이–쯔	완료하다, 마무리하다〈완료〉
сле́дующий	슬례–두유쉬이	다음의
возмо́жный	바즈모–쥐늬이	가능한
всё возмо́жное	프쑈– 바즈모–쥐나예	모든 가능한 것
обеща́ть	아비쉬아–쯔	약속하다〈불완료〉
по́сле	뽀–슬례	(생격) 이후
заверше́ние	자비르쉬예–니예	완료, 마무리
прое́кт	쁘라엑–트	프로젝트
уйти́	우이찌–	떠나다〈완료〉
о́тпуск	옷–뿌스크	휴가
уйти́ в о́тпуск	우이찌– 브 옷–뿌스크	휴가로 떠나다
заслу́живать	자슬루–쥐이바쯔	(생격을) 받을 만하다〈불완료〉
ско́лько вре́мени	스꼴–까 브레–미니	몇 시, 몇 시간
кото́рый час	까또–리이 취아스	몇 시
час	취아스	시각, 시간
два	드바	2(남성, 중성명사 앞)
сейча́с	씨이취아–스	지금
ро́вно	로–브나	정각
де́сять	졔–씨쯔	10
есть	예스쯔	있나〈불변, 불완료〉

단어늘리기

другóй	드루고-이	다른
давáйте	다바-이쩨	~합시다
встрéтиться	프스뜨레-찌짜	서로 만나다〈완료〉
давáйте встрéтимся	다바-이쩨 프스뜨레-찜쌰	만납시다
во скóлько	바 스꼴-까	몇 시에
дéвять	졔-비쯔	9
пятнáдцать	삐뜨나-짜즈	15
пóлдевя́того	뽈-지뱌-따바	8시 반(9번째 시간 절반)
сли́шком	슬리-쉬깜	너무
рáно	라-나	일찍
шесть	쉬예스쯔	6
лу́чше	룻-쉬예	더 낫다, 더 좋다
занимáть	자니마-쯔	(시간, 공간) 차지하다〈불완료〉
заня́ть	자냐-쯔	(시간, 공간) 차지하다〈완료〉
дорóга	다로-가	길, 여정
шкóла	쉬꼴-라	학교(초중고)
óфис	오-피스	사무실
далековáто	달리까바-따	조금 멀다
бы́стрый	븨-스뜨리이	빠른
шаг	쉬악	걸음
находи́ться	나하지-짜	위치하다〈불완료〉
неподалёку	니빠달료-꾸	멀지 않은 곳에
в	브(프)	(전치격)에서, (대격)에
райóн	라이온-	동네, 지역
вблизи́	브블리지-	(생격) 가까이에
Сеу́льский вокзáл	씨울-스끼 바그잘-	서울역(기차역)
зави́довать	자비-다바쯔	(여격을) 부러워하다〈불완료〉
часы́	취아씌-	시계〈복〉
прáвильно	쁘라-빌나	올바르게, 맞게

по́льзоваться	뽈-자바짜	(조격을) 이용하다〈불완료〉
электро́нный	엘렉뜨론-늬이	전자의
механи́ческий	미하니-취스끼이	아날로그의, 기계식의
на	나	(대격) 만큼
спеши́ть	스삐쉬이-쯔	서두르다〈불완료〉
отстава́ть	앗스따바-쯔	뒤쳐지다〈불완료〉
барахли́ть	바라흘리-쯔	작동이 잘 안 되다, 불량이다〈불완료〉
сесть	쎼스쯔	앉다, (배터리) 다 되다〈완료〉
батаре́йка	바따례-이까	배터리
поменя́ть	빠미냐-쯔	교체하다〈완료〉
почини́ть	빠취이니-쯔	고치다, 수리하다〈완료〉
почи́нка	빠취인-까	수리
ско́лько лет	스꼴-까 례트	몇 살, 몇 년
два́дцать	드바-짜쯔	20
семь	쏌	7
оте́ц	아쪠-쯔	아버지
пятьдеся́т	삣지쌰-트	50
мать	마쯔	어머니〈여〉
три	뜨리	3
год рожде́ния	고트 라쥐졔-니야	생년 (*рожде́ние 생일)
ты́сяча	띄-씨취아	1000
девятьсо́т	지빗쏘-트	900
девяно́сто	지비노-스따	90
рове́сник	라볘-스니크	동갑내기
ста́рше	스따-르쉬에	나이가 더 많다
це́лый	쪨-리이	완전한, ~씩이나
пра́вда	쁘라-브다	사실, 진실
ве́риться	볘-리짜	믿어지다〈불완료〉

단어늘리기

мла́дше	믈라-드쉬에	나이가 더 어리다
моло́же	말로-쥐에	나이가 더 어리다, 더 젊다
из вас	이즈 바스	당신들 중에서
и́ли	일-리	또는, 혹은
ста́рший	스따-르쉬이	나이가 더 많은
ребёнок	리뵤-나크	아이
семья́	씸야-	가족
мла́дший	믈라-드쉬이	나이가 더 어린
ме́сяц	메-씨쯔	달, 월
несовершенноле́тний	니싸비르쉬인나례-뜨니이	미성년의
еди́нственный	이진-스뜨빈늬이	유일한

관련단어

[요일]

понеде́льник	빠지니엘-닉	월요일
вто́рник	프또-르니크	화요일
среда́	스리다-	수요일
четве́рг	취이뜨볘-르크	목요일
пя́тница	빠-뜨니짜	금요일
суббо́та	쑤보-따	토요일
воскресе́нье	바스끄리쎼-녜	일요일

[월]

янва́рь	인바-르	1월〈남〉
февра́ль	피브랄-	2월〈남〉
март	마르트	3월

апре́ль	아쁘렐–	4월〈남〉
май	마이	5월
ию́нь	이윤–	6월〈남〉
ию́ль	이율–	7월〈남〉
а́вгуст	아–브구스트	8월
сентя́брь	씬짜–브르	9월〈남〉
октя́брь	악짜–브르	10월〈남〉
ноя́брь	나야–브르	11월〈남〉
дека́брь	지까–브르	12월〈남〉

[날짜]

позавчера́	빠자프취라–	그제
вчера́	프취라–	어제
сего́дня	씨보–드냐	오늘
за́втра	자–프뜨라	내일
по́слеза́втра	뽀–슬리자–프뜨라	모레
про́шлая неде́ля	쁘로–쉴라야 니젤–랴	지난주
э́та неде́ля	에–따 니젤–랴	이번 주
сле́дующая неде́ля	슬례–두유쉬야 니젤–랴	다음 주
про́шлый ме́сяц	쁘로–쉴릐 메–씨쯔	지난 달
э́тот ме́сяц	에–땃 메–씨쯔	이번 달
сле́дующий ме́сяц	슬례–두유쉬 메–씨쯔	다음 달
про́шлый год	쁘로–쉴릐 고트	작년
позапро́шлый год	빠자쁘로–쉴릐 고트	재작년
э́тот год	에–땃 고트	올해
сле́дующий год	슬례–두유쉬 고트	내년
по́следующий год	뽀–슬리슬례–두유쉬 고트	내후년

문화 엿보기

러시아의 시간대와 주요 도시

러시아는 동서 길이가 약 9,000km나 되므로 시간대가 11개나 됩니다. 그래서 모든 항공기와 열차는 모스크바 표준시에 따라 표시되고 운행되고 있습니다. 모스크바 시간이라는 표현은 по моско́вскому вре́мени[빠 마스꼬오프스까무 브리에미니]라고 하는데 약자로 мск로 표기합니다. 모스크바 표준시는 우리나라 표준시에 비해 6시간이 늦습니다. 즉, 한국에서 낮 12시는 모스크바에서 같은 날 아침 6시가 됩니다.

러시아의 수도 모스크바(Москва́)는 인구 약 1,200만 명으로 러시아의 정치, 경제, 문화의 중심지입니다. 모스크바 국립대학과 볼쇼이 극장, 크렘린과 붉은광장이 유명하며, 시베리아 횡단열차의 출발역이자 종착역이기도 합니다. 모스크바와 함께 러시아를 대표하는 도시 페테르부르크는 인구 약 530만 명이 살고 있으며 북쪽의 수도, 북방의 베네치아라고 불리기도 합니다. 세계 3대 박물관 중 하나인 에르미타주, 청동기마상, 네프스키 대로, 마린스키 극장, 여름 궁전 등이 유명하며, 여름에는 밤에도 낮처럼 환한 백야 현상이 있습니다.

시베리아 횡단열차의 출발지와 종착지인 블라디보스토크는 동쪽을 정복한다는 뜻으로 19세기 제정 러시아의 동방정책에 따라 건설된 도시입니다. 태평양을 향해 열린 부동항의 역할을 하는 블라디보스토크는 러시아의 태평양 함대가 있는 군사 도시이기도 합니다.

제 5 장

가족 • 결혼

1. 가족이 몇 분이세요?
2. 자녀가 몇 명이에요?
3. 결혼하셨어요?
4. 맞벌이하세요?
5. 당신 옆에 있는 아가씨는 누구입니까?

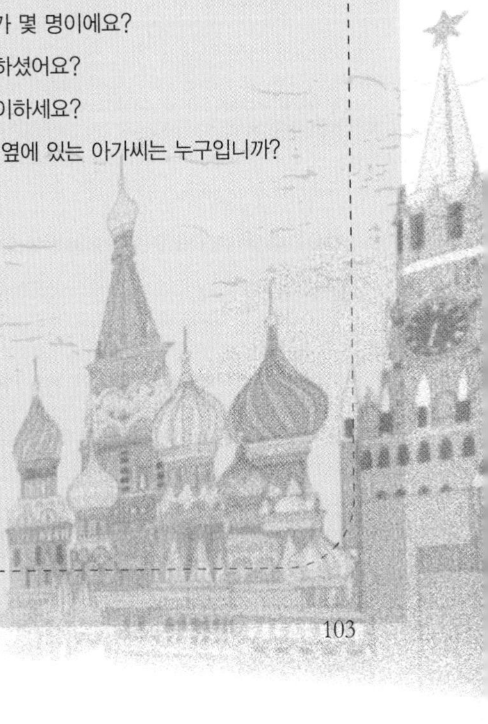

Part 01 가족이 몇 분이세요?

기본표현

A : Из ско́льких челове́к состои́т ва́ша семья́?
이스 스꼴-끼흐 취일라베-크 싸스따이-트 바-쉬아 씸야-

B : У нас в семье́ 5(пять) челове́к.
우 나스 프 씸예- 빠쯔 취일라베-크

A : 가족이 몇 분이세요?
B : 5인 가족입니다.

표현늘리기

■ 가족에 대해 말해 주세요.

Расскажи́те о семье́.
라스까쥐이-쩨 아 씸예-

■ 우리 가족 사진입니다.

Вот фотогра́фия на́шей семьи́.
보트 파따그라-피야 나-쉬이 씸이-

■ 우리 가족은 세 명입니다.

На́ша семья́ состои́т из трёх челове́к.
나-쉬아 씸야- 싸스따이-트 이스 뜨료-흐 취일라베-크

■ 저는 가족과 같이 살아요.

Я живу́ с семьёй.
야 쥐이부- 스 씸요-이

■ 당신은 형제 자매가 있나요?

У вас есть бра́тья и сёстры?

우 바스 예스쯔 브라–찌야 이 쑈–스뜨리

■ 네, 여동생이 있습니다.

Да, у меня́ есть мла́дшая сестра́.

다 우 미냐– 예스쯔 믈라–드쉬아야 씨스뜨라–

■ 누나가 있었으면 좋겠습니다.

Бы́ло бы хорошо́ име́ть сестру́.

빌–라 븨 하라쉬오– 이메–쯔 씨스뜨루–

■ 내 여동생은 나와 축구를 하지 않아요.

Моя́ сестрёнка не игра́ет со мной в футбо́л.

마야– 씨스뜨룐–까 니 이그라–이트 싸 므노이 프 푸드볼–

■ 대가족이군요.

Больша́я семья́.

발쉬아–야 씸야–

■ 우리 가족은 핵가족이에요.

У нас ма́ленькая семья́.

우 나스 말–린까야 씸야–

Tip

'여동생'은 мла́дшая сестра́ 혹은 сестрёнка라고 하고, '언니'나 '누나'는 ста́ршая сестра́ 혹은 그냥 сестра́라고 합니다. '남동생'은 мла́дший брат 혹은 бра́тик이라고 하고, '오빠'나 '형'은 ста́рший брат 혹은 그냥 брат이라고 합니다.

기본표현

A : Ско́лько у вас дете́й?
스꼴-까 우 바스 지쪠-이

B : У меня́ одна́ дочь.
우 미냐- 아드나- 도취

A : 자녀가 몇 명이에요?
B : 딸이 하나 있습니다.

표현늘리기

- 자녀가 있습니까?

У вас есть де́ти?
우 바스 예스쯔 제-찌

- 네, 아들이 둘 있습니다.

Да, у меня́ два сы́на.
다 우 미냐- 드바 씨-나

- 딸이 셋 있습니다.

У меня́ три до́чери.
우 미냐- 뜨리 도-취이리

- 아들 하나 딸 하나 있습니다.

У меня́ дочь и сын.
우 미냐- 도취 이 씬

■ 저는 아직 아이가 없습니다.

У меня́ ещё нет дете́й.
우 미냐– 이쉬요– 녜트 지쪠–이

■ 당신의 아이는 누구를 닮았나요?

На кого́ похо́ж ваш ребёнок?
나 까보– 빠호–쉬 바쉬 리뵤–나크

■ 딸은 저를 닮았어요.

Дочь похо́жа на меня́.
도취 빠호–쥐아 나 미냐–

■ 딸은 병원에서 일합니다.

Дочь рабо́тает в больни́це.
도취 라보–따이트 브 발니–쩨

■ 아들은 무엇을 하나요?

Чем занима́ется ваш сын?
취옘 자니마–이짜 바쉬 씬

■ 아들은 선생입니다.

Мой сын преподава́тель.
모이 씬 쁘리빠다바–찔

Tip 숫자 중에서 1과 2는 성별이 있어 명사에 따라 구분해 써 줍니다. 아들이 1명이면 **оди́н сын**, 딸이 1명이면 **одна́ дочь**라고 하고, 숫자 1은 경우에 따라 생략 가능합니다. 아들이 2명이면 **два сы́на**, 딸이 2명이면 **две до́чери**인데, 숫자 2 뒤에 오는 **сы́на**, **до́чери**는 단수생격입니다.

Part 03 결혼하셨어요?

기본표현

A : Вы жена́ты?
빅 쥐이나-띄

B : Нет, я не жена́т.
녜트 야 니 쥐이나-트

A : 결혼하셨어요? (상대방이 남자일 때)
B : 아니요, 결혼 안 했습니다. (화자가 남자일 때)

표현늘리기

- 결혼하셨어요? (상대방이 여자일 때)

Вы за́мужем?
빅 자-무쥐임

- 아니요, 싱글입니다. (화자가 여자일 때)

Нет, я не за́мужем.
녜트 야 니 자-무쥐임

- 저는 이혼했어요.

Я в разво́де.
야 브 라즈보-제

- 저는 남편과 둘이 살아요.

Живём вдвоём с му́жем.
쥐이봄- 브드바욤- 스 무-쥐임

■ 결혼한 지 얼마나 됐어요?

Когда́ вы пожени́лись?
까그다- 븨 빠쥐이닐-리스

■ 1년 전에 결혼했어요.

Мы пожени́лись год наза́д.
믜 빠쥐이닐리-스 고트 나자트

■ 어떻게 만나게 되었나요?

Как вы познако́мились?
까크 븨 빠즈나꼬-밀리스

■ 직장에서 만났습니다.

Мы познако́мились на рабо́те.
믜 빠즈나꼬-밀리스 나 라보-쪠

■ 첫눈에 반했어.

Э́то любо́вь с пе́рвого взгля́да.
에-따 류보-프 스 뻬-르바바 브즈글랴-다

■ 너도 천생연분을 만나길 바랄게.

И тебе́ жела́ю встре́тить свою́ втору́ю полови́нку.
이 찌베- 쥐일라-유 프스뜨레-찌쯔 스바유- 프따루-유 빨라빈-꾸

Tip '천생연분'을 뜻하는 своя́ втора́я полови́нка는 자신의 두 번째 절반이라는 뜻입니다. '만나다'는 뜻으로 познако́миться와 встре́тить가 쓰였는데, 전자는 모르던 사람이 서로 아는 사이가 된다는 뜻이고, 후자는 우연히 누군가를 만나게 된다는 뜻입니다.

Part 04 맞벌이하세요?

기본표현

A : Вы óба рабóтаете?
빅　　오-바　라보-따이쩨

B : Да, мы óба рабóтаем.
다　　믜　　오-바　라보-따임

A : 두 분 다 일하세요?
B : 네, 맞벌이합니다.

표현늘리기

■ 당신 부인은 무슨 일을 하십니까?

Где рабóтает вáша супрýга?
그졔　라보-따이트　바-쉬아　쑤쁘루-가

■ 그녀는 작가입니다.

Онá писáтельница.
아나-　삐싸-찔니짜

■ 우리는 예술가입니다.

Мы твóрческие лю́ди.
믜　　뜨보-르취이스끼예 류-지

■ 당신은 어디서 일하세요?

Где вы рабóтаете?
그졔　빅　　라보-따이쩨

■ 저는 의사입니다.

Я врач.

야 브라취

■ 아내도 일을 하나요?

Ва́ша супру́га то́же рабо́тает?

바-쉬아 쑤쁘루-가 또-쥐에 라보-따이트

■ 그녀는 통역사입니다.

Она́ перево́дчица.

아나- 삐리봇-취짜

■ 당신과 부인은 은행계좌를 각자 관리하세요?

У вас с супру́гой ра́зные ба́нковские счета́?

우 바스 스 쑤쁘루-가이 라-즈늬예 방-까프스끼예 쉬따-

■ 부인이 수입을 저축합니다.

У жены́ накопи́тельный счёт.

우 쥐이늬- 나까삐-찔늬이 쉬요-트

■ 요즘 물가가 너무 비싸요.

В после́днее вре́мя це́ны на всё подняли́сь.

프 빠슬례-드니예 브례-먀 쩨-늬 나 프쑈- 빠드닐-리스

Tip 직업을 물어볼 때 직접적으로 직업이 무엇인지 물어보지 않고 어디서 일하는지 물어보는 경우도 많습니다. '둘 다'를 의미하는 óба는 남성이나 여성, 혹은 둘이 섞여 있을 때 쓰이며, 여성들만을 지칭할 때는 óбе를 씁니다.

Part 05 당신 옆에 있는 아가씨는 누구입니까?

기본표현

A : Кто э́та де́вушка ря́дом с ва́ми?
크또 에-따 제-부쉬까 랴-담 스 바미

B : Э́то моя́ сестрёнка.
에-따 마야- 씨스뜨룐-까

A : 당신 옆에 있는 아가씨는 누구입니까?
B : 제 동생입니다.

표현늘리기

■ 이것은 우리 가족 사진입니다.

Э́то на́ша семе́йная фотогра́фия.
에-따 나-쉬아 씨메-이나야 파따그라-피야

■ 이 사진은 언제 찍은 것인가요?

Когда́ бы́ло сня́то э́то фо́то?
까그다- 빌-라 스냐-따 에-따 포-따

■ 이 사진은 결혼할 때 찍은 것입니다.

Э́то сва́дебное фо́то.
에-따 스바-제브나예 포-따

■ 이분은 제 할머니입니다.

Э́то моя́ ба́бушка.
에-따 마야- 바-부쉬까

■ 이분은 제 할아버지입니다.

Э́то мой де́душка.

에–따 모이 제–두쉬까

■ 막내 여동생입니다.

Э́то мла́дшая сестрёнка.

에–따 믈라–드쉬아야 씨스뜨룐–까

■ 오른쪽은 형입니다.

Спра́ва мой ста́рший брат.

스쁘라–바 모이 스따–르쉬이 브라트

■ 아버지는 한가운데 있습니다.

В середи́не наш оте́ц.

프 씨리지–녜 나쉬 아쩨–쯔

■ 어머니는 아버지 옆에 계십니다.

Ря́дом с отцо́м ма́ма.

랴–담 스 앗쫌– 마–마

■ 사진 왼쪽에 있는 여자는 이름이 뭐예요?

Как зову́т же́нщину сле́ва на фо́то?

까크 자부–트 쥐–옌쉬누 스쁘–라 나 포–따

Tip 사진은 фотогра́фия이지만, фо́то, фо́тка라고도 합니다. 단지 фо́то는 불변명사이면서 중성명사인데, фотография, фотка는 여성명사입니다.

단어늘리기

기본단어

состоя́ть из	싸스따야–쯔 이즈	(생격으로) 구성되다〈불완료〉
ско́лький	스꼴–끼이	몇 명의, 얼마의
челове́к	취일라베–크	명, 사람
в семье́	프 씸예–	가족 내에서 (*семья́ 가족)
о	아	(전치격에) 관해
фотогра́фия	파따그라–피야	사진〈여〉
фо́то	포–따	사진〈불변〉
фо́тка	포–뜨까	사진
на фо́то	나 포–따	사진에서
на фотогра́фии	나 파따그라–피이	사진에서
на фо́тке	나 포–뜨계	사진에서
трёх	뜨료–흐	3개의 (*три 3의 생격)
брат	브라트	형제
бра́тья	브라–찌야	형제들
сестра́	씨스뜨라–	누이
сёсты	쏘–스뜨리	누이들
мла́дшая сестра́	믈라–드쉬아야 씨스뜨라–	여동생
сестрёнка	씨스뜨룐–까	누이(지소형), 여동생
бра́тик	브라–찌크	형제(지소형), 남동생
мла́дший брат	믈라–드쉬이 브라트	남동생
бы́ло бы хорошо́	빌–라 븨 하라쉬오–	(동사원형 하면) 좋겠다
име́ть	이메–쯔	가지다, 소유하다〈불완료〉
футбо́л	푸드볼–	축구
игра́ть в футбо́л	이그라–쯔 프 푸드볼–	축구 하다〈불완료〉
большо́й	발쉬오–이	큰

ма́ленький	말–린끼	작은
де́ти	제–찌	아이들, 자식들
ско́лько дете́й	스꼴–까 지쪠–이	몇 명의 자식들
дочь	도취	딸〈여〉
сын	씬	아들
похо́ж на	빠호–쉬 나	(на 대격을) 닮았다
больни́ца	발니–짜	병원
жена́т	쥐나–트	(남자 주어) 결혼한 상태이다
за́мужем	자–무쥐임	(여자 주어) 결혼한 상태이다
разво́д	라즈보–트	이혼
в разво́де	브 라즈보–제	이혼한 상태인
вдвоём	브드바욤–	둘이서
пожени́ться	빠쥐이니–짜	결혼하다〈완료〉
наза́д	나자–트	~전에(시간적으로)
встре́тить	프스뜨레–찌쯔	(우연히) 만나다〈완료〉
на рабо́те	나 라보–쩨	직장에서 (*рабо́та 직장)
любо́вь	류보–프	사랑〈여〉
с пе́рвого взгля́да	스 뻬–르비바 브즈글라–다	첫눈에, 한 번 보고
своя́ втора́я полови́нка	스바야– 프따라–야 빨라빈–까	자신의 두 번째 절반, 짝
о́ба / о́бе	오–바 / 오–베	둘 다
писа́тель / писа́тельница	삐싸–찔 / 삐싸–찔니짜	작가
тво́рческий	뜨보–르취이스끼	예술적인, 창조적인
тво́рческий челове́к	뜨보–르취이스끼 취일라베–크	예술가
тво́рческие лю́ди	뜨보–르취이스끼에 류–지	예술가들
перево́дчик / перево́дчица	삐리봇–취크 / 삐리봇–취까	통역사

단어늘리기

ра́зный	라-즈늬이	다양한, 서로 다른
ба́нковский счёт	방-까프스끼이 쉬요-트	은행 계좌
ба́нковские счета́	방-까프스끼에 쉬따-	은행 계좌들
накопи́тельный счёт	나까삐-찔늬이 쉬요-트	저축 계좌
цена́	쯔이나-	가격
це́ны на всё	쩨-늬 나 프쏘-	물가, 모든 것에 대한 가격들
подня́ться	빠드냐-짜	올라가다〈완료〉
де́вушка	제-부쉬까	아가씨, 여자 친구
ря́дом с	랴-담 스	(c 조격) 옆에
семе́йный	씨메-이늬이	가족의, 가정의
сня́т	스냐-트	(사진 등이) 찍힌
сва́дебный	스바-지브늬이	결혼의
ба́бушка	바-부쉬까	할머니
де́душка	제-두쉬까	할아버지
спра́ва	스쁘라-바	오른쪽에
сле́ва	슬레-바	왼쪽에
середи́на	씨리지-나	가운데, 중간
в середи́не	프 씨리지-녜	가운데에

관련단어

[가족 호칭]

семья́	씸야-	가족
де́душка	제-두쉬까	할아버지
ба́бушка	바-부쉬까	할머니
роди́тели	라지-찔리	부모님〈복〉
оте́ц	아쩨-쯔	아버지

мать	마쯔	어머니〈여〉
па́па	빠–빠	아빠
ма́ма	마–마	엄마
сын	씬	아들
дочь	도취	딸〈여〉
брат	브라트	남자 형제
сестра́	씨스뜨라–	여자 형제
внук	브누크	손자
вну́чка	브누–취까	손녀
дя́дя	쟈–쟈	숙부, 삼촌 등
тётя	쬬–쨔	숙모, 고모 등
муж	무쉬	남편
жена́	쥐이나–	아내
супру́г	쑤쁘룩–	남자 배우자
супру́га	쑤쁘루–가	여자 배우자
жени́х	쥐이니–흐	신랑
неве́ста	니볘–스따	신부
зя́ть	쟈–쯔	사위〈남〉
неве́стка	니볘–스뜨까	며느리
свёкор	스뵤–까르	시아버지
свекро́вь	스비끄로–프	시어머니〈여〉
тесть	쪠스쯔	장인〈남〉
тёща	쬬–쉬아	장모
о́тчим	옷–취임	새아버지
ма́чеха	마–취이하	새어머니
ро́дственник	롯–스뜨빈니크	친척

문화 엿보기

러시아의 가족

예전의 러시아는 농경사회였기 때문에 19세기까지만 해도 대가족이 일반적이었지만, 소련 시대를 거치면서 많은 변화를 겪었고, 현재는 핵가족이 일반적입니다. 소련 정부는 남녀평등을 내세우며 여성의 노동을 강조했는데요, 사실 소비에트 혁명과 2차 세계 대전으로 인한 남성 노동력의 손실을 여성을 통해 보충하기 위한 의도도 있었습니다. 2차 대전에서 다른 나라들도 물론 큰 피해를 보았지만 러시아의 피해는 정말 막심했거든요. 게다가 그 이후 내전까지 겪었으니 남성 노동력의 손실이 정말 컸습니다.

어쨌든 남녀 평등법과 노동의 의무조항이 생기면서 여성의 무려 90%가 직업을 가지게 되었고, 이를 위해 어린 자녀들을 위한 어린이집도 적극적으로 운영하기 시작했습니다. 이렇게 국가가 주도한 정책으로 여성 취업률은 급격하게 상승했지만, 사회적 인식은 상대적으로 늦게 변하므로 소련의 여성들은 결혼 이후 직장일과 가사, 자녀 양육에 대한 책임을 혼자 떠맡으면서 큰 고충을 겪었습니다.

소련 붕괴 이후 역할 분담도 이루어지면서 부담이 줄었다고는 하지만, 아직도 자녀 양육과 가사는 여자 쪽이 좀 더 많이 담당하고 있는 편입니다.

제 6 장

일상생활

1. 몇 시에 집에서 출발하세요?
2. 오늘 일 있어요?
3. 학교는 어떻게 가십니까?
4. 언제까지 서명해야 하나요?
5. 집세는 얼마인가요?
6. 집이 얼마나 넓어요?
7. 오늘 날씨가 어때요?
8. 일기예보에서 내일 비가 온다고 합니다.

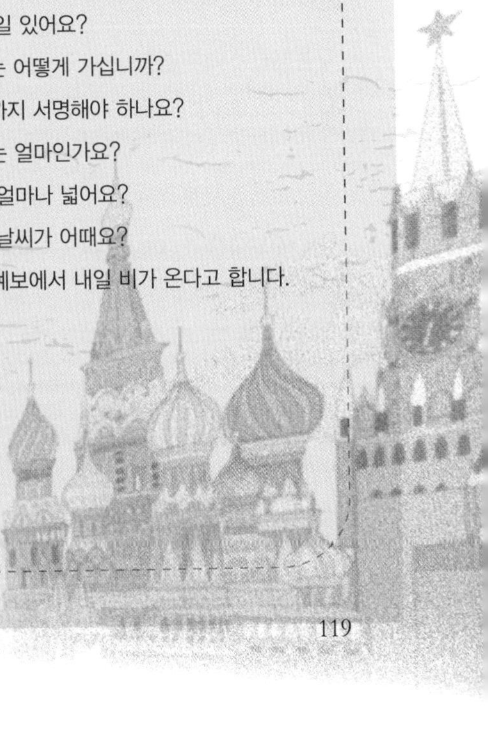

Part 01 몇 시에 집에서 출발하세요?

기본표현

A : Во ско́лько вы выезжа́ете из до́ма?
바 스꼴-까 븨 븨이쥐아-이쪠 이즈 도-마

B : В 8(во́семь) часо́в утра́.
브 보-씸 취이쏘-프 우뜨라-

A : 몇 시에 집에서 출발하세요?
B : 아침 8시에요.

표현늘리기

■ 교통체증이 매우 심합니다.

О́чень загру́женный доро́жный тра́фик.
오-취인 자그루-쥐인늬이 다로-쥐늬이 뜨라-피크

■ 길이 막혀 꼼짝을 못해요.

Не мо́жем передвига́ться из-за про́бок на доро́гах.
니 모-쥐임 뻬리드비가-짜 이자 쁘로-바크 나 다로-가흐

■ 직장에 가는 데 꽤 시간이 걸립니다.

Доро́га на рабо́ту занима́ет о́чень мно́го вре́мени.
다로-가 나 라보-뚜 자니마-이트 오-취인 므노-가 브례-미니

■ 가끔은 출근하는 길에 지칩니다.

Иногда́ доро́га на рабо́ту о́чень выма́тывает.
이나그다- 다로-가 나 라보-뚜 오-취인 븨마-띄바이트

■ 저는 직장에 절대 늦지 않습니다.

Я никогда́ не опа́здываю на рабо́ту.

야 니까그다- 니 아빠-즈듸바유 나 라보-뚜

■ 자전거로 출근합니다.

Е́зжу на рабо́ту на велосипе́де.

예-쥐우 나 라보-뚜 나 빌라씨뻬-졔

■ 직장까지 걸어갈 수 있습니다.

Могу́ ходи́ть на рабо́ту пешко́м.

마구- 하지-쯔 나 라보-뚜 삐쉬꼼-

■ 주로 지하철로 갑니다.

Обы́чно е́зжу на метро́.

아븨-취나 예-쥐우 나 미뜨로-

■ 버스는 얼마나 자주 오나요?

Как ча́сто е́здит авто́бус?

까크 취아-스따 예-즈지트 아프또-부스

■ 집에는 언제 돌아갑니까?

Когда́ вы возвраща́етесь домо́й?

까그다- 븨 바즈브라쉬아-이찌스 다모-이

Tip 차를 타고 왕복할 때는 е́здить를, 걸어서 왕복할 때는 ходи́ть를 씁니다. 얼마만큼의 시간을 차지할 때는 동사 занима́ть를 주로 사용합니다.

기본표현

A : Сегóдня есть рабóта?
씨보-드냐 예스쯔 라보-따

B : Да, позвоню́, как закóнчу.
다 빠즈바뉴- 까크 자꼰-취우

A : 오늘 일 있어요?
B : 네, 다 끝나면 전화 걸게요.

표현늘리기

- 몇 시에 근무를 시작하나요?

Во скóлько начинáется рабóта?
바 스꼴-까 나취이나-이짜 라보-따

- 아침 9시부터 근무를 시작합니다.

Начинáю рабóтать с 9(девяти́) часóв.
나취이나-유 라보-따쯔 즈 지비찌- 취이쏘-프

- 몇 시에 사무실에 도착합니까?

Во скóлько вы приезжáете в óфис?
바 스꼴-까 븨 쁘리이쥐아-이쪠 브 오-피스

- 보통 9시 10분 전에 직장에 도착합니다.

Обы́чно я приезжáю без 10(десяти́) дéвять.
아븨-취나 야 쁘리이쥐아-유 비즈 지씨찌- 졔-비쯔

■ 일은 언제 끝납니까?

Во ско́лько зако́нчите рабо́ту?

바 스꼴-까 자꼰-취쪠 라보-뚜

■ 오후 6시에 끝납니다.

В 6(шесть) часо́в ве́чера.

프 쉬예스쯔 취이쏘-프 볘-취라

■ 일을 마친 후 바로 집으로 가십니까?

По́сле рабо́ты вы сра́зу е́дете домо́й?

뽀-슬례 라보-띄 븨 스라-주 예-지쪠 다모-이

■ 가끔은 회사에 아주 늦게까지 남습니다.

Иногда́ заде́рживаюсь на рабо́те допоздна́.

이나그다- 자졔-르쥐이바유스 나 라보-쪠 다빠즈나-

■ 가게는 몇 시에 열고 닫으십니까?

Во ско́лько у вас открыва́ется и закрыва́ется магази́н?

바 스꼴-까 우 바스 앗끄리바-이쨔 이 자끄리바-이쨔 마가진-

■ 24시간 엽니다.

Он рабо́тает круглосу́точно.

온 라보-따이트 끄루글라쑤-따취나

Tip

'몇 시 몇 분 전'이라는 표현은 전치사 'без+분 생격+시각' 구조를 사용합니다.

без десяти́ де́вять 9시 10분 전

без пяти́ шесть 6시 5분 전

Part 03 학교는 어떻게 가십니까?

기본표현

A : Как вы добира́етесь до шко́лы?
까크 븨 다비라-이찌스 다 쉬꼴-릐

B : На авто́бусе и́ли на метро́.
나 아프또-부셰 일-리 나 미뜨로-

A : 학교는 어떻게 가십니까?
B : 버스나 지하철로 갑니다.

표현늘리기

■ 스쿨버스로 갑니다.

Я добира́юсь на шко́льном авто́бусе.
야 다비라-유스 나 쉬꼴-남 아프또-부셰

■ 우리는 걸어서 학교에 갑니다.

Мы идём до шко́лы пешко́м.
믜 이좀- 다 쉬꼴-릐 삐쉬꼼-

■ 자전거로 갑니다.

На велосипе́де.
나 빌라씨뻬-졔

■ 학교에 데려다 주실 수 있나요?

Вы мо́жете меня́ довезти́ до шко́лы?
븨 모-쥐이졔 미냐- 다비스찌- 다 쉬꼴-릐

■ 당신이 다니는 학교는 공립입니까?

Шко́ла, в кото́рой вы у́читесь, госуда́рственная?
쉬꼴-라 프 까또-라이 븨 우-취찌스 가쑤다-르스뜨빈나야

■ 학교가 집에서 먼가요?

Шко́ла далеко́ от до́ма?
쉬꼴-라 달리꼬- 앗 도-마

■ 아니요, 가깝습니다.

Нет, бли́зко.
녜트 블리-스까

■ 거기 가는 데 10분밖에 안 걸려요.

Доро́га занима́ет всего́ 10(де́сять) мину́т.
다로-가 자니마-이트 프씨보- 졔-씨즈 미누-트

■ 도서관은 어디에 있습니까?

Где нахо́дится библиоте́ка?
그제 나호-지짜 비블리아쪠-까

■ 그것은(도서관) 캠퍼스 중간에 있습니다.

Она́ нахо́дится посреди́ ка́мпуса.
아나- 나호-지짜 빠스리지- 깜-뿌사

Tip

교통수단을 표현할 때는 на 전치격을 사용합니다.
공립학교는 госуда́рственная шко́ла, 사립학교는 ча́стная шко́ла라고 합니다.

Part 04 언제까지 서명해야 하나요?

기본표현

A : Когда́ ну́жно подписа́ть?
까그다-　누-쥐나　빠드삐싸-쯔

B : Чем скоре́е, тем лу́чше.
취옘　스까례-예　쪰　룻-쉬예

A : 언제까지 서명해야 하나요?
B : 빠를수록 좋습니다.

표현늘리기

■ 이 집은 언제 지었어요?

Когда́ был постро́ен э́тот дом?
까그다-　빌　빠스뜨로-인　에-따트 돔

■ 전망이 좋습니다.

Прекра́сный вид из окна́.
쁘리끄라-스늬이　비트　이즈 아끄나-

■ 가구는 갖춰져 있습니까?

Дом с ме́белью?
돔　스 메-빌류

■ 거실은 깨끗한가요?

Зал чи́стый?
잘　취이-스띄이

■ 공간이 넓습니다.

О́чень просто́рно.
오-취인 쁘라스또-르나

■ 이 집(아파트)은 남향입니다.

Кварти́ра располо́жена с ви́дом на ю́жную часть.
끄바르찌-라 라스빨로-쥐이나 스 비-담 나 유-쥐누유 취아스쯔

■ 이 집을 임차하고 싶습니다.

Я хочу́ аре́ндовать э́тот дом.
야 하취우- 아렌-다바쯔 에-따트 돔

■ 오늘 오후에 연락 드리겠습니다.

Я позвоню́ сего́дня по́сле обе́да.
야 빠즈바뉴- 씨보-드냐 뽀-슬레 아볘-다

■ 계약이 끝나기 전에 집을 빼고 싶어요. (화자가 남자일 때)

Я хоте́л бы съе́хать до оконча́ния сро́ка аре́нды.
야 하쪨- 븨 스예-하쯔 다 아깐취아-니야 스로-까 아렌-듸

■ 여기 서명해 주세요.

Распиши́тесь здесь.
라스삐쉬이-찌스 즈졔스

Tip

чем 비교급, тем 비교급은 '~하면 할수록 …하다'라는 뜻입니다.

아파트 형태의 집은 кварти́ра라고 하고, 단독주택이나 아파트의 동 건물은 дом이라고 합니다.

'서명하다'라는 의미의 подписа́ть, расписа́ться는 유의어입니다.

기본표현

A : Почём аре́нда?
빠취욤– 아렌–다

B : 1000(ты́сяча) до́лларов в ме́сяц.
띠–씨취아 돌–라라프 브 메–씨쯔

A : 임대료는 얼마인가요?
B : 월 1000달러입니다.

표현늘리기

■ 어디 사세요?

Где вы живёте?
그졔 븨 쥐이뵤–쪠

■ 아파트에 살아요.

Я живу́ в кварти́ре.
야 쥐이부– 프 끄바르찌–례

■ 몇 층에 살고 있습니까?

На како́м этаже́ вы живёте?
나 까꼼– 에따쥐예– 븨 쥐이뵤–쪠

■ 저는 2층에 삽니다.

Я живу́ на 2-м(второ́м) этаже́.
야 쥐이부– 나 프따롬– 에따쥐예–

■ 임대 아파트입니다.

Э́то кварти́ра госуда́рственной аре́нды.
에-따 끄바르찌-라 가쑤다-르스뜨빈나이 아렌-듸

■ 작년에 구입했습니다. (화자가 여자일 때)

Приобрела́ в про́шлом году́.
쁘리아브릴라- 프 쁘로-쉴람 가두-

■ 은행 대출을 받았습니다. (화자가 남자일 때)

Взял креди́т в ба́нке.
브쟐 끄리지-트 브 방-꼐

■ 서울에 살고 있습니다.

Я живу́ в Сеу́ле.
야 쥐이부- 프 씨울-례

■ 서울까지 교통이 잘되어 있어요.

Тра́нспортная сеть до Сеу́ла о́чень развита́.
뜨란-스빠르뜨나야 셰쯔 다 씨울-라 오-취인 라즈비따-

■ 주차 공간은 있습니까?

Есть ли па́рковка?
예스쯔 리 빠-르꼬프까

Tip почём은 ско́лько сто́ит, 즉 값이 얼마인지 물어보는 단어로, почём 뒤에 물어보고 싶은 단어를 써 주면 됩니다.

기본표현

A : Ско́лько составля́ет пло́щадь кварти́ры?
스꼴-까 싸스따블랴-이트 쁠로-쉬쯔 끄바르찌-릐

B : Приме́рно 58(пятьдеся́т во́семь)
쁘리메-르나 삣지쌰-트 보-씸

квадра́тных ме́тров.
끄바드라-뜨늬흐 메-뜨라프

A : 집이 얼마나 넓어요?
B : 약 58제곱미터입니다.

표현늘리기

■ 전통 한옥입니다.

Традицио́нный коре́йский дом.
뜨라지찌온-늬 까례-이스끼 돔

■ 조용한 환경에 위치해 있어요.

Дом располо́жен в ти́хом райо́не.
돔 라스빨로-쥐인 프 찌-함 라이오-녜

■ 저는 시골에 살아요.

Я живу́ в се́льской ме́стности.
야 쥐이부- 프 쎌-스까이 메-스나스찌

■ 정원이 아름답습니다.

Краси́вый сад.
끄라씨-븨 싸트

■ 우리는 자기 전에 항상 여기서 차를 마셔요.

Пéред сном мы всегдá пьём здесь чай.
뻬-리트 스놈 믜 프씨그다- 삐욤 즈졔스 취아이

■ 집에 빛이 잘 들어요.

Квартúра располóжена на сóлнечной сторонé.
끄바르찌-라 라스빨로-쥐이나 나 쏠-니취나이 스따라녜-

■ 주방은 어디입니까?

Где нахóдится кýхня?
그졔 나호-지짜 꾸-흐냐

■ 저쪽에 있습니다.

На той сторонé.
나 또이 스따라녜-

■ 방은 몇 개입니까?

Скóлько в дóме кóмнат?
스꼴-까 브 도-메 꼼-나트

■ 침실이 2개 있습니다.

2(две) спáльни.
드볘 스빨-니

Tip

скóлько가 몇 개인지를 말할 때는 복수생격을 쓰지만, 동사를 수식할 때는 생격이 아닙니다.

Скóлько кóмнат? 방이 몇 개인가요? (방 – 복수생격)

Скóлько составля́ет плóщадь? 면적이 얼마나 되나요? (면적 – 주격)

Part 07 오늘 날씨가 어때요?

기본표현

A : Какáя сегóдня погóда?
까까-야 씨보-드냐 빠고-다

B : Óчень знóйная погóда.
오-취인 즈노-이나야 빠고-다

A : 오늘 날씨가 어때요?
B : 쨍쨍합니다.

표현늘리기

■ 시원합니다.

Прохлáдно.
쁘라흘라-드나

■ 폭풍우가 몰아칩니다.

Штормúт.
쉬따르미-트

■ 덥습니다.

Жáрко.
쥐아-르까

■ 바람이 붑니다.

Вéтрено.
볘-뜨리나

■ 계속 비가 옵니다.

Весь день льёт дождь.
베즈 젠 료-트 도쉬쯔

■ 날씨가 나쁩니다.

Плоха́я пого́да.
쁠라하-야 빠고-다

■ 오늘은 춥습니다.

Сего́дня хо́лодно.
씨보-드냐 홀-라드나

■ 안개가 꼈습니다.

Тума́нно.
뚜만-나

■ 해가 쨍쨍합니다.

Со́лнце пали́т.
쏜-쩨 빨리-트

■ 눈이 내리고 있습니다.

Идёт снег.
이죠-트 스녜크

Tip

날씨 표현은 부사, 형용사, 동사를 활용하는데 날씨를 의미하는 пого́да라는 명사가 있으면 형용사를 쓰고, 명사가 없을 때는 부사만을 씁니다.

Сего́дня жа́рко. 오늘은 덥다.

Сего́дня жа́ркая пого́да. 오늘은 더운 날씨이다.

Part 08 일기예보에서 내일 비가 온다고 합니다.

기본표현

A : По прогно́зу пого́ды за́втра бу́дет дождь.
빠 쁘라그노–주 빠고–듸 자–프뜨라 부–지트 도쉬쯔

B : Не забу́дьте зонт.
니 자붓–쪠 존트

A : 일기예보에서 내일 비가 온다고 합니다.
B : 우산 잊지 말아요.

표현늘리기

■ 오늘 날씨가 어떨까요?

Кака́я сего́дня бу́дет пого́да?
까까–야 씨보–드냐 부–지트 빠고–다

■ 하늘이 갰습니다.

Не́бо проясни́лось.
녜–바 쁘라이스닐–라스

■ 오후는 흐릴 것입니다.

По́сле обе́да бу́дет па́смурно.
뽀–슬례 아볘–다 부–지트 빠–스무르나

■ 내일은 비가 온다고 합니다.

Говоря́т, что за́втра бу́дет дождь.
가바랴–트 쉬또 자–프뜨라 부–지트 도쉬쯔

■ 다음 주부터는 우기입니다.

Со сле́дующей неде́ли бу́дет дождли́во.
싸 슬례-두유쉬이 니젤-리 부-지트 다쥐들리-바

■ 건기에는 비가 거의 안 와요.

В сухо́й сезо́н дожде́й почти́ не быва́ет.
프 쑤호-이 씨존- 다쥐졔-이 빠취찌- 니 븨바-이트

■ 일요일에는 태풍이 올 겁니다.

В воскресе́нье ожида́ется тайфу́н.
브 바스끄리쎼-녜 아쥐이다-이짜 따이푼-

■ 이곳 겨울은 춥습니까?

Здесь холо́дная зима́?
즈졔스 할로-드나야 지마-

■ 눈이 많이 올 것 같습니다.

Ка́жется, бу́дет мно́го сне́га.
까-쥐짜 부-지트 므노-가 스녜-가

■ 안개가 잔뜩 꼈습니다.

О́чень тума́нно.
오-취인 뚜만-나

Tip 미래의 날씨에 관해 말할 때는 быть의 3인칭 형태인 бу́дет을 사용합니다. 예상되는 것을 표현할 때는 ожида́ется, 추측이나 생각을 말할 때는 ка́жется를 사용합니다.

단어늘리기

기본단어

выезжáть	빅이즈쥐아-쯔	타고 나가다〈불완료〉
из дóма	이즈 도-마	집으로부터
утрá	우뜨라-	아침의 (*ýтро 아침)
загрýженный	자그루-쥐인늬이	짐이 가득 실린, 꽉 찬
дорóжный трáфик	다로-쥐늬이 뜨라-피크	도로 교통
передвигáться	삐리드비가-짜	움직이다〈불완료〉
прóбка	쁘로-프까	마개, 막힘, 체증
на дорóгах	나 다로-가흐	도로들에서 (*дорóга 도로)
на рабóту	나 라보-뚜	직장으로 (*рабóта 직장)
мнóго врéмени	므노-가 브례-미니	많은 시간
иногдá	이나그다-	가끔
вымáтывать	빅마-띄바쯔	소진시키다, 다 쓰게 하다〈불완료〉
никогдá не	니까그다- 니	결코 ~하지 않다
опáздывать	아빠-즈듸바쯔	늦다, 지각하다〈불완료〉
велосипéд	빌라씨뻬-트	자전거
на велосипéде	나 빌라씨뻬-졔	자전거를 타고
ходи́ть	하지-쯔	다녀오다, 다니다
пешкóм	삐쉬꼼-	걸어서
обы́чно	아븨-취나	보통
чáсто	취아-스따	자주
как чáсто	깍 취아-스따	얼마나 자주
автóбус	아프또-부스	버스
возвращáться	바즈브라쉬아-짜	돌아가다, 돌아오다
позвони́ть	빠즈바니-쯔	전화하다〈완료〉
с(со)	스(싸)	(시간; 생격)부터

с девяти́ часо́в	즈 지비찌- 취이쏘-프	9시부터
начина́ть	나취이나-쯔	(대격 혹은 동사) 시작하다〈불완료〉
приезжа́ть	쁘리이즈쥐아-쯔	타고 오다, 도착하다〈불완료〉
без	비즈	(생격) 없이, (시간; 생격) 전
без десяти́	비즈 지씨찌-	10분 전 (*де́сять 10)
ве́чера	베-취이라	저녁의 (*ве́чер 저녁)
сра́зу	스라-주	곧바로, 즉시
е́хать	예-하쯔	타고 가다〈불완료〉
заде́рживаться	자졔-르쥐이바짜	지체되다〈불완료〉
допоздна́	다빠즈나-	늦게까지
открыва́ться	앗끄리바-짜	열리다〈불완료〉
закрыва́ться	자끄리바-짜	닫히다〈불완료〉
круглосу́точно	끄루글라쑤-따취나	24시간 내내
добира́ться до	다비라-짜 다	(до 생격까지) 도달하다〈불완료〉
на авто́бусе	나 아프또-부셰	버스를 타고 (*авто́бус 버스)
шко́льный авто́бус	쉬꼴-늬이 아프또-부스	스쿨버스
на шко́льном авто́бусе	나 쉬꼴-남 아프또-부셰	스쿨버스를 타고
довезти́ до	다비스찌- 다	(до 생격까지) 타고 데려가다〈완료〉
шко́ла, кото́рая	쉬꼴-라 까또-라야	학교, 그것은
шко́ла, в кото́рой	쉬꼴-라 프 까또-라이	학교, 거기에서
госуда́рственный	가쑤다-르스뜨빈늬이	국립의
ча́стный	취아-스늬이	사립의
всего́	프씨보-	전부 해서
библиоте́ка	비블리이쩨 끼	도서관

단어늘리기

посреди́	빠스리지–	(생격의) 중간에
ка́мпус	깜–뿌스	캠퍼스(대학 교정)
ну́жно	누–쥐나	(동사원형) ~해야 한다
подписа́ть	빠드삐싸–쯔	서명하다〈완료〉
чем..., тем...	취옘 쪰	(비교급) ~할수록, (비교급) ~하다
скоре́е	스까례–예	더 빠르다
постро́ен	빠스뜨로–인	건설된, 지어진
прекра́сный	쁘리끄라–스늬이	아주 좋은, 멋진
окно́	아크노–	창문
вид из окна́	비드 이즈 아크나–	(창문에서 보이는) 전망 (*окно́ 창문)
ме́бель	메–빌	가구〈여〉
зал	잘	홀, 넓은 방
чи́стый	취이–스띄이	깨끗한
просто́рно	쁘라스또–르나	(공간이) 넓다
кварти́ра	끄바르찌–라	아파트
ю́жная часть	유–쥐나야 취아스쯔	남쪽 방향
вид на ю́жную часть	비드 나 유–뉘누유 취아스쯔	남쪽 방향의 전망
аре́довать	아렌–다바쯔	임차하다, 빌리다〈불완료, 완료〉
обе́д	아베–트	점심 식사
съе́хать	스예–하쯔	(집을 빼서) 나가다〈불완료〉
оконча́ние	아깐취아–니예	종료
срок	스로크	기간
аре́нда	아렌–다	임차
срок аре́нды	스로크 아렌–듸	임차 기간
расписа́ться	라스삐싸–짜	서명하다〈완료〉
здесь	즈제스	여기

почём	빠취욤–	~이 얼마인가요
до́ллар	돌–라르	달러
эта́ж	에따–쉬	층
како́й эта́ж	까꼬–이 에따–쉬	몇 층(어떤 층)
на како́м эта́же	나 까꼼– 에따–쥐예	몇 층에
второ́й эта́ж	프따로–이 에따–쉬	2층(2번째 층)
госуда́рственная аре́нда	가쑤다–르스뜨빈나야 아렌–다	국가 임대의
приобрести́	쁘리아브리스찌–	얻다, 구매하다〈완료〉
про́шлый год	쁘로–쉴릐 고트	작년
в про́шлом году́	프 쁘로–쉴람 가두–	작년에
взять в креди́т	브쟈쯔 프 끄리디–트	대출하다〈완료〉
тра́нспортная сеть	뜨란–스빠르뜨나야 쎄쯔	교통 네트워크
ра́звит	라–즈비트	발전된
ли	리	~인지 아닌지
парко́вка	빠르꼬–프까	주차공간
ско́лько	스꼴–까	얼마, 몇
составля́ть	싸스따블랴–쯔	(수치가) ~이다〈불완료〉
пло́щадь	쁠로–쉬아쯔	면적, 광장〈여〉
квадра́тный метр	끄바드라–뜨늬 메뜨르	평방미터
традицио́нный	뜨라지찌온–늬이	전통적인
коре́йский	까례–이스끼	한국의
ти́хий	찌–히	조용한
се́льский	쎌–스끼	시골의
ме́стность	메–스나스쯔	지역〈여〉
се́льская ме́стность	쎌스까야 메–스나스쯔	시골 지역
краси́вый	끄라씨–븨이	아름다운, 예쁜
сад	싸트	정원
пе́ред	뻬–리트	(조격) 전에, 앞에

단어늘리기

сон	쏜	잠, 꿈
пéред сном	뻬-리트 스놈	잠자기 전에
всегдá	프씨그다-	항상
пить	삐쯔	마시다〈불완료〉
чай	취아이	차(tea)
сóлнечный	쏠-니취늬이	태양의
сторонá	스따라나-	쪽, 측
сóлнечная сторонá	쏠-니취나야 스따라나-	양지, 태양 비치는 쪽
кýхня	꾸-흐냐	부엌
тот	또트	그, 저
та сторонá	따 스따라나-	그쪽, 저쪽
в дóме	브 도-메	집 안에 (*дом 집)
кóмната	꼼-나따	방
спáльня	스빨-냐	침실
погóда	빠고-다	날씨
знóйный	즈노-이늬	작열하는, 쨍쨍한
прохлáдно	쁘라흘라-드나	선선하다
штормúть	쉬따르미-쯔	폭풍이 치다〈불완료〉
жáрко	쥐아-르까	덥다
вéтрено	베-뜨리나	바람이 분다
весь	베스	모든, 전체의
весь день	베즈 젠	하루 종일
лить	리쯔	(액체) 따르다, 흐르다, 내리다〈불완료〉
дождь	도쉬쯔	비〈남〉
плохóй	쁠라호-이	나쁜
хóлодно	홀-라드나	춥다
тумáнно	뚜만-나	안개가 끼었다
палúть	빨리-쯔	쨍쨍하다, 작열하다〈불완료〉

снег	스녜크	눈(snow)
прогно́з	쁘라그노-스	예보, 예측
прогно́з пого́ды	쁘라그노-스 빠고-듸	일기예보 (*пого́да 일기, 기후)
по	빠	(여격에) 따르면
забы́ть	자븨-쯔	잊다〈완료〉
зонт	존트	우산
не́бо	녜-바	하늘
проя́сниться	쁘라야-스니짜	맑게 되다〈완료〉
па́смурно	빠-스무르나	흐리다
говори́ть	가바리-쯔	말하다〈불완료〉
говоря́т, что	가바랴-트 쉬또	~라고들 한다
сле́дующая неде́ля	슬레-두유쉬야 니젤-랴	다음 주
со сле́дующей неде́ли	싸 슬레-두유쉬이 니젤-리	다음 주부터
дождли́во	다쥐들리-바	비가 내린다
сухо́й	쑤호-이	건조한
сезо́н	씨존-	시즌
почти́	빠취찌-	거의
ожида́ться	아쥐다-짜	예상되다〈불완료〉
тайфу́н	따이푼-	태풍
холо́дный	할로-드늬이	추운
зима́	지마-	겨울
ка́жется	까-쥐이짜	~인 것 같다
мно́го сне́га	므노-가 스녜-가	눈이 많이 온다 (*снег 눈)

단어늘리기

관련단어

[날씨]

я́сно	야-스나	맑다
па́смурно	빠-스무르나	흐리다
хо́лодно	홀-라드나	춥다
жа́рко	쥐아-르까	덥다
прохла́дно	쁘라흘라-드나	시원하다
тепло́	찌쁠로-	따뜻하다
су́хо	쑤-하	건조하다
сы́ро	씌-라	습하다
ду́шно	두-쉬나	무덥다
ду́ет ве́тер	두-이트 베-찌르	바람이 분다
идёт снег	이죠-트 스녜크	눈이 내린다
идёт до́ждь	이죠-트 도-쉬쯔	비가 내린다
у́тро	우-뜨라	아침
у́тром	우-뜨람	아침에
день	젠	낮〈남〉
днём	드놈-	낮에
ве́чер	베-취르	저녁
ве́чером	베-취람	저녁에
ночь	노취	밤〈여〉
но́чью	노-취유	밤에
весна́	비스나-	봄
весно́й	비스노-이	봄에
ле́то	례-따	여름
ле́том	례-땀	여름에
о́сень	오-씬	가을〈여〉
о́сенью	오-씨뉴	가을에

зимá	지마–	겨울
зимóй	지모–이	겨울에
сóлнце	쏜–쩨	태양, 해
лунá	루나–	달
звездá	즈비즈다–	별
óблако	오–블라까	구름
тумáн	뚜만–	안개
росá	라싸–	이슬
дождь	도쉬쯔	비〈남〉
снег	스녜크	눈
гром	그롬	천둥
мóлния	몰–니야	번개
град	그라트	우박
котóткий ли́вень	까로–뜨끼 리–빈	소나기
наводнéние	나바드녜–니예	홍수
ли́вень	리–빈	폭우〈남〉
тайфýн	따이푼–	태풍
ураган	우라간–	허리케인
торнáдо	따르나–다	토네이도
цунáми	쭈나–미	해일
землетрясéние	지믈리뜨리쎄–니예	지진

문화 엿보기

러시아의 기후와 지형

러시아는 세계에서 가장 큰 영토를 가진 나라입니다. 지구 육지 면적의 1/8이고 대한민국 영토의 약 170배나 되니 당연히 기후도 아주 다양하지요. 흔히 러시아는 1년 내내 추울 거라고 생각하는 사람들도 있지만, 대부분의 지역에서 계절의 구분은 뚜렷한 편으로 겨울이 매우 길고, 여름은 짧은 대륙성 기후가 많습니다.

남부로 내려갈수록 기후가 따뜻해져서 남부 시베리아는 여름 기온이 30도에 이르기도 하고, 흑해 연안은 기후가 온화해서 휴양지의 역할을 하고 있습니다. 2014년 동계 올림픽이 열렸던 소치도 대표적인 휴양지입니다.

러시아는 광활하지만 대부분은 평원이며, 우랄산맥을 경계로 크게 유럽 지역과 아시아 지역으로 나뉩니다. 이 우랄산맥도 그리 높지 않은 편으로 평균 높이가 500미터를 넘지 않습니다. 북부의 툰드라는 일년 내내 영하권이므로 이끼 밖에 자라지 못하지만, 남부 초원 지대의 흑토는 아주 비옥해서 밀농사가 많이 이루어지고 있습니다.

또한 러시아는 강이 많은 편인데, 그 중에서도 시베리아의 강들은 수량이 풍부하고 낙차가 커서 수력발전소가 곳곳에 세워져 있습니다. 호수로는 세계에서 가장 깊은 바이칼 호수(수심 1600미터)가 가장 유명한데, 바이칼 호수의 서쪽에 위치한 도시 이르쿠츠크는 동시베리아의 중심지입니다. 시베리아 횡단열차가 이르쿠츠크와 바이칼 호수를 지나가니 여행을 가신다면 꼭 들려보시길 권합니다.

제 7 장

여가 · 취미

1. 여가 시간에 무엇을 하세요?
2. 취미가 무엇입니까?
3. 시간 있어요?
4. 나갑시다!
5. 하지만 잘하지는 못합니다.
6. 콘서트는 몇 시에 시작합니까?
7. 설날에는 무엇을 합니까?

기본표현

A : Чем вы занима́етесь в свобо́дное вре́мя?
취옘 븨 자니마-이쩨스 프 스바보-드나예 브례-먀

B : Я смотрю́ фи́льмы.
야 스마뜨류- 필-믜

A : 여가 시간에 무엇을 하세요?
B : 저는 영화를 봅니다.

표현늘리기

■ 주말은 어떻게 보내세요?

Как вы прово́дите выходны́е?
까크 븨 쁘라보-지쪠 븨하드늬-예

■ 저는 공원 산책을 합니다.

Гуля́ю в па́рке.
굴랴-유 프 빠-르꼐

■ 저는 주로 쇼핑을 합니다.

Обы́чно занима́юсь шо́пингом.
아븨-취나 자니마-유스 쉬오-삥감

■ 가족과 함께 여행합니다.

С семьёй е́дем в путеше́ствие.
스 씸요-이 예-짐 프 뿌찌쉬예-스뜨비예

- 우리는 영화를 보러 다닙니다.

Мы хо́дим в кино́.
믜 호–짐 프 끼노–

- 저는 한국 드라마를 무척 좋아합니다.

Я о́чень люблю́ коре́йские сериа́лы.
야 오–취인 류블류– 까례–스끼예 씨리알–리

- 저는 아내와 함께 시간을 보냅니다.

Прово́дим вре́мя вме́сте с жено́й.
쁘라보–짐 브례–먀 브메–스쪠 즈 쥐이노–이

- 저는 주말마다 클럽에 갑니다.

Ка́ждые выходны́е хожу́ в клуб.
까–쥐듸예 븨하드늬–예 하쥐우– 프 끌루프

- 저는 일요일마다 가족 모두를 위해 요리를 합니다.

Ка́ждое воскресе́нье гото́влю еду́ для всей семьи́.
까–쥐다예 바스끄리쎼–녜 가또–블류 이두– 들랴 브셰이 씨미–

- 저는 친구들을 집에 초대합니다.

Приглаша́ю домо́й друзе́й.
쁘리글라쉬아–유 다모–이 드루제–이

Tip

есть는 '있다'라는 뜻과 '먹다'라는 뜻을 가지고 있습니다. 주말(выходны́е)과 요일은 시간을 표현할 때 в를 쓰지만, 빈도를 표현할 때는 전치사 없이 ка́ждый를 써서 표현합니다.

в выходны́е	주말에	ка́ждые выходны́е	주말마다
в воскресе́нье	일요일에	ка́ждое воскресе́нье	일요일마다

Part 02 취미가 무엇입니까?

기본표현

A : Какóе у вас хóбби?
까꼬-예 우 바스 호-비

B : Я люблю́ рисовáть.
야 류블류- 리싸바-쯔

A : 취미가 무엇입니까?
B : 저는 그림 그리기를 좋아해요.

표현늘리기

■ 어떤 스포츠를 좋아하세요?

Каки́м спóртом вы увлекáетесь?
까낌- 스뽀-르땀 븨 우블리까-이찌스

■ 저는 축구 하는 것을 좋아합니다.

Я люблю́ игрáть в футбóл.
야 류블류- 이그라-쯔 프 푸드볼-

■ 매주 축구를 합니다.

Кáждую недéлю игрáю в футбóл.
까-쥐두유 니젤-류 이그라-유 프 푸드볼-

■ 저는 야구를 좋아합니다.

Я люблю́ бейсбóл.
야 류블류- 비즈볼-

■ 저는 친구들과 골프를 칩니다.

Я игра́ю в гольф с друзья́ми .
야 이그라–유 브 골프 즈 드루쟈–미

■ 등산을 좋아합니다.

Люблю́ ходи́ть в го́ры.
류블류– 하지–쯔 브 고–릐

■ 우리는 수영장에서 수영을 합니다.

Мы пла́ваем в бассе́йне.
믜 쁠라–바임 브 바쎼–이녜

■ 파티에 가는 걸 좋아하세요?

Вы лю́бите вечери́нки?
븨 류–비쪠 비취이린–끼

■ 친구들과 여행을 갑니다.

С друзья́ми е́дем путеше́ствовать.
즈 드루쟈–미 예–짐 뿌찌쉬예–스뜨바바쯔

■ 이번 주 토요일 당신을 우리집에 초대하고 싶어요.

Хочу́ пригласи́ть вас к нам домо́й в э́ту суббо́ту.
하취우– 쁘리글라씨–쯔 바스 끄 남 다모–이 브 에–뚜 쑤보–뚜

Tip

동사 **люби́ть**는 명사 대격 혹은 동사원형이 올 수 있습니다.
Я люблю́ футбо́л. 나는 축구를 좋아한다.
Я люблю́ игра́ть в футбо́л. 나는 축구 하는 것을 좋아한다.
하지만 동사 **увлека́ться**는 조격만 쓸 수 있습니다.
Я увлека́юсь футбо́лом. 나는 축구를 좋아한다. (취미)

Part 03 시간 있어요?

기본표현

А : Дани́л, у вас сейча́с есть вре́мя?
다닐- 우 바스 씨이취아-스 예스쯔 브레-먀

В : Да, а что?
다 아 쉬또

А : 다닐, 지금 시간 있어요?
B : 네, 왜요?

표현늘리기

■ 오늘 저녁 시간 있어요?

Сего́дня ве́чером свобо́дны?
씨보-드냐 베-취이람 스바보-드늬

■ 무슨 일이에요?

Почему́ спра́шиваете?
빠취무- 스쁘라-쉬바이쪠

■ 저녁 식사 같이 합시다.

Дава́йте вме́сте поу́жинаем.
다바-이쪠 브메-스쪠 빠우-쥐이나임

■ 무엇을 먹을까요?

Что бу́дем есть?
쉬또 부-짐 예스쯔

■ 와인 한잔 해요.

Дава́йте вы́пьем вина́.
다바-이졔 븨-뼴 비나-

■ 당신을 사랑해요.

Я люблю́ тебя́.
야 류블류- 찌뱌-

■ 첫눈에 반했어요.

Э́то любо́вь с пе́рвого взгля́да.
에-따 류보-프 스 뼤-르바바 브즈글랴-다

■ 나랑 사귈래요?

Бу́дешь встреча́ться со мной?
부-지쉬 프스뜨리취아-짜 싸 므노이

■ 저는 여자 친구가 있어요.

У меня́ есть де́вушка.
우 미냐- 예스쯔 졔-부쉬까

■ 저는 남자 친구가 있어요.

У меня́ есть па́рень.
우 미냐- 예스쯔 빠-린

Tip 남녀가 서로 교제한다는 의미를 말할 때는 встреча́ться를 쓰고, 친구로 지내자는 의미일 때는 дружи́ть를 씁니다.

Бу́дешь встреча́ться со мной? 나랑 사귈래요?

Бу́дешь дружи́ть со мной? 나랑 친구로 지낼래?

기본표현

A : Пошли́!
빠쉴리-

B : Хорошо́, пошли́!
하라쉬오-　　빠쉴리-

A : 가자!
B : 좋아, 가자!

표현늘리기

■ 오늘 저녁에 뭐 해?

Каки́е пла́ны на ве́чер?
까끼-예　뻘라-늬　나　베-취이르

■ 클럽 가자.

Пошли́ в клуб.
빠쉴리-　프 끌루프

■ 클럽 가기 싫은데.

В клуб не хочу́.
프 끌루프　니　하취우-

■ 뭐 다른 거 하고 싶은 거 있어? (상대방이 남자일 때)

А чем бы ты хоте́л заня́ться?
아 취옘　븨　띄　하쪨-　자냐-짜

■ 볼링 치러 가는 거 어때?

Мóжет, пойдём, поигрáем в бóулинг?
모–쥐이트 빠이좀– 빠이그라–임 브 보–울링

■ 좋은 생각이야.

Хорóшая идéя.
하로–쉬아야 이제–야

■ 지는 사람이 저녁 사기다.

Проигрáвший угощáет ýжином.
쁘라이그라–프쉬이 우가쒸아–이트 우–쥐이남

■ 여기서 나가자.

Давáй уйдём отсюда.
다바–이 우이좀– 앗쓔–다

■ 내가 이겼어. (화자가 남자일 때)

Я вы́играл.
야 븨–이그랄

■ 정말 즐거웠어.

Клáссно провели́ врéмя.
끌라–스나 쁘라빌리– 브례–마

Tip 동사 **угощáть**는 누군가에게 무언가를 대접한다는 뜻으로, 식사에 대한 값을 지불할 때도 쓸 수 있으며 대접하는 사람을 대격, 대접하는 내용을 조격으로 씁니다.

Сегóдня я угощáю тебя́ ýжином. 오늘 저녁은 내가 사는 거야.

Part 05 하지만 잘하지는 못합니다.

기본표현

A : Вы умéете плáвать?
빅 우몌-이쩨 쁠라-바쯔

B : Да, но плóхо.
다 노 쁠로-하

A : 수영할 수 있어요?
B : 네, 하지만 잘하지 못해요.

표현늘리기

■ 매우 잘하시네요.

У вас óчень хорошó получáется.
우 바스 오-취인 하라쉬오- 빨루취아-이짜

■ 감사합니다. 하지만 러시아어가 서툽니다.

Спасúбо. Но я плóхо говорю́ по-рýсски.
스빠씨-바 노 야 쁠로-하 가바류- 빠루-스끼

■ 러시아어를 조금 할 수 있습니다.

Я немнóго говорю́ по-рýсски.
야 님노-가 가바류- 빠루-스끼

■ 언제 시작했어요?

Когдá вы нáчали?
까그다- 빅 나-취일리

■ 작년에요.

В прóшлом годý.
프 쁘로-쉴람 가두-

■ 러시아어 공부를 좋아해요.

Мне нрáвится учи́ть рýсский язы́к.
므녜 느라-비짜 우취이-쯔 루-스끼 이지-크

■ 작년부터 계속 공부하고 있습니다.

Постоя́нно учý с прóшлого гóда.
빠스따얀-나 우취우- 스 쁘로-쉴라바 고-다

■ 연습하면 훨씬 더 좋아질 겁니다.

Éсли бýдете практиковáться, то стáнет замéтно лýчше.
예-슬리 부-지쪠 쁘락찌까바-짜 또 스타-니트 자메-뜨나 루-쉬예

■ 계속 연습할 겁니다.

Бýду постоя́нно практиковáться.
부-두 빠스따얀-나 쁘락찌까바-짜

■ 좋은 결과를 기대합니다.

Надéюсь на хорóший результáт.
나졔-유스 나 하로-쉬이 리줄따-트

Tip '할 수 있다'는 뜻을 말하는 동사로 умéть와 мочь가 있는데, 전자는 '할 수 있는 기술이 있다'는 뜻이며, 후자는 '할 수 있는 상황'이라는 뜻입니다.

Я умéю плáвать, но сейчáс я не могý.
나 수영할 줄 아는데, 지금은 할 수 없어.

기본표현

A : Во ско́лько начина́ется конце́рт?
바 스꼴–까 나취이나–이짜 깐쩨–르트

B : Он начина́ется в 6(шесть) часо́в.
온 나취이나–이짜 프 쉬예스쯔 취이쏘–프

A : 콘서트는 몇 시에 시작합니까?
B : 6시에 시작합니다.

표현늘리기

■ 콘서트는 몇 시에 끝납니까?

Во ско́лько зака́нчивается конце́рт?
바 스꼴–까 자깐–취이바이짜 깐쩨–르트

■ 9시에 끝납니다.

Он зака́нчивается в 9(де́вять) часо́в.
온 자깐–취이바이짜 브 제–비쯔 취이쏘–프

■ 매표소는 어디죠?

Где ка́сса?
그제 까–싸

■ 지금 무슨 공연 중인가요?

Како́е представле́ние сейча́с идёт?
까꼬–예 쁘릿스따블레–니예 씨이취아–스 이죠–트

- 발레 《백조의 호수》가 공연 중이에요.

Сейча́с идёт бале́т «Лебеди́ное о́зеро».
씨이취아–스 이죠–트 발례–트 리비지–나예 오–지라

- 지금 표를 살 수 있나요?

Мо́жно сейча́с купи́ть биле́ты?
모–쥐나 씨이취아–스 꾸삐–쯔 빌례–띄

- 어떤 좌석을 원하십니까?

Каки́е места́ вы бы хоте́ли?
까끼–예 미스따– 븨 븨 하쩰–리

- 뒷좌석으로 두 자리 부탁합니다.

Да́йте 2(два) ме́ста в за́днем ряду́.
다–이쪠 드바 몌–스따 브 자–드님 리두–

- 맨 앞좌석으로 두 자리 부탁합니다.

Да́йте 2(два) ме́ста в пе́рвом ряду́.
다–이쪠 드바 몌–스따 프 뼤–르밤 리두–

- 죄송하지만 매진되었습니다.

Извини́те, но все биле́ты про́даны.
이즈비니–쪠 노 프셰 빌례–띄 쁘로–다늬

Tip

공연이나 영화 상영을 나타낼 때 동사 **идти́**를 쓸 수 있습니다.

Сейча́с идёт интере́сный фильм. 지금 재미있는 영화가 상영 중이야.

'자리, 장소'를 의미하는 **ме́сто**는 복수일 때는 **места́**이지만(강세 뒤), 숫자 **два** 뒤에서는 단수생격이라 **ме́ста**(강세 앞)입니다.

Part 07 설날에는 무엇을 합니까?

기본표현

A : Что вы де́лаете на Но́вый год?
쉬또 븨 젤-라이쪠 나 노-븨 고트

B : Я уезжа́ю на ро́дину.
야 우이즈쥐아-유 나 로-지누

A : 새해 첫날에는 무엇을 합니까?
B : 저는 고향에 내려갑니다.

표현늘리기

■ 새해 복 많이 받으세요.

С Но́вым го́дом!
스 노-브임 고-담

■ 친구와 친척의 집들을 방문합니다.

Посеща́ем дома́ друзе́й и ро́дственников.
빠씨쉬아-임 다마- 드루제-이 이 롯-스뜨빈니까프

■ 특별한 전통이 있습니까?

Есть ли осо́бые тради́ции?
예스쯔 리 아쏘-븨예 뜨라지-찌이

■ 우리는 한국 전통 옷인 한복을 입습니다.

Мы надева́ем традицио́нный костю́м “ханбо́к”.
믜 나지바-임 뜨라지찌온-늬이 까스쭘- 한복-

■ 우리는 어른들께 세배를 합니다.

Мы де́лаем ста́ршим традицио́нный покло́н “себэ́”.
미 젤–라임 스따–르쉬임 뜨라지찌온–늬이 빠끌론– 세배–

■ 세배를 한 후에 세뱃돈을 받습니다.

По́сле покло́на “себэ́” мы получа́ем за э́то де́ньги.
뽀–슬례 빠끌로–나 세배– 믜 빨루취아–임 자 에–따 젠–기

■ 어른들이 덕담을 해주십니다.

Ста́ршие чле́ны семьи́ говоря́т нам хоро́шие пожела́ния.
스따–르쉬예 췰례–늬 씨미– 가바랴–트 남 하로–쉬예 빠쥐일라–니야

■ 가족들과 모여 명절 음식을 먹습니다.

Собира́емся с семьёй за пра́здничным столо́м.
싸비라–임샤 스 씸요–이 자 쁘라–즈니취느임 스딸롬–

■ 전통놀이를 합니다.

Игра́ем в традицио́нные и́гры.
이그라–임 프 뜨라지찌온–늬예 이–그릐

■ 음력으로 설날이 언제입니까?

Когда́ Но́вый год по лу́нному календарю́?
까그다– 노–븨 고트 빠 룬–나무 깔린다류–

Tip

Но́вый год은 '새해'라는 뜻이지만 새해의 첫날 하루를 의미하고, 1년 전체를 의미하는 '새로운 해'는 소문자로 쓰는 но́вый год입니다.

단어늘리기

기본단어

свобóдное врéмя	스바보–드나예 브례–마	자유 시간, 여가 시간
в свобóдное врéмя	프 스바보–드나예 브례–마	여가 시간에
смотрéть	스마뜨례–쯔	보다, 시청하다〈불완료〉
фильм	필림	영화(개별)
проводи́ть	쁘라바지–쯔	(시간을) 보내다〈불완료〉
гуля́ть	굴랴–쯔	산책하다〈불완료〉
парк	빠르크	공원
шóпинг	쉬오–삥	쇼핑
путешéствие	뿌찌쉬예–스뜨비예	여행
éхать в путешéствие	예–하쯔 프 뿌찌쉬예–스뜨비예	여행 가다〈불완료〉
кинó	끼노–	영화관, 영화(장르)〈불변〉
люби́ть	류비–쯔	(대격 혹은 동사) 좋아하다〈불완료〉
сериáл	씨리알–	드라마, 연속극
вмéсте	브메–스쩨	함께
кáждый	까–쥐듸이	각각의, 매
клуб	끌루프	클럽
готóвить	가또–비쯔	요리하다, 준비하다〈불완료〉
едá	이다–	요리, 음식
для	들랴	(생격을) 위해
вся семья́	프샤 씸야–	가족 전체
приглашáть	쁘리글라쉬아–쯔	초대하다〈불완료〉
хóбби	호–비	취미〈불변, 중〉
рисовáть	리싸바–쯔	그림 그리다〈불완료〉
спорт	스뽀르트	스포츠

увлека́ться	우블리까–짜	(조격에) 심취하다(취미)〈불완료〉
бейсбо́л	비즈볼–	야구
гольф	골프	골프
ходи́ть в го́ры	하지–쯔 브 고–릐	등산 다녀오다〈불완료〉
пла́вать	쁠라–바쯔	수영하다〈불완료〉
бассе́йн	바쎄–인	수영장
вечери́нка	비취이린–까	파티
путеше́ствовать	뿌찌쉬예–스뜨바바쯔	여행 가다〈불완료〉
пригласи́ть	쁘리글라씨–쯔	초대하다〈완료〉
к нам	크 남	우리에게로(к 여격)
почему́	빠취무–	왜
спра́шивать	스쁘라–쉬이바쯔	묻다, 물어보다〈불완료〉
есть	예스쯔	먹다, 있다〈불변, 불완료〉
вы́пить	븨–삐쯔	마시다〈완료〉
вино́	비노–	와인
дружи́ть	드루쥐이–쯔	친구로 지내다〈불완료〉
па́рень	빠–린	젊은이, 남자 친구〈남〉
пошли́	빠쉴리–	가자(구어체) (*пойти́ 걸어서 가다)
план	쁠란	(на 대격에 대한) 계획
заня́ться	자냐–짜	(조격) 하다, 종사하다〈완료〉
мо́жет	모–쥐이트	아마도, 혹시
пойти́	빠이찌–	가다 (걸어서)〈완료〉
пойдём	빠이좀–	가자 (*пойти́ 걸어서 가다)
поигра́ть в боу́линг	빠이그라–쯔 브 보울–링	잠시 볼링을 치다〈완료〉
иде́я	이졔–야	아이디어, 생각
проигра́ть	쁘라이그라–쯔	지다〈완료〉
проигра́вший	쁘라이그라–프쉬이	진 사람

단어늘리기

угоща́ть	우가쉬아-쯔	(대격에게 조격을) 대접하다〈불완료〉
у́жин	우-쥐인	저녁 식사
дава́й	다바-이	~하자
вы́играть	븨-이그라쯔	이기다〈완료〉
кла́ссно	끌라-스나	아주 잘, 훌륭히
провести́	쁘라비스찌-	(시간을) 보내다〈완료〉
уме́ть	우메-쯔	(동사) 할 줄 알다〈불완료〉
пло́хо	쁠로-하	못, 나쁘게
получа́ться	빨루취아-짜	(у 생격에게) 이루어지다〈불완료〉
по-ру́сски	빠루-스끼	러시아어로
нача́ть	나취아-쯔	시작하다〈완료〉
учи́ть	우취이-쯔	학습하다, 암기하다〈불완료〉
постоя́нно	빠스따얀-나	계속해서
е́сли	예-슬리	만약
то	또트	(если 뒤에서) 그렇다면
практикова́ться	쁘락찌까바-짜	연습하다〈불완료〉
стать	스따쯔	~하게 되다〈완료〉
заме́тно	자메-뜨나	눈에 띄게, 훨씬
наде́яться	나졔-야짜	(на 대격을) 희망하다〈불완료〉
результа́т	리줄따-트	결과
конце́рт	깐쩨-르트	콘서트
зака́нчиваться	자깐-취이바짜	끝나다〈불완료〉
ка́сса	까-싸	매표소
представле́ние	쁘릿스따블레-니예	공연, 발표
бале́т	발레-트	발레
Лебеди́ное о́зеро	리비지-나예 오-지라	백조의 호수
мо́жно	모-쥐나	(동사) 해도 된다

купи́ть	꾸삐-쯔	사다, 구매하다〈완료〉
биле́т	빌례-트	표, 티켓
ме́сто	메-스따	자리, 장소
дать	다쯔	주다〈완료〉
за́дний ряд	자-드니이 랴트	뒷줄
в за́днем ряду́	브 자-드님 리두-	뒷줄에
пе́рвый ряд	뻬-르비 랴트	첫 번째 줄
в пе́рвом ряду́	프 뻬-르밤 리두-	첫 번째 줄에
но	노	하지만
про́дан	쁘로-단	팔린
на Но́вый год	나 노-븨 고트	새해를 기념해서, 새해에
уезжа́ть	우이즈쥐아-쯔	타고 떠나다〈불완료〉
ро́дина	로-지나	고향, 고국
на ро́дину	나 로-지누	고향으로, 고국으로
посеща́ть	빠씨쉬아-쯔	방문하다〈불완료〉
дома́	다마-	집들 (*дом 집)
осо́бый	아쏘-븨이	특별한
тради́ция	뜨라지-찌야	전통
надева́ть	나지바-쯔	입다, 걸치다〈불완료〉
традицио́нный костю́м	뜨라지찌온-늬이 까스쭘-	전통 의상
традицио́нный покло́н	뜨라지찌온-늬이 빠끌론-	전통 인사
де́лать	젤-라쯔	하다〈불완료〉
член	칠롄	구성원
ста́ршие чле́ны семьи́	스따-르쉬에 칠례-늬 씨미-	어른들 (가족 중)
получа́ть за	빨루취아-쯔 자	(за 대격에 대해) 받다〈불완료〉
де́ньги	젠-기	돈〈복〉

단어늘리기

пожела́ние	빠쥐일라-니예	기원, 기원의 말
собира́ться	싸비라-짜	모이다〈불완료〉
пра́здничный стол	쁘라-즈니취늬이 스똘	명절 상
за пра́здничным столо́м	자 쁘라-즈니취느임 스딸롬-	명절 상 앞에
игра́ть в и́гры	이그라-쯔 브 이-그릐	게임을 하다〈불완료〉 (*игра́ 게임)
традицио́нные и́гры	뜨라지찌온-늬예 이-그릐	전통 놀이
лу́нный календа́рь	룬-늬이 깔린다-르	음력
по лу́нному календарю́	빠 룬-라무 깔린다류-	음력으로

관련단어

[취미, 스포츠]

мю́зикл	뮤-지끌	뮤지컬
о́пера	오-삐라	오페라
бале́т	발례-트	발레
цирк	쯔이르크	서커스
та́нец	따-니쯔	춤
пе́сня	뻬-스냐	노래
фотогра́фия	파따그라-피야	사진〈여〉
компью́терная игра́	깜쀼-떼르나야 이그라-	컴퓨터 게임
по́иск в интерне́те	뽀-이스크 브 인떼르네-쩨	인터넷 검색
гото́вка	가또-프까	요리
поку́пки	빠꿉-끼	쇼핑〈복〉
охо́та	아호-따	사냥
чте́ние	취쪠-니예	독서
рисова́ние	리싸바-니예	그림 그리기

рыба́лка	리발-까	낚시
коллекциони́рование	깔릭찌아니-라바니예	수집
похо́д за гриба́ми	빠호-트 자 그리바-미	버섯 따기
путеше́ствие	뿌찌쉬예-스뜨비예	여행
похо́д в го́ры	빠호-트 브 고-릐	등산
йога	이오가	요가
спорт	스뽀르뜨	스포츠
футбо́л	푸드볼-	축구
бейсбо́л	비즈볼-	야구
баскетбо́л	바스낏볼-	농구
волейбо́л	발리볼-	배구
гольф	골프	골프
те́ннис	떼-니스	테니스
пинг-по́нг	삥뽕-	탁구
билья́рд	빌랴-르트	당구
хокке́й	하께-이	하키
фигу́рное ката́ние	피구-르나예 까따-니예	피겨 스케이팅
шорт-трек	쉬오르뜨 뜨레크	쇼트트랙
бадминто́н	바드민똔-	배드민턴
пла́вание	쁠라-바니예	수영
ката́ние на лы́жах	까따-니예 나 릐-쥐아흐	스키 타기
похо́д	빠호-트	트레킹
я́хта	야-흐따	요트

문화 엿보기

러시아인의 여가생활

러시아의 여가에서 빼놓을 수 없는 것이 바로 공연 관람입니다. 추워지기 시작하는 10월부터 소위 '공연 시즌'이 시작되는데 극장들마다 다양한 발레, 오페라, 연극들을 상연합니다. 대부분 유치원이나 학교에서 가는 단체 관람이나, 가족들과 함께 극장과 박물관에 다니는 것을 통해 공연과 전시 문화를 자연스럽게 접합니다.

스포츠 중 가장 인기 있는 종목은 축구이며, 체스 또한 대표적인 오락거리 중 하나입니다. 최근 몇 년 급속히 발전한 IT환경 덕분에 온라인 게임과 소셜 네트워크 활동도 매우 활발해졌습니다. 서커스 또한 러시아인들이 여가를 보내는 오락 중의 하나인데, 1920년대 서커스 학교가 세워진 이후 러시아를 대표하는 공연예술 중 하나가 되었습니다.

러시아식 사우나인 바냐도 빠질 수 없는데, 뜨겁게 달궈진 러시아식 난로 페치카에 물을 부어 생기는 수증기를 이용하는 방식의 사우나입니다. 자작나무나 참나무 가지로 만든 베닉으로 마사지를 받은 뒤, 땀투성이가 된 사람은 바로 얼음 구덩이에 들어가서 열기를 식히며, 도시에서는 냉탕에 입수하는 것으로 대신합니다. 시베리아의 한 유치원은 21년째 이를 응용한 체력 단련을 하고 있는데, 영하 25도 아래로 떨어지는 날씨나 칼바람이 부는 날이 아니라면, 매일 야외에서 물을 뒤집어쓴 뒤 바냐의 한증막에 들어가는 것으로 건강을 지키고 있다고 합니다.

제 8 장

초대 • 방문

1. 언제 만나뵐까요?
2. 실례합니다.
3. 우리 집에 초대하고 싶어요.
4. 와줘서 기뻐요.
5. 무엇을 마시겠습니까?
6. 많이 드세요.
7. 맛이 어때요?
8. 이만 가보겠습니다.

Part 01 언제 만나뵐까요?

기본표현

A : Когда́ встре́тимся?
까그다- 프스뜨례-찜쌰

B : Смо́жете прийти́ в э́ти выходны́е?
스모-쥐이쪠 쁘리이찌- 브 에-찌 븨하드늬-예

A : 언제 만나뵐까요?
B : 이번 주말에 올 수 있어요?

표현늘리기

■ 시간을 정합시다.

Дава́йте назна́чим вре́мя.
다바-이쪠 나즈나-취임 브례-먀

■ 상담사님과 약속을 잡고 싶습니다.

Хочу́ назна́чить встре́чу с консульта́нтом.
하취우- 나즈나-취이쯔 프스뜨례-취우 스 깐술딴-땀

■ 오후에 댁을 방문해도 좋겠습니까?

Ничего́, е́сли я приду́ к вам домо́й по́сле обе́да?
니취이보- 예-슬리 야 쁘리두- 끄 밤 다모-이 뽀-슬례 아볘-다

■ 오후에 저는 집에 없을 겁니다.

По́сле обе́да меня́ не бу́дет до́ма.
뽀-슬례 아볘-다 미냐- 니 부-지트 도-마

■ 내일 와주세요.

Приходи́те за́втра.
쁘리하지–쪠 자–프뜨라

■ 점심 이후 아무때나요.

В любо́е вре́мя по́сле обе́да.
브 류보–예 브례–먀 뽀–슬례 아볘–다

■ 언제가 편하세요?

Когда́ вам удо́бно?
까그다– 밤 우도–브나

■ 오늘 저녁에 뵐 수 있을까요?

Мы мо́жем встре́титься сего́дня ве́чером?
믜 모–쥐임 프스뜨례–찌짜 씨보–드냐 볘–취이람

■ 죄송해요, 월요일은 안 되겠어요.

Извини́те, в поне́дельник я не могу́.
이즈비니–쪠 프 빠니젤–니크 야 니 마구–

■ 3시 괜찮겠습니까?

В 3(три) часа́ норма́льно?
프 뜨리 취이싸– 나르말–나

Tip 오전과 오후는 점심 식사인 **обе́д**를 기준으로 전치사 **до**와 **по́сле**를 각각 씁니다.

до обе́да 오전
по́сле обе́да 오후

Part 02 실례합니다.

기본표현

A : Изви́ните.
이즈비니-쪠

B : Ми́стер Ким, здра́вствуйте. Проходи́те.
미-스떼르 낌 즈드라-스뜨부이쪠 쁘라하지-쪠

A : 실례합니다.

B : 안녕하세요, 김 선생. 들어오세요.

표현늘리기

■ 마리나 씨 뵐 수 있을까요?

Мо́жно уви́деть Мари́ну?
모-쥐나 우비-지쯔 마리-누

■ 마리나 씨 지금 댁에 계십니까?

Мари́на сейча́с до́ма?
마리-나 씨취아-스 도-마

■ 회의를 취소해야겠어요.

Придётся отмени́ть совеща́ние.
쁘리죠-짜 앗미니-쯔 싸비쉬아-니예

■ 갑자기 일이 생겼어요.

Внеза́пно возни́кло неотло́жное де́ло.
브니잡-나 바즈니-끌라 니앗로-쥐나예 졜-라

■ 월요일에 시간 되세요?

Как у вас со вре́менем в понеде́льник?
깍 우 바스 싸 브례–미님 프 빠니젤–니크

■ 우리 집에 오신 걸 환영합니다.

Добро́ пожа́ловать в наш дом.
다브로– 빠쥐알–라바쯔 브 나쉬 돔

■ 오래 기다리게 해서 죄송합니다. (화자가 남자일 때)

Извини́те, что заста́вил до́лго ждать.
이즈비니–쪠 쉬또 자스따–빌 돌–가 쥐다쯔

■ 괜찮습니다. 이쪽으로 오세요.

Ничего́ стра́шного. Проходи́те сюда́.
니취보– 스뜨라–쉬나바 쁘라하지–쪠 쓔다–

■ 제가 방해가 안 되었기를 바랍니다. (화자가 남자일 때)

Наде́юсь, я вам не помеша́л.
나졔–유스 야 밤 니 빠미쉬알–

■ 아닙니다. 또 뵙게 되어 반갑습니다. (화자가 여자일 때)

Нет. Ра́да была́ повида́ться вновь.
녜트 라–다 브일라– 빠비다–짜 브노프

Tip 고맙거나 감사한 이유를 말할 때 그 이유가 명사이면 за 대격을 쓰지만, 이유를 문장으로 말하려면 что를 쓰고 문장을 말하면 됩니다.

Part 03 우리 집에 초대하고 싶어요.

기본표현

A : Как у вас со вре́менем в э́ту суббо́ту?
까크 우 바스 싸 브례-미님 브 에-뚜 쑤보-뚜

B : Норма́льно. А что?
나르말-나 아 쉬또

A : 이번 주 토요일에 시간 되세요?
B : 괜찮아요. 무슨 일인데요?

표현늘리기

■ 우리 집에 초대하고 싶어요.

Хочу́ пригласи́ть вас к нам домо́й.
하취우- 쁘리글라씨-쯔 바스 크 남 다모-이

■ 제 생일 파티에 당신을 초대합니다.

Приглаша́ю вас на свой день рожде́ния.
쁘리글라쉬아-유 바스 나 스보이 젠 라쥐제-니야

■ 저희는 토요일에 파티를 하려고 합니다.

Мы собира́емся устро́ить вечери́нку в суббо́ту.
믜 싸비라-임쌰 우스뜨로-이쯔 비취린-꾸 프 쑤보-뚜

■ 초대 감사합니다.

Спаси́бо за приглаше́ние.
스빠씨-바 자 쁘리글라쉬예-니예

- 남편과 함께 와주세요.

Приходи́те вме́сте с супру́гом.
쁘리하지-쪠 브몌-스쪠 스 쑤쁘루-감

- 꼭 가겠습니다.

Обяза́тельно придём.
아비자-찔나 쁘리좀-

- 파티가 몇 시에 시작하나요?

Во ско́лько начина́ется вечери́нка?
바 스꼴-까 나취나-이짜 비취린-까

- 토요일 저녁 6시에요.

В суббо́ту в 6(шесть) часо́в ве́чера.
프 쑤보-뚜 프 쉬예스쯔 취쏘-프 볘-취라

- 도와드릴까요?

Вам помо́чь?
밤 빠모-취

- 아닙니다, 참석만 해 주세요.

Нет, про́сто приходи́те.
녜트 쁘로-스따 쁘리하지-쪠

Tip 손님을 초대하거나 초대에 응할 때는 '오다'라는 приходи́ть를 사용하지만, 이미 문 앞에 있거나 같은 공간에 위치한 사람에게 이쪽으로 오라는 말을 할 때는 проходи́ть를 사용합니다.

기본표현

A : Извини́те за опозда́ние.
이즈비니–쪠 자 아빠즈다–니예

B : Ничего́ стра́шного.
니취보– 스뜨라–쉬나바

A : 늦어서 미안합니다.
B : 괜찮습니다.

표현늘리기

■ 초대해 주셔서 감사합니다.

Спаси́бо, что пригласи́ли.
스빠씨–바 쉬또 쁘리글라씰–리

■ 와줘서 정말 기뻐요. (화자가 여자일 때)

О́чень ра́да, что вы пришли́.
오–췬 라–다 쉬또 븨 쁘리쉴리–

■ 오래 기다리게 했습니다. (화자가 남자일 때)

Я заста́вил вас ждать.
야 자스따–빌 바즈 쥐다쯔

■ 아닙니다, 제일 먼저 오셨습니다. (상대방이 남자일 때)

Нет, вы пришли́ пе́рвым.
녜트 븨 쁘리쉴리– 뼤–르브임

■ 외투 받아드릴까요?

Да́йте ва́ше пальто́.
다–이제 바–쉬예 빨또–

■ 작은 선물입니다.

Небольшо́й пода́рок.
니발쉬오–이 빠다–라크

■ 감사합니다. 이건 제가 꼭 원했던 것입니다. (화자가 남자일 때)

Спаси́бо. Я как раз мечта́л об э́том.
스빠씨–바 야 까크 라스 미취딸– 아브 에–땀

■ 이리 앉으세요.

Сади́тесь сюда́, пожа́луйста.
싸지–찌스 쓔다– 빠쥐알–쓰따

■ 내 집이다 생각하세요.

Бу́дьте, как до́ма.
붓–쪠 까크 도–마

■ 아이들은 잘 있습니까?

Как ва́ши де́ти?
까크 바–쉬 졔–찌

Tip 처음으로 온 사람이 남자이면 пе́рвым, 여자이면 пе́рвой를 씁니다.
Ты пришла́ пе́рвой. 네가(여) 제일 먼저 왔어.

Part 05 무엇을 마시겠습니까?

기본표현

A : Что бу́дете пить?
쉬또 부-지쪠 삐쯔

B : На ва́ше усмотре́ние.
나 바-쉬예 우스마뜨례-니예

A : 무엇을 마시겠습니까?
B : 무엇이든 좋습니다.

표현늘리기

■ 음료수 드시겠어요?

Могу́ я предложи́ть вам напи́тки?
마구- 야 쁘리들라쥐-쯔 밤 나삐-뜨끼

■ 물 한 잔 부탁합니다.

Стака́н воды́, пожа́луйста.
스따깐- 바듸- 빠쥐알-스따

■ 오렌지 주스 부탁합니다.

Пожа́луйста, апельси́новый сок.
빠쥐알-스따 아삘씨-나븨 쏘크

■ 아니요, 괜찮습니다.

Нет, спаси́бо.
녜트 스빠씨-바

■ 커피와 차 중 어느 것을 드시겠습니까?

Ко́фе и́ли чай?
꼬-폐 일-리 취아이

■ 커피를 부탁합니다.

Ко́фе, пожа́луйста.
꼬-폐 빠쥐알-스따

■ 커피는 어떻게 드시겠습니까?

Что вам доба́вить в ко́фе?
쉬또 밤 다바-비쯔 프 꼬-폐

■ 크림과 설탕을 넣어서요.

Сли́вки и са́хар, пожа́луйста.
슬리-프끼 이 싸-하르 빠쥐알-스따

■ 설탕은 빼주세요.

Без са́хара, пожа́луйста.
비즈 싸-하라 빠쥐알-스따

■ 얼음 넣은 걸로 주세요.

Со льдом, пожа́луйста.
쌀 돔 빠쥐알-스따

Tip 무언가를 넣을 때는 'с(со)+조격'을 쓰고, 빼달라고 할 때는 'без(безо)+생격'을 씁니다. 얼음을 뜻하는 **лёд**는 모음 **ё**가 탈락하며 자음만 남아 전치사 **с**는 **со**로, **без**는 **безо**로 바꿉니다.

со льдом 얼음 넣어서
безо льда 얼음 빼고

Part 06 많이 드세요.

기본표현

A : Прия́тного аппети́та.
쁘리야–뜨나바 아삐찌–따

B : Спаси́бо.
스빠씨–바

A : 많이 드세요. / 맛있게 드세요.
B : 감사합니다.

표현늘리기

■ 건배! 우리의 건강을 위하여!

За здоро́вье всех прису́тствующих!
자 즈다로–베 프셰흐 쁘리쑷–스뜨부유쉬흐

■ 이 음식 맛있겠군요.

Вы́глядит аппети́тно.
븨–글리지트 아삐지–뜨나

■ 그거 조금만 주시겠어요?

Мо́жете положи́ть мне немно́го э́того?
모–쥐쪠 빨라쥐–쯔 므녜 님노–가 에–따바

■ 냅킨 좀 주세요.

Пожа́луйста, да́йте салфе́тки.
빠쥐알–스따 다–이쪠 쌀폐–뜨끼

■ 요리 솜씨가 좋으시네요.

Вы отли́чно гото́вите.

빅 아뜰리-취나 가또-비쪠

■ 내가 제일 좋아하는 겁니다.

Э́то я люблю́ бо́льше всего́.

에-따 야 류블류- 볼-쉬예 프씨보-

■ 매운 음식을 좋아합니다.

Я люблю́ о́строе.

야 류블류- 오-스뜨라예

■ 이거 어떻게 먹어요?

Как э́то есть?

까크 에-따 예스쯔

■ 저는 아무거나 잘 먹습니다. (화자가 남자일 때)

Я не капри́зен в еде́.

야 니 까쁘리-진 브 이졔-

■ 먹어 보겠습니다.

Я попро́бую.

야 빠쁘로-부유

Tip 누군가의 무엇을 '위하여'를 의미하는 전치사는 **для**이지만, 건배나 응원에서는 '위하여'를 말할 때는 전치사 'за+대격'을 씁니다. прису́тствующий는 참석자를 뜻하며 형용사 변화를 합니다.

все прису́тствующие 여기 있는 모든 사람

за здоро́вье всех прису́тствующих 여기 있는 모든 사람의 건강을 위해

Part 07 맛이 어때요?

기본표현

A : Вку́сно?
프꾸-스나

B : Да, о́чень вку́сно.
다 오-췬 프꾸-스나

A : 맛있어요?
B : 네, 정말 맛있어요.

표현늘리기

■ 많이 먹었습니다. (화자가 남자일 때)

Я нае́лся.
야 나옐-쌰

■ 매우 달아요.

О́чень сла́дко.
오-췬 슬라-뜨까

■ 입에서 그냥 녹네요.

Про́сто та́ет во рту.
프로-스따 따-이트 바 르뚜

■ 냄새가 너무 좋아요.

Арома́т про́сто сво́дит с ума́.
아라마-트 쁘로-스따 스보-지트 스 우마-

■ 이국적인 맛이에요.

Необы́чный вкус.
니아븨–취늬 프꾸스

■ 조금 맵네요.

Острова́то.
아스뜨라바–따

■ 조금 짜요.

Солено́ва́то.
쌀리나바–따

■ 좀 싱겁습니다.

Пресно́ва́то.
쁘리스나바–따

■ 너무 시군요.

Чересчу́р ки́сло.
취리쉬우–르 끼–슬라

■ 기름져요.

Жи́рно.
쥐–르나

Tip своди́ть с ума́는 '정신을 쏙 빼놓는다, 미치게 만든다'는 뜻으로 좋은 의미로도 나쁜 의미로도 쓰일 수 있습니다.

Меня́ э́то про́сто сво́дит с ума́. 나 이것 때문에 미치겠어.

Part 08 이만 가보겠습니다.

기본표현

A : Мне порá.
므녜 빠라–

B : Счастлúво.
쉬슬리–바

A : 이만 가보겠습니다.
B : 살펴 가십시오.

표현늘리기

■ 시간이 늦었습니다.

Ужé пóздно.
우쥐예– 뽀–즈나

■ 이제 가야겠습니다.

Мне порá.
므녜 빠라–

■ 좀 더 있다 가세요.

Побýдьте ещё немнóго.
빠붓–쪠 이쉬요– 님노–가

■ 페이스북으로 연락해 주세요.

Свя́жемся чéрез фейсбýк.
스뱌–쥠쌰 취예–리스 페이스부–크

■ 식사 준비해 주셔서 감사합니다.

Спаси́бо за угоще́ние.
스빠씨–바 자 우가쉬예–니예

■ 조만간 다시 뵙기 바랍니다.

До ско́рой встре́чи.
다 스꼬–라이 프스뜨례–취

■ 역까지 안내해 드리겠습니다.

Я провожу́ вас до ста́нции.
야 쁘라바쥐우– 바즈 다 스딴–찌이

■ 운전 조심하세요.

Бу́дьте осторо́жны за рулём.
붓–쪠 아스따로–쥐늬 자 룰룜–

■ 언제든 들르세요.

Приходи́те в любо́е вре́мя.
쁘리하지–쪠 브 류보–예 브레–먀

■ 부모님께 안부 전해 주세요.

Переда́йте приве́т роди́телям.
삐리다–이쪠 쁘리볘–트 라지–찔림

Tip

счастли́во라는 단어는 '행복하게'라는 부사이지만 헤어질 때 인사로 사용하면 '안녕히 가세요, 잘 지내요'라는 의미로 통용됩니다. 발음상으로 стл에서 т가 묵음이고 сча는 щи로 발음됩니다.

단어늘리기

기본단어

назна́чить	나즈나-취쯔	정하다〈완료〉
консульта́нт	깐쑬딴-뜨	상담사
к вам	크 밤	당신에게로
приходи́ть	쁘리하지-쯔	오다, 도착하다〈불완료〉
любо́й	류보-이	어떤 ~이든
в любо́е вре́мя	브 류보-예 브례-먀	언제든
удо́бно	우도-브나	편하다
норма́льно	나르말-나	보통이다, 괜찮다
проходи́ть	쁘라하지-쯔	오다, 지나가다〈불완료〉
придётся	쁘리죠-짜	~해야 할 것이다 (*прийти́сь ~하게 되다)
отмени́ть	앗미니-트	취소하다〈완료〉
внеза́пно	브니자-프나	갑자기
возни́кнуть	바즈니-끄누쯔	발생하다, 생기다〈완료〉
неотло́жный	니앗로-쥐늬	미룰 수 없는
со вре́менем	싸 브례-미님	시간 관련해서, 시간이 가며
заста́вить	자스따-비쯔	~하게 하다〈완료〉
до́лго	돌-가	오랫동안
ждать	쥐다쯔	기다리다〈불완료〉
стра́шный	스뜨라-쉬늬	무서운, 끔찍한
ничего́ стра́шного	니취보- 스뜨라-쉬나바	큰일 아니다, 아무 문제 없다
помеша́ть	빠뮈쉬아-쯔	(여격) 방해하다〈완료〉
вновь	브노프	다시, 또
собира́ться	싸비라-짜	~하려고 하다, 모이다 〈불완료〉
устро́ить	우스뜨로-이쯔	마련하다〈완료〉

приглаше́ние	쁘리글라쉬예–니예	초대
обяза́тельно	아비자–찔나	꼭, 반드시
про́сто	쁘로–스따	그냥, 단순히
опозда́ние	아빠즈다–니예	늦음, 지각
пе́рвым	뻬–르브임	첫 번째로
пальто́	빨또–	외투〈불변〉
как раз	까크 라스	마침, 바로
мечта́ть	미취따–쯔	(о 전치격에 대해) 꿈꾸다〈불완료〉
об э́том	아브 에–땀	이것에 대해
сади́ться	싸지–짜	앉다〈불완료〉
пожа́луйста	빠쥐알–스따	부탁합니다, 부디, 천만에요
как до́ма	까그 도–마	집에서처럼
усмотре́ние	우스마뜨례–니예	생각, 의견, 판단
предложи́ть	쁘리들라쥐–쯔	제안하다〈완료〉
напи́тки	나삐–뜨끼	음료수들〈복〉
стака́н	스따깐–	유리컵
вода́	바다–	물
апельси́новый	아삘씨–나븨	오렌지의
сок	쏘크	주스
ко́фе	꼬–폐	커피〈남, 불변〉
доба́вить	다바–비쯔	추가하다〈완료〉
сли́вки	슬리–프끼	(커피의) 크림〈복〉
са́хар	싸–하르	설탕
лёд	료–트	얼음
прия́тный	쁘리야–뜨늬	반가운, 기분 좋은
аппети́т	아삐찌–트	입맛, 식욕
здоро́вье	즈다로–베	건강
прису́тствующий	쁘리쑷–스뜨부유쉬	참석한, 참석자

단어늘리기

аппети́тно	아삐찌–뜨나	맛있게, 식욕을 돋우게
положи́ть	빨라쥐–쯔	놓다, 두다, 주다〈완료〉
салфе́тки	쌀폐–뜨끼	냅킨〈복〉
отли́чно	아뜰리–취나	아주 잘, 뛰어나게
бо́льше всего́	볼–쉬예 프씨보–	가장 많이
о́стрый	오–스뜨릐	매운
о́строе	오–스뜨라예	매운 것
капри́зен	까쁘리–진	변덕스러운, 까다로운
еда́	이다–	식사, 음식 (항상 단수)
попро́бовать	빠쁘로–바바쯔	맛보다, ~해보다〈완료〉
вку́сно	프꾸–스나	맛있다, 맛있게
нае́сться	나예–스쯔짜	배불리 먹다〈완료〉
сла́дко	슬라–뜨까	달다, 달게
та́ять	따–이쯔	녹다〈불완료〉
рот	로트	입
во рту	바 르뚜	입 안에서
арома́т	아라마–트	향기, 향
своди́ть с ума́	스바지–쯔 쑤마–	(대격을) 미치게 만들다 〈불완료〉
необы́чный	니아브이–취늬	보통이 아닌, 특별한
вкус	프꾸스	맛, 취향
острова́то	아스뜨라바–따	약간 맵다
соленова́то	쌀리나바–따	약간 짜다
преснова́то	쁘리스나바–따	약간 싱겁다
чересчу́р	취리쉬우–르	지나치게, 너무
ки́сло	끼–슬라	시다
жи́рно	쥐–르나	기름지다
побы́ть	빠브이–쯔	잠시 있다〈완료〉
связа́ться	스비자–짜	연락하다〈완료〉

че́рез	취예–리스	(대격을) 통해, 지나서
фейсбу́к	페이스부–크	페이스북
угоще́ние	우가쉬예–니예	대접
ско́рый	스꼬–르이	빠른, 곧 있을
проводи́ть	쁘라바지–쯔	(대격을) 배웅하다〈완료〉
ста́нция	스딴–찌야	전철역
руль	룰	운전대〈남〉
за рулём	자 룰룜–	운전대 앞에, 운전할 때

관련단어

[서수]

пе́рвый	뻬–르븨이	첫 번째의
второ́й	프따로–이	두 번째의
тре́тий	뜨례–찌이	세 번째의
четвёртый	취이뜨뵤–르띄이	네 번째의
пя́тый	뺘–띄	다섯 번째의
шесто́й	쉬스또–이	여섯 번째의
седьмо́й	씨즈모–이	일곱 번째의
восьмо́й	바스모–이	여덟 번째의
девя́тый	지뱌–띄이	아홉 번째의
деся́тый	지쌰–띄이	열 번째의

문화 엿보기

러시아의 다차

대부분의 러시아인들은 도시에 위치한 본인의 집 이외에 도시 근교에 위치한 '다차(да́ча)'라는 집을 가지고 있습니다. 우리 말로는 '별장'이라고 번역되지만, 사실 대부분은 작은 텃밭이 딸린 소박한 목조가옥의 형태로 '주말농장'에 좀더 가까운 형태입니다.

러시아인들은 주말이나 휴가 때 다차에서 시간을 보내며 휴식을 취하기도 하고, 다차에 딸린 텃밭에서 과일과 채소를 직접 재배하기도 합니다. 잠깐씩 다녀가기도 하지만, 여름이나 겨울에 장기간 거주하는 '다차 시즌'이 있을 정도로, 러시아인들의 생활에서 차지하는 비중이 꽤나 큽니다.

다차는 '주다'라는 뜻의 дать[다쯔]에서 기원한 단어로, 18세기 초 표트르 대제가 국가에 공을 세운 귀족들에게 하사한 도시 근교의 영지와 그에 딸린 건물을 의미하는 말이었다고 합니다. 그때의 다차는 상당히 호화로운 별장의 형태였고, 그 뒤에도 한동안 귀족들의 전유물로 여겨지며, 별장으로서의 지위를 가지고 있었습니다.

다차가 지금처럼 대중적으로 퍼지게 된 건 1970년대 소비에트 정부가 다차의 무상분배를 본격적으로 진행한 이후부터입니다. 물론, 그 당시에는 휴식의 개념보다는 농장이나 일하는 공간으로서의 개념이 더 강했지만, 휴식도 겸하기는 했습니다. 대부분의 러시아인들에게 다차는 자연 속 휴식 공간과 주말농장의 역할을 하고 있답니다.

제 9 장

회사생활

1. 어떤 회사입니까?
2. 사원은 몇 명인가요?
3. 점심은 회사 구내식당에서 먹습니다.
4. 입사한 지 10년입니다.
5. 지금 회의 중이세요.
6. 휴가는 어떻게 보내실 겁니까?
7. 잔업을 많이 합니까?

Part 01 어떤 회사입니까?

기본표현

A : Чем занима́ется ва́ша компа́ния?
취옘 자니마-이짜 바-쉬아 깜빠-니야

B : Мы энергети́ческая компа́ния.
믜 에네르기찌-취스까야 깜빠-니야

A : 당신네 회사는 어떤 회사인가요?
B : 에너지 회사입니다.

표현늘리기

■ 귀사의 주요 업무는 무엇인가요?

Како́в основно́й би́знес ва́шей компа́нии?
까꼬-프 아스나브노-이 비-즈니스 바-쉬이 깜빠-니이

■ 어떤 사업을 하세요?

Каки́м би́знесом вы занима́етесь?
까낌- 비-즈니쌈 븨 자니마-이찌스

■ 저는 판매를 합니다.

Я занима́юсь торго́влей.
야 자니마-유스 따르고-블리

■ 저는 소매상입니다.

Я занима́юсь ро́зничной торго́влей.
야 자니마-유스 로-즈니취나이 따르고-블리

■ 당신은 도매상입니까?

Вы занима́етесь опто́вой торго́влей?
븨 자니마–이찌스 압또–바이 따르고–블리

■ 어떤 물품을 취급합니까?

Каки́е това́ры вы продаёте?
까끼–예 따바–리 븨 쁘라다요–쪠

■ 가전제품을 판매합니다.

Я продаю́ бы́товую те́хнику.
야 쁘라다유– 븨–따부유 쪠–흐니꾸

■ 우리는 미국 기업들과 협력하고 있습니다.

Мы рабо́таем с америка́нскими компа́ниями.
믜 라보–따임 스 아미리깐–스끼미 깜빠–니이미

■ 그들과 기술 제휴를 맺고 있습니다.

У нас есть технологи́ческое партнёрство с ни́ми.
우 나스 예스쯔 찌흐날라기–취스까예 빠르뜨뇨–르스뜨바 스 니–미

■ 우리는 소프트웨어를 개발합니다.

Мы разраба́тываем програ́ммное обеспе́чение.
믜 라즈라바–띄바임 쁘라그람–나예 아비스뼤–취니예

Tip 어떤 분야의 일에 종사한다는 표현에 동사 **занима́ться**가 사용됩니다. 종사하는 내용은 조격을 써 줍니다.

기본표현

A : Ско́лько у вас сотру́дников?
스꼴-까 우 바스 싸뜨루-드니까프

B : Всего́ 50(пятьдеся́т) челове́к.
프씨보- 삣지쌰-트 칠라베-크

A : 사원은 몇 명인가요?
B : 총 50명입니다.

표현늘리기

■ 회사는 언제 설립되었습니까?

Когда́ была́ осно́вана компа́ния?
까그다- 브일라- 아스노-바나 깜빠-니야

■ 50년 전에 설립되었습니다.

50(пятьдеся́т) лет наза́д.
삣지쌰-트 례트 나자-트

■ 1950년에 운영을 시작했습니다.

Мы на́чали рабо́тать в 1950(ты́сяча девятьсо́т пятидеся́том) году́.
믜 나-췰리 라보-따쯔 프 띄-씨취아 지빗쏘-트 삐찌디쌰-땀 가두-

■ 지사도 있습니까?

У вас та́кже есть филиа́лы?
우 바스 따-그쥐에 예스쯔 필리알-릐

■ 본사는 멕시코에 있습니다.

Головно́й о́фис нахо́дится в Ме́ксике.
갈라브노-이 오-피스 나호-지짜 브 멕-시꼐

■ 거래처는 얼마나 있습니까?

Ско́лько у вас компа́ний-партнёров?
스꼴-까 우 바스 깜빠-니이 빠르뜨뇨-라프

■ 한국인 고객도 있나요?

Клие́нты из Коре́и то́же есть?
끌리옌-띄 이스 까례-이 또-쥐예 예스쯔

■ 몇 개 부서가 있습니까?

Ско́лько у вас отде́лов?
스꼴-까 우 바스 앗젤-라프

■ 4개 부서가 있습니다.

4(четы́ре) отде́ла.
취띄-례 앗젤-라

■ 인사부, 구매부, 재정부, 마케팅부입니다.

Отде́л ка́дров, отде́л заку́пок, фина́нсовый отде́л
앗젤- 까-드라프 앗젤- 자꾸-빠크 피난-싸븨 앗젤-

и отде́л марке́тинга.
이 앗젤- 마르꼐-찡가

Tip 시간적으로 얼마만큼 이전이라는 표현은 '숫자+단위+наза́д'을 씁니다. 숫자가 1만 있을 때는 숫자를 생략할 수 있습니다.

50(пятьдеся́т) лет наза́д 50년 전에
21(два́дцать оди́н) год 21년 전에 год наза́д 1년 전에

점심은 회사 구내식당에서 먹습니다.

기본표현

A : Где вы обы́чно обе́даете?
그제　비　아비-취나　아베-다이쪠

B : Обе́даю в столо́вой в зда́нии компа́нии.
아베-다유　프 스딸로-바이　브 즈다-니이　깜빠-니이

A : 보통 점심은 어디서 드십니까?
B : 점심은 회사 구내식당에서 먹습니다.

표현늘리기

■ 회사 근처에 좋은 식당들이 있습니까?

Во́зле о́фиса есть хоро́шие столо́вые?
보-즐례　오-피싸　예스쯔　하로-쉬예　스딸로-븨예

■ 이 건물 안에 구내식당이 있나요?

В э́том зда́нии есть столо́вая?
브 에-땀　즈다-니이　예스쯔　스딸로-바야

■ 네, 있습니다.

Да, есть.
다　예스쯔

■ 괜찮은 음식을 제공합니다.

Вполне́ съедо́бно.
프빨녜-　스이도-브나

- 직원한테는 오늘의 메뉴가 4달러에 제공됩니다.

Сто́имость обе́да для сотру́дников 4(четы́ре) до́ллара.
스또-이마스쯔 아베-다 들랴 싸뜨루-드니까프 취띄-례 돌-라라

- 그 식당은 몇 시에 문을 닫습니까?

Во ско́лько закрыва́ется столо́вая?
바 스꼴-까 자끄릐바-이쨔 스딸로-바야

- 정시에 퇴근합니까?

Вы во́время ухо́дите с рабо́ты?
븨 보-브리먀 우호-지제 스 라보-띄

- 잔업을 자주 합니까?

Ча́сто ли у вас быва́ет сверхуро́чная рабо́та?
취아-스따 리 우 바스 븨바-이트 스비르후로-취나야 라보-따

- 회사 근처 패스트푸드점에서 먹습니다.

Я ем в кафе́ фастфу́да во́зле о́фиса.
야 옘 프 까페- 빠스뜨푸-다 보-즐례 오-피사

- 일 끝나고 동료들과 한잔합니다.

По́сле рабо́ты встреча́емся с колле́гами за вы́пивкой.
뽀-슬례 라보-띄 프쓰뜨리취아-임쌰 스 깔례-가미 자 븨-삐프까이

Tip

столо́вая는 '구내식당'이라는 뜻이지만, 일반적인 작은 식당도 의미합니다. 또한 кафе́는 '카페'라는 뜻이지만, 간단한 식사도 파는 작은 식당을 의미하기도 합니다. '식당'이라는 뜻으로 흔히 알고 있는 рестора́н은 보통 비싸고 좋은 저녁 식사를 파는 식당을 말합니다.

Part 04 입사한 지 10년입니다.

기본표현

A : Я рабо́таю здесь уже́ 10(де́сять) лет.
야 라보-따유 즈제스 우쥐예- 졔-씨쯔 례트

B : Вы добросо́вестный сотру́дник.
븨 다브라쏘-비스늬 싸뜨루-드니크

A : 입사한 지 10년입니다.
B : 성실한 직원이시군요.

표현늘리기

■ 언제 취직했어요?

Когда́ вы на́чали рабо́тать?
까그다- 븨 나-칠리 라보-따쯔

■ 여기서 몇 년 동안 일하고 계세요?

Ско́лько лет вы рабо́таете здесь?
스꼴-까 례트 븨 라보-따이쪠 즈졔스

■ 출장은 자주 가세요?

У вас ча́сто быва́ют команди́ровки?
우 바스 취아-스따 븨바-유트 까만지로-프끼

■ 아니요, 일년에 한 번 갑니다.

Нет, 1(оди́н) раз в год.
녜트 아진- 라스 브 고트

■ 1년에 휴가는 며칠이나 됩니까?

Ско́лько дней у вас годово́й о́тпуск?

스꼴–까 드녜이 우 바즈 가다보–이 옷–뿌스끄

■ 2주일 간 유급휴가가 있습니다.

Двухнеде́льный опла́чиваемый о́тпуск.

드부흐니젤–늬 아쁠라–취바임믜 옷–뿌스끄

■ 일은 마음에 드세요?

Вам нра́вится ва́ша рабо́та?

밤 느라–비짜 바–쉬아 라보–따

■ 네, 저는 제 일을 좋아합니다.

Да, мне нра́вится моя́ рабо́та.

다 므녜 느라–비짜 마야– 라보–따

■ 저는 이 일이 싫습니다.

Мне не нра́вится моя́ рабо́та.

므녜 니 느라–비짜 마야– 라보–따

■ 그만둘 겁니다.

Я уво́люсь.

야 우볼–류스

Tip 유급휴가는 опла́чиваемый о́тпуск이며, 무급휴가는 неопла́чиваемый о́тпуск라고 합니다.

годово́й о́тпуск는 2가지 의미를 가지는데, 1년간의 휴가, 혹은 1년에 쉴 수 있는 휴일, 즉 연차를 말하기도 합니다.

Part 05 지금 회의 중이세요.

기본표현

A : Мóжно увидеть Данила?
모-쥐나 우비-지쯔 다닐-라

B : Он сейчáс на совещáнии.
온 씨취아-스 나 싸비쉬아-니

A : 다닐 씨를 뵐 수 있을까요?
B : 지금 회의 중이세요.

표현늘리기

- 인사부의 이리나 씨를 뵙고 싶은데요. (화자가 남자일 때)

Я хотéл бы увидеть Ирину из отдéла кáдров.
야 하쩰- 븨 우비-지쯔 이리-누 이즈 앗젤-라 까-드라프

- 사장님을 뵐 수 있습니까?

Мóжно встрéтиться с дирéктором?
모-쥐나 프스뜨례-찌짜 즈 지렉-따람

- 지금 여기 안 계세요. (없는 사람이 남자일 때)

Егó сейчáс нет на мéсте.
이보- 씨취아-스 녜트 나 메-스쪠

- 방금 전에 외출했습니다. (외출한 사람이 남자일 때)

Он недáвно вышел по делáм.
온 니다-브나 븨-쉴 빠 질람-

■ 지금 출장 중입니다. (출장 중인 사람이 남자일 때)

Он сейча́с в командиро́вке.
온 씨취아–스 프 까만지로–프께

■ 언제 돌아옵니까?

Когда́ вернётся?
까그다– 비르뇨–짜

■ 회의는 5분 내로 끝납니다.

Совеща́ние зако́нчится в тече́ние 5(пяти́) мину́т.
싸비쉬아–니예 자꼰–취짜 프 찌취예–니예 삐찌– 미누–트

■ 여기서 기다려도 될까요?

Мо́жно подожда́ть здесь?
모–쥐나 빠다쥐다–쯔 즈졔스

■ 그분은 다른 부서로 전근했습니다.

Его́ перевели́ в друго́й отде́л.
이보– 삐리빌리– 브 드루고–이 앗젤–

■ 그에게 이 서류를 전해 주시겠습니까?

Мо́жете переда́ть ему́ э́ти докуме́нты?
모–쥐쪠 삐리다–쯔 이무– 에–찌 다꾸멘–띄

Tip 잠시 외출했을 때는 동사 вы́йти를 쓰고, 다른 장소로 이동해서 금방 돌아올 예정이 아니라면 уйти́를 씁니다.

Он вы́шел из до́ма. 그는 집에서 나갔다. (금방 돌아올 예정)

Он ушёл домо́й. 그는 집으로 떠났다.
(퇴근이나 다른 장소로 이동, 금방 돌아오지 않음)

기본표현

A : Чем собира́етесь заня́ться во вре́мя о́тпуска?
취옘 싸비라-이찌쓰 자냐-짜 바 브례-먀 옷-뿌스까

B : Собира́юсь пое́хать в путеше́ствие за грани́цу.
싸비라-유스 빠예-하쯔 브 뿌찌쉬예-스뜨비예 자 그라니-쭈

A : 휴가 때 무엇을 하실 생각입니까?
B : 해외 여행을 갈 겁니다.

표현늘리기

■ 며칠 간 휴가입니까?

Ско́лько дней у вас о́тпуск?
스꼴-까 드녜이 우 바스 옷-뿌스끄

■ 일주일 쉽니다.

Мы отдыха́ем 1(одну́) неде́лю.
믜 앗듸하-임 아드누- 니젤-류

■ 좋은 휴가 계획 있습니까?

Есть хоро́шие иде́и проведе́ния о́тпуска?
예스쯔 하로-쉬예 이제-이 쁘라비제-니야 옷-뿌스까

■ 가족과 함께 국내 여행을 할 계획입니다.

Плани́рую путеше́ствовать по стране́ вме́сте с семьёй.
뻘라니-루유 뿌찌쉬예-스뜨바바쯔 빠 스뜨라녜- 브메-스쩨 스 씸요-이

■ 휴가는 어떻게 보내실 겁니까?

Как собира́етесь провести́ о́тпуск?
까크 싸비라-이찌스 쁘라비스찌- 옷-뿌스끄

■ 유람선 여행을 즐길 겁니다.

Бу́ду наслажда́ться о́тдыхом на теплохо́де.
부-두 나슬라쥐다-짜 옷-디함 나 찌쁠라호-제

■ 집에서 쉴 겁니다.

Бу́ду отдыха́ть до́ма.
부-두 앗디하-쯔 도-마

■ 하루 종일 TV를 볼 겁니다.

Це́лыми дня́ми бу́ду смотре́ть телеви́зор.
쩰-리미 드냐-미 부-두 스마뜨레-쯔 찔리비-자르

■ 제 생각엔 그게 최고의 휴식 같아요.

Я счита́ю, э́то са́мый лу́чший о́тдых.
야 쉬따-유 에-따 싸-믜 룻-쉬 옷-듸흐

■ 일 때문에 쉬지 못합니다.

Не полу́чится отдохну́ть из-за рабо́ты.
니 빨루-취짜 앗다흐누-쯔 이자 라보-띄

Tip 무언가를 할 계획일 때는 '계획한다'는 뜻의 плани́ровать나 '~하려고 한다'는 뜻의 собира́ться 뒤에 동사원형을 씁니다.

Part 07 잔업을 많이 합니까?

기본표현

A : У вас ча́сто быва́ют перерабо́тки?
우 바스 취-아스따 빅바-유트 삐리라보-뜨끼

B : Да, поэ́тому ча́сто устаю́.
다 빠에-따무 취-아스따 우스따유-

A : 잔업을 많이 합니까?
B : 네, 그래서 종종 피곤해요.

표현늘리기

■ 하고 싶은 일을 하는 게 바람직하지요.

Пра́вильно занима́ться рабо́той по душе́.
쁘라-빌나 자니마-짜 라보-따이 빠 두쉬예-

■ 잘하는 분야에서 일하는 게 좋습니다.

Хорошо́ рабо́тать в той сфе́ре, в кото́рой ты специали́ст.
하라쉬오- 라보-따쯔 프 또이 스페-레 프 까또-라이 띄 스삐찌알리-스뜨

■ 정년은 60세입니다.

Рабо́чий во́зраст до 60(шестидесяти́) лет.
라보-취이 보-즈라스뜨 다 쉬스찌지시찌- 례트

■ 저는 오늘 밤 늦게까지 일해야 합니다.

Сего́дня мне придётся рабо́тать допоздна́.
씨보-드냐 므녜 쁘리죠-짜 라보-다쯔 다빠즈나-

■ 매일 일이 많아 바쁩니다. (화자가 남자일 때)

Ка́ждый день за́нят из-за того́, что мно́го рабо́ты.

까-쥐듸 젠 자-니트 이자 따보- 쉬또 므노-가 라보-띄

■ 그는 일중독자 같아요.

Похо́же, он трудого́лик.

빠호-쥐예 온 뜨루다골-리크

■ 저는 일주일에 3번 정도 야근합니다.

Я приме́рно 3(три) ра́за в неде́лю рабо́таю сверхуро́чно.

야 쁘리몌-르나 뜨리 라-자 브 니젤-류 라보-따유 스비르흐우로-취나

■ 우리는 주5일제 근무입니다.

Мы рабо́таем 5(пять) дней в неде́лю.

믜 라보-따임 뺘쯔 드녜이 브 니젤-류

■ 이제 퇴근합시다.

Пойдёмте домо́й.

빠이좀-쪠 다모-이

■ 파트타임이라도 계속 일하고 싶습니다.

Хочу́ продолжа́ть рабо́тать, да́же е́сли э́то почасова́я рабо́та.

하취우- 쁘라달쥐아-쯔 라보-따쯔 다-쥐예 예-슬리 에-따 빠취싸바-야 라보-따

Tip 일정 기간에 몇 회인지 표현할 때 횟수는 '숫자+단위', 기간은 'в+대격'으로 표현합니다.

три ра́за в неде́лю 일주일에 3번

пять дней в неде́лю 일주일에 5일

단어늘리기

기본단어

энергети́ческий	에니르기찌–취스끼	에너지의
како́в	까꼬–프	어떠하다
основно́й	아스나브노–이	주요한, 기본의
би́знес	비–즈니스	사업
торго́вля	따르고–블랴	거래, 교역, 판매
ро́зничный	로–즈니취늬	소매의, 소매상의
опто́вый	압또–븨	도매의, 도매상의
това́р	따바–르	물품, 상품
продава́ть	쁘라다바–쯔	팔다〈불완료〉
бы́товая те́хника	브이–따바야 쩨–흐니까	가전제품
америка́нский	아미르깐–스끼	미국의
технологи́ческий	찌흐날라기–취스끼	기술의, 기술적인
партнёрство	빠르뜨뇨–르스뜨바	파트너십
разраба́тывать	라즈라바–띄바쯔	개발하다〈불완료〉
програ́ммное обеспе́чение	쁘라그람–나예 아비스뻬–취니예	소프트웨어
осно́ван	아스노–반	설립되었다
50(пятьдеся́ть) лет	삣지쌰– 리엣	50년 (기간)
50(пятьдеся́ть) лет наза́д	삣지쌰– 리엣 나자–트	50년 전에
пятидеся́тый	삐찌지쌰–뜨이	50번째의
пятидеся́тый год	삐찌지쌰–뜨이 고트	50년 (50번째의 해)
в пятидеся́том году́	프 삐찌지샤–땀 가두–	50년에 (50번째 해에)
филиа́л	필리알–	지사, 지부
головно́й о́фис	갈라브노–이 오–피스	본사
Ме́ксика	멕–시까	멕시코

компа́ния-партнёр	깜빠니야 빠르뜨뇨-르	거래처, 파트너 회사
отде́л ка́дров	앗지엘- 까-드라프	인사부
отде́л заку́пок	앗지엘- 자꾸-빡	구매부 (*заку́пка 대량구매)
фина́нсовый отде́л	피난-싸븨 앗지엘-	재정부
марке́тинг	마르꼐-찡	마케팅
отде́л марке́тинга	앗지엘- 마르꼐-찡가	마케팅부
обе́дать	아볘-다쯔	점심 식사하다〈불완료〉
столо́вая	스딸로-바야	구내식당 (형용사 여성 형태)
в столо́вой	프 스딸로-바이	구내식당에서
зда́ние	즈다-니예	건물
в зда́нии	브 즈다-니이	건물에서
компа́нии	깜빠-니이	회사의 (생격) (*компа́ния 회사)
во́зле	보-즐례	(생격) 근처에
во́зле о́фиса	보-즐례 오-피싸	사무실 근처에 (*о́фис 사무실)
кафе́	까페-	카페, 간단한 식당〈중, 불변〉
в э́том зда́нии	브 에-땀 즈다-니이	이 건물에 (*э́то зда́ние 이 건물)
вполне́	프빨녜-	꽤나, 충분히
съедо́бно	스이도-브나	먹을 만하게, 먹을 만하다
сто́имость	스또-이마스쯔	가격, 값〈여〉
обе́да	아볘-다	점심 식사의 (생격) (*о́бед 점심 식사)
для сотру́дников	들랴 싸뜨루-드니까프	직원들을 위한
до́ллар	돌-라르	달러
до́ллара	돌 라라	달러 (단수생격, 숫자 2~4)

단어늘리기

до́лларов	돌-라라프	달러 (복수생격, 숫자 5~)
во́время	보-브리먀	정시에
уходи́ть	우하지-쯔	떠나다〈불완료〉
уходи́ть с рабо́ты	우하지-쯔 스 라보-띄	퇴근하다〈불완료〉
сверхуро́чный	스비르후로-취늬	시간 외의, 규정 외의
сверхуро́чная рабо́та	스비르후로-취나야 라보-따	잔업
я ем	야 옘	나는 먹는다 (*есть 먹다)
фастфу́д	파스트푸-트	패스트푸드
кафе́ фастфу́да	카페- 파스트푸-다	패스트푸드점
по́сле рабо́ты	뽀-슬례 라보-띄	일 끝나고, 업무 이후 (*рабо́та 일, 업무)
колле́га	깔례-가	동료
с колле́гами	스 깔례-가미	동료들과
вы́пивка	브이-삐프까	음주
за вы́пивкой	자 브이-삐프까이	음주하러, 술 마시러
уже́	우쥐에-	벌써
добросо́вестный	다브라쏘-비스늬	성실한, 양심적인
год	고트	년, 해, 살
го́да	고-다	년, 해, 살 (숫자 2~4 뒤)
лет	리엣	년, 해, 살 (숫자 5~ 뒤)
10(де́сять) лет	지에-씻 리엣	10년, 10살
командиро́вка	까만지로-프까	출장
командиро́вки	까만지로-프끼	출장들
раз	라스	번, 회
ра́за	라-자	번, 회 (숫자 2~4 뒤)
раз	라스	번, 회 (숫자 5~ 뒤)
оди́н раз	아진- 라스	한 번, 1회
в год	브 고트	1년에 (빈도 표현 시)

оди́н день	아진– 젠	하루
два дня	드바 드냐	이틀
пять дней	뺫 드녜이	닷새
ско́лько дней	스꼴–까 드녜이	며칠
годово́й отпуск	가다보–이 옷뿌스끄	연차 휴가
двухнеде́льный	드부흐니젤–늬	2주의
опла́чиваемый о́тпуск	아쁠라–취바이므이 옷–뿌스크	유급 휴가
уво́литься	우볼–리짜	일을 그만두다〈완료〉
на совеща́нии	나 싸비쉬아–니이	회의 중에 (*совеща́ние 회의)
хоте́л бы	하쩰– 븨	~했으면 좋겠다(남자 주어) (*хоте́ть ~하고 싶다)
хоте́ла бы	하쩰–라 븨	~했으면 좋겠다(여자 주어)
дире́ктор	지롁–따르	사장
с дире́ктором	즈 지롁–따람	사장과
на ме́сте	나 몌–스쩨	자리에 (*ме́сто 자리)
неда́вно	니다–브나	얼마 전, 방금
вы́йти	브이–이찌	나가다, 외출하다〈완료〉
по дела́м	빠 질람–	업무상, 일 때문에 (*де́ло 일, 업무)
в командиро́вке	프 까만지로–프께	출장에
верну́ться	비르누–짜	돌아오다〈완료〉
зако́нчиться	자꼰–취짜	끝나다〈완료〉
в тече́ние	프 찌취예–니예	(생격) 안에
5(пять) мину́т	뺫 미누–트	5분
в тече́ние 5(пяти́) мину́т	프 찌취예–니예 삐찌– 미누–트	5분 내로
подожда́ть	빠다쥐다–쯔	잠시 기다리다〈완료〉

단어늘리기

перевести́	뻬리비스찌-	전근시키다〈완료〉
друго́й отде́л	드루고-이 앗지엘-	다른 부서
вы мо́жете	믜 모-쥐쩨	당신은 할 수 있다 (*мочь ~할 수 있다)
докуме́нт	다꾸멘-트	문서, 서류
во вре́мя	바 브레-먀	(생격의) 때에
во вре́мя о́тпуска	바 브레-먀 옷-뿌스까	휴가 때에
пое́хать	빠예-하쯔	(타고) 가다〈완료〉
грани́ца	그라니-짜	국경
за грани́цу	자 그라니-쭈	국경 밖으로, 해외로
одна́ неде́ля	아드나- 니젤-랴	1주
одну́ неде́лю	아드누- 니젤-류	1주 동안 (대격)
проведе́ние	쁘라비졔-니예	(생격의) 시간을 보냄
проведе́ние о́тпуска	쁘라비졔-니예 옷-뿌스까	휴가를 보냄
плани́ровать	쁠라니-라바쯔	계획하다〈불완료〉
по стране́	빠 스뜨라녜-	나라 여기저기 (*страна́ 나라)
путеше́ствовать по стране́	뿌찌쉬에-스뜨바바쯔 빠 스뜨라녜-	국내 여행하다〈불완료〉
с семьёй	스 씸요-이	가족과 (*семья́ 가족)
наслажда́ться	나슬라쥐다-짜	(조격을) 즐기다〈불완료〉
о́тдых	옷-드흐	휴식
наслажда́ться о́тдыхом	나슬라쥐다-짜 옷-드함	휴식을 즐기다〈불완료〉
теплохо́д	찌쁠라호-트	기선, 모터선
на теплохо́де	나 찌쁠라호-제	기선을 타고
це́лыми дня́ми	쩰-리미 드냐-미	하루 종일
телеви́зор	찔리비-자르	텔레비전

счита́ть	쉬따–쯔	~라고 여기다〈불완료〉
са́мый	싸–믜	가장 ~한
лу́чший	룻–쉬	더 좋은, 제일 좋은
отдохну́ть	앗다흐누–쯔	쉬다〈완료〉
из-за рабо́ты	이자 라보–띄	업무 때문에, 일 때문에 (*рабо́та 일, 업무)
перерабо́тка	삐리라보–뜨까	잔업
устава́ть	우스따바–쯔	지치다〈불완료〉
поэ́тому	빠에–따무	그래서
пра́вильно	쁘라–빌나	올바르게, 올바르다
занима́ться рабо́той	자니마–짜 라보–따이	일을 하다〈불완료〉
по душе́	빠 두쉬에–	마음에 드는, 마음에 들다 (*душа́ 마음)
сфе́ра	스페–라	분야
та сфе́ра	따 스페–라	그 분야
в той сфе́ре	프 또이 스페–례	그 분야에서
сфе́ра, кото́рая	스페–라 까또–라야	분야, 그런데 그것은
сфе́ра, в кото́рой	프페–라 프 까또–라이	분야, 그런데 그것에서
специали́ст	스삐찌알리–스트	전문가
рабо́чий во́зраст	라보–취 보–즈라스트	업무상 정년
60(шестьдеся́т) лет	쉬즈지쌰– 리엣	60살
до 60(шестидесяти́) лет	다 쉬스찌지씨찌– 리엣	60살까지
ка́ждый день	까–쥐듸 젠	매일
из-за того́, что	이자 따보– 쉬또	~한 것 때문에
мно́го рабо́ты	므노–가 라보–띄	업무가 많다
похо́же	빠호–쥐에	~인 것 같다
трудого́лик	뜨루다골–릭	일중독자
в неде́лю	브 니셸–류	일주일에 (빈도 표현)

단어늘리기

		(*недéля 일주일)
сверхурóчно	스비르후로-취나	시간 외로, 규정 외로
пойдёмте	빠이죰-쩨	갑시다 (*пойти́ 가다)
продолжáть	쁘라달쥐아-쯔	계속하다〈불완료〉
дáже	다-쥐에	심지어
дáже éсли	따-쥐에 예-슬리	심지어 ~라 하더라도
почасовóй	빠취싸보-이	시간제의, 시간급의
почасовáя рабóта	빠취싸바-야 라보-따	파트타임 근무

관련단어

[직위]

дóлжность	돌-쥐나스쯔	직위〈여〉
президéнт	쁘리지젠-트	회장
вице-президéнт	비찌 쁘리지젠-트	부회장
генерáльный дирéктор	기니랄-늬 지렉-따르	대표이사
дирéктор / начáльник	지렉-따르 / 나취알-닉	이사, ~장
сотрýдник	싸뜨루-드닉	직원
мéнеджер	메-니쥐르	매니저
секретáрь	씨끄리따-르	비서〈남〉

[사무실]

óфис	오-피스	사무실
компьютер	깜삐유-떼르	컴퓨터
телефóн	찔리폰-	전화기
сóтовый телефóн	쏘-따브 찔리폰-	휴대폰
печáтная маши́на	삐취아-뜨나야 마쉬-나	인쇄기
скáнер	스까-네르	스캐너

монито́р	마니또–르	모니터
спи́кер	스삐–끼르	스피커
копирова́льный аппара́т	까삐라발–늬 아빠라–트	복사기
факс	팍스	팩스
калькуля́тор	깔꿀랴–따르	계산기
сте́плер	스떼–플레르	스테이플러
но́утбук	노–우뜨북	노트북
при́нтер	쁘린–떼르	프린터
клавиату́ра	끌라비아뚜–라	키보드
но́жницы	노–쥐니찌	가위〈복〉
канцеля́рский нож	깐쯔일랴–르스끼 노쉬	커터칼
ла́стик	라–스찍	지우개
ру́чка	루–취까	볼펜
каранда́ш	까란다–쉬	연필
флома́стер	플라마–스찌르	사인펜
кле́йкая ле́нта	끌례–이까야 롄–따	스카치테이프
фле́шка	플레–쉬까	USB 메모리
бума́га для заме́ток	부마–가 들랴 자메–딱	포스트잇
лине́йка	리녜–이까	자

문화 엿보기

루우스끼(ру́сский)와 라씨이스끼(росси́йский) 그리고 라씨이아닌(россия́нин)

처음 러시아어를 공부하다 보면 '러시아의'라는 의미의 루우스끼(ру́сский)를 꼭 접하게 됩니다.

ру́сский язы́к 루우스끼 이즈익 러시아어

그런데 '러시아의'를 의미하는 단어는 하나 더 있습니다. 바로 라씨이스끼(росси́йский)죠. 어째서 같은 의미의 단어가 2개씩 있을까요? 아니면 둘은 어떤 차이가 있는 걸까요? 답은 후자가 '러시아'를 의미하는 라씨이야(Росси́я)에서 나왔다는 데 있습니다. 즉, 러시아라는 국가의 의미가 포함되면 루우스끼가 아닌 라씨이스끼를 써야 합니다. 예를 들어볼게요.

росси́йский флаг 라씨이스끼 플락 러시아 깃발, 국기

그러면 루우스끼의 기원은 어디일까요? 지금의 러시아의 시초가 되는 키예프 루시(Русь)입니다. 그래서 이 단어는 지금의 러시아라는 국가의 개념에 한정되지 않고 러시아 문화, 민족을 나타내는 의미로 널리 쓰이고 있습니다.

그렇다면 민족이 아닌 순수하게 러시아 국적을 나타내는 단어도 있을 거라고 유추할 수 있겠지요? 바로 라씨이아닌(россия́нин)입니다. 생김새를 보면 Росси́я에서 나왔다는 걸 쉽게 알 수 있습니다. 이 말은 러시아 국적을 가진 사람을 뜻합니다.

제 10 장

전 화

1. 여보세요, 이라네 집인가요?
2. 잠시만 기다려 주십시오.
3. 오랜만입니다.
4. 잘못 거셨습니다.

기본표현

A : Э́то дом И́ры?
에-따 돔 이-릐

B : Да, кто вы?
다 크또 븨

A : 이라네 집인가요?
B : 네, 누구시죠?

표현늘리기

■ 전화 받아요.

Возьми́те тру́бку.
바즈미-쩨 뜨루-프꾸

■ 전화벨이 울려요.

Телефо́н звони́т.
찔리폰- 즈바니-트

■ 누구세요?

Кто э́то?
크또 에-따

■ 미하일과 통화할 수 있나요?

Мо́жно к телефо́ну Миха́ила?
모-쥐나 크 찔리포-누 미하일-라

■ 소피아 있나요?

Мóжно Сóфию?
모-쥐나 쏘-피유

■ 전데요.

Э́то я.
에-따 야

■ 카를로스 씨와 통화하고 싶은데요.

Могý я поговори́ть с Кáрлосом?
마구- 야 빠가바리-쯔 스 까-를로쌈

■ 10분 후 다시 전화해 주세요.

Перезвони́те чéрез 10(дéсять) минýт.
삐리즈바니-쩨 취예-리스 지에-씨쯔 미누-트

■ 마리나 씨 계십니까?

Мóжно Мари́ну?
모-쥐나 마리-누

■ 마리나 씨 부탁합니다.

Позови́те Мари́ну.
빠자비-쩨 마리-누

Tip

전화해서 상대방을 바꿔달라고 할 때 그 사람의 이름을 대격으로 써 줍니다.
마리나(여) Мари́на → Мóжно (к телефóну) Мари́ну?
미하일(남) Михаи́л → Позови́те Михаи́ла.

Part 02 잠시만 기다려 주십시오.

기본표현

A : Позови́те Валенти́ну.
빠자비–쩨 발린찌–누

B : Подожди́те.
빠다쥐지–쩨

A : 발렌티나 씨 부탁합니다.
B : 기다리세요.

표현늘리기

■ 막심 씨 좀 바꿔주시겠습니까?

Позови́те, пожа́луйста, Макси́ма.
빠자비–쩨 빠쥐알–스따 막씨–마

■ 잠시만 기다려 주십시오.

Подожди́те мину́тку.
빠다쥐지–쩨 미누–뜨꾸

■ 끊지 말고 기다려 주세요.

Подожди́те, не отключа́йтесь.
빠다쥐지–쩨 니 앗끌류취아–이쩨스

■ 너 전화 왔어.

Твой телефо́н звони́т.
뜨보이 찔리폰– 즈바니–트

■ 막스, 전화 받아.

Макс, отве́ть на звоно́к.
막스 앗베–쯔 나 즈바노–크

■ 바꿔드릴게요.

Передаю́ тру́бку.
삐리다유– 뜨루–프꾸

■ 좀 천천히 말씀해 주세요.

Говори́те поме́дленнее.
가바리–쩨 빠메–들린니에

■ 내일 모임 때문에 전화했어. (화자가 남자일 때)

Я позвони́л по по́воду за́втрашнего собра́ния.
야 빠즈바닐– 빠 뽀–바두 자–프뜨라쉬니바 싸브라–니야

■ 잘 안 들려요.

Не слы́шно.
니 슬릐–쉬나

■ 듣고 있어.

Я слу́шаю.
야 슬루–쉬아유

Tip

전화를 걸어 용건을 표현할 때 'по по́воду+생격'을 종종 사용합니다.

по по́воду собра́ния 모임 때문에, 모임 관련해서

по по́воду рабо́ты 업무 때문에, 업무 관련해서

Part 03 오랜만입니다.

기본표현

A : Мо́жно поговори́ть с Артёмом?
모-쥐나 빠가바리-쯔 스 아르쬬-맘

B : Э́то я. Кто э́то?
에-따 야 크또 에-따

A : 아르톰 씨와 통화할 수 있습니까?
B : 접니다. 누구세요?

표현늘리기

■ 서울에서 온 김민호입니다.

Меня́ зову́т Ким Мин Хо, я из Сеу́ла.
미냐- 자부-트 낌 민 호 야 이스 씨울-라

■ 안녕하세요, 미스터 김. 오랜만입니다.

Здра́вствуйте, ми́стер Ким. Давно́ не ви́делись.
즈드라-스뜨부이쩨 미-스떼르 낌 다브노- 니 비-질리스

■ 무슨 일인가요?

По како́му вы де́лу?
빠 까꼬-무 븨 젤-루

■ 러시아에 관광 왔습니다. (화자가 여자일 때)

Прие́хала в Росси́ю с це́лью тури́зма.
쁘리예-할라 브 라씨-유 스 쩰-리유 뚜리-즈마

■ 내일 만나고 싶습니다.

Хочу́ встре́титься с ва́ми за́втра.
하취우- 프스뜨례-찌짜 스 바-미 자-프뜨라

■ 좋습니다. 몇 시에 만날까요?

Хорошо́. Во ско́лько встре́тимся?
하라쉬오- 바 스꼴-까 프스뜨례-찜쌰

■ 내일 점심 식사 함께 합시다.

Дава́йте за́втра вме́сте пообе́даем.
다바-이쩨 자-프뜨라 브메-스쩨 빠아베-다임

■ 나중에 다시 전화할게요.

Я перезвоню́ по́зже.
야 삐리즈바뉴- 뽀-쥐예

■ 광장에 있는 한국식당은 어떻습니까?

Как вам коре́йский рестора́н, кото́рый нахо́дится
까크 밤 까례-이스끼 리스따란- 까또-르이 나호-지짜

на пло́щади?
나 쁠로-쉬지

■ 좋은 생각입니다. 내일 봅시다.

Хоро́шая иде́я. За́втра уви́димся.
하로-쉬아야 이제-야 자-프뜨라 우비-짐쌰

Tip

전화 대화에서는 나 혹은 상대방을 표현할 때 э́то를 사용합니다.

Э́то больни́ца. 거기 병원이죠?

Нет, э́то по́чта. 아뇨, 여긴 우체국입니다.

Кто э́то? 당신은 누구신가요?

Part 04 잘못 거셨습니다.

기본표현

A : Могу́ я поговори́ть с Миха́йлом?
마구-　야 빠가바리-쯔　스 미하일-람

B : Вы не туда́ попа́ли.
븨　니　뚜다-　빠빨-리

A : 미하일과 통화할 수 있을까요?
B : 잘못 거셨습니다.

표현늘리기

■ 안나 씨, 전화 왔습니다.

А́нна, вас про́сят к телефо́ну.
안-나　바스　쁘로-씨트　끄 찔리포-누

■ 한국어를 할 수 있습니까?

Вы говори́те по-коре́йски?
븨　가바리-찌　빠까례-이스끼

■ 메시지를 남겨주세요.

Оста́вьте сообще́ние.
아스따-프쩨　싸아프쉬예-니예

■ 통화 중입니다.

За́нято.
자-니따

■ 끊었다 다시 걸어주세요.

Отключи́тесь и набери́те ещё раз.
앗끌류취-쩨스 이 나비리-쩨 이쉬오- 라스

■ 국제전화를 어떻게 걸죠?

Как сде́лать междунаро́дный звоно́к?
까크 즈젤-라쯔 미쥐두나로-드늬 즈바노-크

■ 한국의 국가 코드가 어떻게 되나요?

Како́й код Коре́и?
까꼬-이 꼬트 까례-이

■ 한국에 콜렉트콜을 걸고 싶어요.

Я хочу́ позвони́ть в Коре́ю за счёт принима́ющего абоне́нта.
야 하취우- 빠즈바니-쯔 프 까례-유 자 쉬요-트 쁘리니마-유쉬바 아바녠-따

■ 번호를 다시 불러주세요.

Продикту́йте но́мер ещё раз.
쁘라딕뚜-이쩨 노-미르 이쉬오- 라스

■ 죄송해요, 잘못 걸었네요. (화자가 여자일 때)

Извини́те, я набрала́ неве́рный но́мер.
이즈비니-쩨 야 나브랄라- 니볘-르늬 노-미르

Tip 전화를 끊지 말라고 할 때는 불완료인 отключа́ться의 명령형을 사용하고, 끊고 다시 걸어달라고 할 때는 완료인 отключи́ться의 명령형을 사용합니다.

Подожди́те, не отключа́йтесь. 끊지 말고 기다려 주세요.
Отключи́тесь и набери́те ещё раз. 끊었다 다시 걸어주세요.

단어늘리기

기본단어

возьми́те	바즈미–쩨	잡으세요, 들으세요 (*взять ~를 가지다)
тру́бка	뜨룹–까	수화기
телефо́н	찔리폰–	전화기
звони́ть	즈바니–쯔	전화하다, (소리가) 울리다〈불완료〉
к телефо́ну	크 찔리포–누	전화기 쪽으로
поговори́ть	빠가바리–쯔	잠시 얘기하다〈완료〉
с Ка́рлосом	스 까–를라쌈	카를로스와 (*Ка́рлос 카를로스)
перезвони́ть	삐리즈바니–쯔	다시 전화하다〈완료〉
позва́ть	빠즈바–쯔	부르다〈완료〉
позови́те	빠자비–쩨	불러주세요
подожди́те	빠다쥐지–쩨	잠시 기다리세요 (*подожда́ть 기다리다)
мину́тку	미누–트꾸	잠시만, 1분만 (*мину́тка 잠깐)
отключа́ться	앗끌류취아–짜	끊다〈불완료〉
отве́тить на	앗베–찌쯔 나	(на 대격에) 답하다〈완료〉
звоно́к	즈바녹–	전화 오는 것
поме́дленнее	빠메–들린니예	좀 더 천천히
по по́воду	빠 뽀–바두	(생격) 때문에, 관련해서
за́втрашний	자–프뜨라쉬니	내일의
собра́ние	싸브라–니예	모임, 회의
слы́шно	슬르이–쉬나	들리다
слу́шать	슬루–쉬아쯔	듣다
с Артёмом	스 아르쬬–맘	아르툠과 (*Артём 아르툠)
из Сеу́ла	이스 씨울–라	서울로부터 (*Сеу́л 서울)
по како́му де́лу	빠 까꼬–무 젤–루	어떤 일 때문에

в Росси́ю	브 라씨-유	러시아로 (*Росси́я 러시아)
с це́лью	스 쩰-리유	~한 목적을 가지고 (*цель 목적)
пообе́дать	빠아베-다쯔	점심 식사하다〈완료〉
по́зже	뽀-쥐에	더 늦게
рестора́н	리스따란-	식당
рестора́н, кото́рый	리스따란- 까또-리	식당, 그런데 그것은
на пло́щади	나 쁠로-쉬지	광장에 (*пло́щадь 광장)
туда́	뚜다-	거기로
не туда́	니 뚜다-	다른 곳으로, 잘못된 곳으로
попа́сть	빠빠-스쯔	도착하다, 들어가다〈완료〉
в Коре́ю	프 까레-유	한국으로 (*Коре́я 한국)
за счёт	자 쉬요-트	(생격의) 비용으로
принима́ющий абоне́нт	쁘리니마-유쉬 아바녠-트	수신자
по-коре́йски	빠까례-이스끼	한국어로
оста́вить	아스따-비쯔	남기다〈완료〉
оста́вьте	아스따-프쩨	남겨주세요
сообще́ние	싸아브쉬예-니예	메시지
отключи́ться	앗끌류취-짜	끊다〈완료〉
набра́ть	나브라-쯔	(번호) 돌리다, 누르다〈완료〉
ещё раз	이쉬요- 라스	다시 한번
междунаро́дный звоно́к	미쥐두나로-드늬 즈바녹-	국제전화
код	코트	코드
код Коре́и	코트 까레-이	한국의 코드 (*Коре́я 한국)
продиктова́ть	쁘라직따바-쯔	(숫자 등을) 소리내어 읽다〈완료〉
но́мер	노-미르	번호, 객실
неве́рный	니볘-르늬	틀린, 올바르지 않은

마트료시카(матрёшка)

러시아에 대해 잘 모르는 사람도 나무로 된 인형을 열면 그 속에 인형이 들어 있고, 또 그 속에 들어 있는 목각 인형 '마트료시카'에 대해 들어보거나 본 적이 있으실 거예요. 러시아의 대표적인 기념품 중의 하나이고, 우리나라 인사동에서도 러시아의 마트료시카를 살 수 있습니다.

예전의 마트료시카는 여성의 얼굴을 하고 있었지만, 지금은 남성 형태도 있고, 전통적인 러시아인의 모습뿐 아니라, 유명 인사나 동물 등 종류가 아주 다양해졌습니다. 마트료시카의 크기나 속에 들어 있는 인형의 수는 다 다른데, 인형의 장식과 조각이 섬세할수록 값이 비쌉니다.

그런데 러시아에는 또 하나의 마트료시카가 있습니다. 2014년 동계 올림픽이 치러졌던 도시 소치의 2층 버스인데요. 2017년 등장한 이 버스는 소치 시내를 둘러볼 수 있는 관광 버스입니다. 2018년 러시아 월드컵을 기념한 스타일의 이 빨간 버스는 매일 운행하며, 700루블(2018년 기준 약 12,000원)이면 하루 종일 이용할 수 있습니다.

제 11 장

교통 • 길묻기

1. 붉은광장은 어디에 있어요?
2. 이 길을 건너세요.
3. 길을 잃어버렸어요
4. 이 버스는 기차역에 갑니까?
5. 동물원은 몇 번째 정거장입니까?
6. 환승해야 되나요?
7. 이 주소로 가 주세요.
8. 이 열차는 블라디보스토크행입니까?

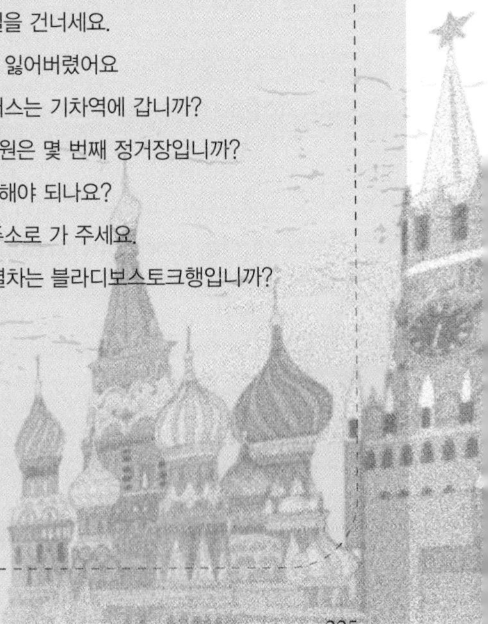

Part 01 붉은광장은 어디에 있어요?

기본표현

A : Где нахо́дится Кра́сная пло́щадь?
그제 나호-지짜 끄라-스나야 쁠로-쉬쯔

B : Иди́те пря́мо, пото́м поверни́те нале́во.
이지-쩨 쁘랴-마 빠똠- 빠비르니-쩨 날레-바

A : 붉은광장은 어디에 있어요?
B : 똑바로 가다가 왼쪽으로 도세요.

표현늘리기

■ 여름궁전에 어떻게 가죠?

Как добра́ться до Ле́тнего дворца́?
까크 다브라-짜 다 례-뜨니바 드바르짜-

■ 바이칼 호수까지 가는 지도가 있습니까?

Есть ка́рта, как добра́ться до о́зера Байка́л?
예스쯔 까-르따 까크 다브라-짜 다 오-지라 바이깔-

■ 제게 주소는 있습니다.

У меня́ есть а́дрес.
우 미냐- 예스쯔 아-드리스

■ 거기까지 걸어서 갈 수 있습니까?

Туда́ мо́жно дойти́ пешко́м?
뚜다- 모-쥐나 다이찌- 삐쉬꼼-

■ 걸어서 몇 분이나 걸릴까요?

Ско́лько мину́т займёт доро́га пешко́м?
스꼴-까 미누-트 자이묘-트 다로-가 삐쉬꼼-

■ 10분 정도 걸립니다.

Приме́рно 10(де́сять) ми́нут.
쁘리메-르나 제-씨쯔 미누-트

■ 여기서 멉니까?

Далеко́ отсю́да?
달리꼬- 앗쓔-다

■ 여기서 가깝습니다.

Отсю́да бли́зко.
앗쓔-다 블리-스까

■ 택시를 타세요.

Езжа́йте на такси́.
이쥐아-이쩨 나 딱씨-

■ 야간에는 요금을 더 내야 해요.

Вече́рний тари́ф доро́же.
비취예-르니 따리-프 다로-쥐에

Tip

걸어서 가거나 무언가를 타고 가는 것에 상관없이 길을 물어볼 때는 'как добра́ться до+생격'을 사용합니다. 걸어서 가는 것을 물어볼 때는 пешко́м이라는 부사를 추가하고, 교통수단으로 가는 걸 물어볼 때는 'на+교통수단 전치격'을 사용합니다.

Part 02 이 길을 건너세요.

기본표현

A : Перейди́те че́рез доро́гу.
빼리이지-쩨 취예-리스 다로-구

B : Хорошо́. Спаси́бо.
하라쉬오- 스빠씨-바

A : 길을 건너세요.
B : 알겠습니다. 감사합니다.

표현늘리기

- 성당까지 가는 길을 알려주세요.

Подскажи́те, как пройти́ к собо́ру?
빳스까쥐-쩨 깍 쁘라이찌- 끄 싸보-루

- 여기가 지름길인가요?

Э́то коро́ткая доро́га?
에-따 까로-뜨까야 다로-가

- 여기서 50m 정도입니다.

Отсю́да приме́рно 50(пятьдеся́т) ме́тров.
앗쓔-다 쁘리메-르나 삣지쌰-트 메-뜨라프

- 다음 코너에서 오른쪽으로 도세요.

На сле́дующем углу́ поверни́те напра́во.
나 슬례-두유쉼 우글루- 빠비르니-쩨 나쁘라-바

- 세 번째 건물입니다.

Трéтье здáние.
뜨례–찌예 즈다–니예

- 이 길 맞은편에 있습니다.

Нахóдится напрóтив э́той дорóги.
나호–지짜 나쁘로–찌프 에–따이 다로–기

- 은행 옆에 있습니다.

Нахóдится вóзле бáнка.
나호–지짜 보–즐례 방–까

- 경찰서 앞에 있습니다.

Нахóдится пéред полицéйским учáстком.
나호–지짜 뻬–리트 빨리쩨–이스낌 우취아–스뜨깜

- 저도 같은 방향으로 갑니다. (차 타고 갈 때)

Я тóже éду в ту стóрону.
야 또–줴 예–두 프 뚜 스또–로누

- 택시를 부릅시다.

Давáйте вы́зовем такси́.
다바–이쩨 빅–자빔 딱씨–

Tip 길을 건너라고 표현할 때 전치사 чéрез는 생략할 수도 있습니다.
Перейди́те чéрез дорóгу. = Перейди́те дорóгу.
길을 건너세요.

기본표현

A : Я заплу́тала. Что э́то за ме́сто?
야 자쁠루-딸라 쉬또 에-따 자 메-스따

B : Э́то Тверска́я.
에-따 뜨비르스까-야

A : 길을 잃었습니다. 대체 여기가 어딘가요? (화자가 여자일 때)
B : 트베르스카야 거리입니다.

표현늘리기

- 도와주세요, 길을 잃은 것 같습니다. (화자가 남자일 때)

Помоги́те, ка́жется я заблуди́лся.
빠마기-쩨 까-쥐짜 야 자블루질-쌰

- 어디에 가시는데요?

Куда́ вы идёте?
꾸다- 븨 이죠-쩨

- 대사관에 갑니나.

Я иду́ в посо́льство.
야 이두- 프 빠쏠-스뜨바

- 지도를 그려주시겠습니까?

Пожа́луйста, нарису́йте мне ка́рту.
빠쥐알-스따 나리쑤-이쩨 므녜 까-르뚜

■ 이 지도 상에 제가 어디에 있습니까?

Где я нахожу́сь, е́сли смотре́ть по ка́рте?

그졔 야 나하쥐우-스 예-슬리 스마뜨레-쯔 빠 까-르쩨

■ 이 지도에 현 위치를 표시해 주세요.

Отме́тьте на ка́рте моё местонахожде́ние.

앗메-쯔쩨 나 까-르쩨 마요- 미스따나하쥐제-니예

■ 호텔로 돌아가고 싶은데요.

Я хочу́ верну́ться в оте́ль.

야 하취우- 비르누-짜 브 아뗄-

■ 어느 호텔인가요?

В како́й оте́ль?

프 까꼬-이 아뗄-

■ 코스모스 호텔에 가려고 합니다.

Я направля́юсь в оте́ль "Ко́смос"

야 나쁘라블랴-유스 브 아뗄- 꼬-스마스

■ 저도 여기는 잘 모릅니다.

Я то́же тут пло́хо ориенти́руюсь.

야 또-줴 뚜트 쁠로-하 아리인찌-루유스

Tip 길을 잃었을 때는 동사 **заплута́ть** 혹은 **забуди́ться**의 과거형을 써 주면 됩니다.

Я заблуди́лся. Я заплута́л. 나는(남자) 길을 잃었다.

Я заблуди́лась. Я заплута́ла. 나는(여자) 길을 잃었다.

Part 04 이 버스는 기차역에 갑니까?

기본표현

A : Э́тот авто́бус идёт до вокза́ла?
에-따트 아프또-부스 이죠-트 다 바그잘-라

B : Да, сади́тесь.
다 싸지-쩨스

A : 이 버스는 기차역까지 갑니까?
B : 네, 타세요.

표현늘리기

■ 버스 정류장은 어디에 있습니까?

Где нахо́дится авто́бусная остано́вка?
그제 나호-지짜 아프또-부스나야 아스따노-프까

■ 버스 정류장은 이 길의 코너에 있습니다.

Авто́бусная остано́вка нахо́дится на углу́ э́той доро́ги.
아프또-부스나야 아스따노-프까 나호-지짜 나 우글루- 에-따이 다로-기

■ 공항에 가는 버스는 어디서 탑니까?

Где сесть на авто́бус до аэропо́рта?
그제 쎄스쯔 나 아프또-부스 다 아레라뽀-르따

■ 시내로 가는 버스가 있습니까?

Тут есть авто́бусы, иду́щие до це́нтра?
뚜트 예스쯔 아프또-부스이 이두-쉬예 다 쩬-뜨라

■ 이 버스는 코스모스 호텔에 정차합니까?

Э́тот авто́бус остана́вливается во́зле оте́ля «Ко́смос»?
에-따트 아프또-부스 아스따나-블리바이짜 보-즐레 아뗄-랴 꼬-스마스

■ 이 버스는 어디까지 갑니까?

Доку́да идёт э́тот авто́бус?
다꾸-다 이죠-트 에-따트 아프또-부스

■ 버스는 얼마나 자주 있어요?

Как ча́сто хо́дит авто́бус?
깍 취아-스따 호-지트 아프또-부스

■ 다음 버스는 언제 있어요?

Когда́ бу́дет сле́дующий авто́бус?
까그다- 부-지트 슬레-두유쉬이 아프또-부스

■ 막차는 몇 시에 있습니까?

Во ско́лько после́дний авто́бус?
바 스꼴-까 빠슬레-드니 아프또-부스

■ 기차역으로 가는 버스 첫차는 몇 시입니까?

Во ско́лько пе́рвый авто́бус до вокза́ла?
바 스꼴-까 뻬-르븨 아프또-부스 다 바그잘-라

Tip

авто́бус, иду́щий до це́нтра 시내로 가는 버스
авто́бус, иду́щий до вокза́ла 기차역으로 가는 버스
авто́бус, иду́щий до аэропо́рта 공항으로 가는 버스

기본표현

A : На како́й остано́вке сойти́, что́бы попа́сть в зоопа́рк?
나 까꼬-이 아스따노-프께 싸이찌- 쉬또-븨 빠빠-스쯔 브 자아빠-르끄

B : Оста́лось 3(три) остано́вки.
아스딸-라스 뜨리 아스따노-프끼

A : 동물원에 가려면 어디서 내려야 하죠?
B : 세 정거장 남았습니다.

표현늘리기

■ 다른 버스로 갈아타야 하나요?

Ну́жно пересе́сть на друго́й авто́бус?
누-쥐나 삐리쎼-스쯔 나 드루고-이 아프또-부스

■ 극장에 도착하면 알려주시겠어요?

Подскажи́те мне, когда́ дое́дем до теа́тра?
빠드스까쥐-쩨 므녜 까그다- 다예-짐 다 찌아-뜨라

■ 동물원까지 몇 정거장 남았어요?

Ско́лько остано́вок оста́лось до зоопа́рка?
스꼴-까 아스따노-바크 아스딸-라스 다 자아빠-르까

■ 다음 정류장에서 내리세요.

Сойди́те на сле́дующей остано́вке.
싸이지-쩨 나 슬례-두유쉬이 아스따노-프께

■ 버스 종점에서 내리세요.

Сойди́те на коне́чной остано́вке.
싸이지–쩨 나 까녜–취나이 아스따노–프께

■ 전 내릴 곳을 놓쳤어요. (화자가 여자일 때)

Я прое́хала свою́ остано́вку.
야 쁘라예–할라 스바유– 아스따노–프꾸

■ 이번 정류장에서 내리겠습니다.

Я схожу́ на э́той остано́вке.
야 스하쥐우– 나 에–따이 아스따노–프께

■ 버스를 잘못 타셨어요.

Вы се́ли не на тот авто́бус.
븨 쎌–리 니 나 또트 아프또–부스

■ 반대 방향이에요.

Вам в обра́тную сто́рону.
밤 브 아브라–뜨누유 스또–라누

■ 건너서 5번 버스를 타세요.

Перейди́те доро́гу и ся́дьте на 5(пя́тый) авто́бус.
삐리이지–쩨 다로–구 이 썃–쩨 나 빠–뜨이 아프또–부스

Tip

숫자 1 : одна́ остано́вка 한 정거장
숫자 2~4 : две остано́вки 두 정거장 три остано́вки 세 정거장
четы́ре остано́вки 네 정거장
나머지 숫자와 의문사 : пять остано́вок 다섯 정거장
ско́лько остано́вок 몇 정거장

Part 06 환승해야 되나요?

기본표현

A : Ну́жно пересе́сть?
누-쥐나 삐리쎼-스쯔

B : Да, на сле́дующей ста́нции.
다 나 슬례-두유쉬이 스딴-찌이

A : 환승해야 되나요?
B : 네, 다음 역에서요.

표현늘리기

■ 지하철 역은 어디입니까?

Где нахо́дится ста́нция метро́?
그졔 나호-지짜 스딴-찌야 미뜨로-

■ 매표소는 어디예요?

Где ка́сса?
그졔 까-싸

■ 티켓은 지 기계에서 사세요.

Купи́те биле́т в том аппара́те.
꾸삐-쩨 빌례-트 프 똠 아빠라-쩨

■ 첫차는 몇 시에 있습니까?

Во ско́лько пе́рвый по́езд?
바 스꼴-까 뻬-르비 뽀-이스트

■ 막차가 방금 떠났어요.

Послéдний пóезд тóлько что óтбыл.
빠슬레-드니 뽀-이스트 똘-까 쉬또 옷-브일

■ 대사관에 가려면 몇 호선을 타야 합니까?

По какóй ли́нии метрó мóжно добрáться до посóльства?
빠 까꼬-이 리-니이 미뜨로- 모-쥐나 다브라-짜 다 빠쏠-스뜨빠

■ 5호선으로 갈아타세요.

Переся́дьте на 5(пя́тую) ли́нию.
삐리쌰-쯔쩨 나 뺘-뚜유 리-니유

■ 노선을 잘못 타셨어요.

Вы сéли не на ту ли́нию.
빅 쎌-리 니 나 뚜 리-니유

■ 출구는 어디입니까?

Где нахóдится вы́ход?
그제 나호-지짜 빅-하트

■ 대사관에 가려면 몇 번 출구로 나가야 해요?

На какóй вы́ход метрó нýжно вы́йти, чтóбы попáсть
나 까꼬-이 빅-하트 미뜨로- 누-쥐나 빅-이찌 쉬또-빅 빠빠-스쯔

в посóльство?
프 빠쏠-스뜨바

Tip 버스의 정거장은 остановка이지만 지하철과 기차에서의 역은 стáнция입니다. 지하철이라는 교통수단은 метрó이며 지하철을 탈 수 있는 지하철역은 стáнция метрó입니다.

Part 07 이 주소로 가 주세요.

기본표현

A : Доку́да вы е́дете?
다꾸–다 븨 예–지쪠

B : Езжа́йте по э́тому а́дресу.
이쥐아–이쪠 빠 에–따무 아–드리쑤

A : 어디까지 가세요?
B : 이 주소로 가 주세요.

표현늘리기

■ 기차역은 어디입니까?

Где нахо́дится вокза́л?
그졔 나호–지짜 바그잘–

■ 매표소는 어디에 있습니까?

Где нахо́дится ка́сса?
그졔 나호–지짜 까–싸

■ 노브고로드까지 요금은 얼마입니까?

Ско́лько сто́ит прое́зд до Но́вгорода?
스꼴–까 스또–이트 쁘라예–스트 다 노–브가라다

■ 편도 한 장이요.

Оди́н биле́т в одну́ сто́рону.
아진– 빌례–트 브 아드누– 스또–라누

- 왕복이요.

В óба концá.
브 오-바 깐짜-

- 버스 시간표를 얻을 수 있나요?

Есть ли расписáние автóбусов?
예스쯔 리 라스삐싸-니예 아프또-부싸프

- 예약할 수 있습니까?

Мóжно заброни́ровать?
모-쥐나 자브라니-라바쯔

- 창가 좌석을 주세요.

Дáйте мéсто у окнá, пожáлуйста.
다-이쩨 메스따 우 아크나- 빠쥐알-스따

- 통로측 좌석을 주세요.

Дáйте мéсто у прохóда, пожáлуйста.
다-이쩨 메-스따 우 쁘라호-다 빠쥐알-스따

- 대학생 할인되나요?

Есть ли ски́дка для студéнтов?
예스쯔 리 스끼-트까 들랴 스뚜젠-따프

Tip 편도를 뜻하는 표현에는 в одну́ сторону, в оди́н конéц이 있고, 왕복을 뜻하는 표현에는 в óба концá, тудá и обрáтно이 있습니다.

Part 08 이 열차는 블라디보스토크행입니까?

기본표현

A : Э́то по́езд до Владивосто́ка?
에-따 뽀-이스트 도 블라디바스또-까

B : Да, проходи́те.
다 쁘라하지-쩨

A : 이 열차는 블라디보스토크행 열차입니까?
B : 네, 타세요.

*전치사 до는 강세가 없어 [다]로 발음하지만, 강조할 때 [도]로 발음하기도 합니다.

표현늘리기

■ 여기 앉아도 될까요?

Мо́жно сесть сюда́?
모-쥐나 쎼스쯔 쓔다-

■ 실례합니다, 여기 제 자리 같아요.

Извини́те, ка́жется, э́то моё ме́сто.
이즈비니-쩨 까-쥐짜 에-따 마요- 몌-스따

■ 승차권을 보여주세요.

Покажи́те биле́т.
빠까쥐-쩨 빌례-트

■ 이 열차는 여기서 얼마나 정차하나요?

Ско́лько э́тот по́езд бу́дет стоя́ть тут?
스꼴-까 에-따트 뽀-이스트 부-지트 스따야-쯔 뚜트

■ 창가쪽이요 아니면 복도쪽이요?

Вам ме́сто у окна́ и́ли у прохо́да?

밤 메–스따 우 아크나– 일–리 우 쁘라호–다

■ 화장실이랑 멀리 떨어진 자리 주세요.

Да́йте ме́сто пода́льше от туале́та, пожа́луйста.

다–이쩨 메–스따 빠달–쉬에 앗 뚜알레–따 빠쥐알–스따

■ 제가 예약한 좌석을 바꿔주실 수 있나요?

Не могли́ бы вы поменя́ть заброни́рованное мной ме́сто?

니 마글리– 븨 븨 빠미냐–즈 자브라니–라반나예 므노이 메–스따

■ 다음은 무슨 역인가요?

Кака́я сле́дующая ста́нция?

까까–야 슬레–두유쉬야 스딴–찌야

■ 드디어 도착했어요.

Наконе́ц-то мы при́были.

나까녜–츠따 믜 쁘리–브일리

■ 마지막 열차를 놓쳤습니다. (화자가 남자일 때)

Я опозда́л на после́дний по́езд.

야 아빠즈달– 나 빠슬레–드니 뽀–이스트

Tip '교통수단에 타라'고 할 때 '타서 앉으라'는 뜻의 сади́тесь를 쓸 수도 있고, 같은 공간에서 '내가 있는 쪽으로 오라'는 뜻인 проходи́те를 쓸 수도 있습니다.

단어늘리기

기본단어

крáсный	끄라-스늬	붉은색의
идúте	이지-쩨	가세요, 이동하세요 (*идтú 가다, 오다)
пря́мо	쁘랴-마	똑바로, 직접
потóм	빠똠-	그 다음에
повернýть	빠비르누-쯔	방향을 돌리다〈완료〉
повернúте	빠비르니-쩨	방향을 돌리세요
налéво	날례-바	왼쪽으로
добрáться	다브라-짜	~까지 도달하다〈완료〉
дворéц	드바례-쯔	궁전, 궁궐
Лéтний дворéц	례-뜨니 드바례-쯔	여름 궁전
кáрта	까-르따	지도, 카드
óзеро Байкáл	오-지라 바이깔-	바이칼 호수
áдрес	아-드리스	주소
дойтú	다이찌-	~까지 가다〈완료〉
езжáйте	이쥐아-이쩨	타고 가세요 (*éхать 가다)
таксú	딱씨-	택시〈중, 불변〉
вечéрний	비취예-르니	저녁의, 밤의
тарúф	따리-프	요금, 요율
дорóже	다로-쥐에	더 비싸다
перейдúте	삐리이지-쩨	건너가세요 (*перейтú 건너가다)
через дорóгу	취리즈 다로-구	길을 지나 (*дорóга 길)
подсказáть	빳스까자-쯔	살짝 말해 주다〈완료〉
подскажúте	빳스까쥐-쩨	살짝 말해 주세요
собóр	싸보-르	성당

к собóру	끄 싸보–루	성당 쪽으로
корóткая дорóга	까롯–까야 다로–가	지름길
слéдующий ýгол	슬례–두유쉬 우–갈	다음 코너, 모퉁이
на слéдующем углý	나 슬례–두유쉼 우글루–	다음 코너에서
напрáво	나쁘라–바	오른쪽으로
напрóтив	나쁘로–찌프	(생격) 맞은편에
полицéйский учáсток	빨리쩨–이스끼 우취아–스딱	경찰서
в ту стóрону	프 뚜 스또–라누	그쪽으로
вы́звать	브이–즈바쯔	불러서 나오게 하다〈완료〉
заплутáть	자쁠루따–쯔	길에서 벗어나다〈완료〉
что за	쉬또 자	도대체 어떤
Тверскáя ýлица	뜨비르스까–야 울–리짜	트베르스카야 거리
помогúте	빠마기–쩨	도와주세요 (*пóмочь 돕다)
заблудúться	자블루지–짜	길을 잃다〈완료〉
посóльство	빠쏠–스뜨바	대사관
отмéтить	앗메–찌쯔	표시하다〈완료〉
местонахождéние	미스따나하쥐제–니예	위치, 장소
отéль	아뗄–	호텔〈남〉
направля́ться	나쁘라블랴–짜	~로 향하다〈불완료〉
кóсмос	꼬–스마스	우주, 코스모스
ориентúроваться	아리인찌–라바짜	장소를 알다, 길을 알다
вокзáл	바그잘–	기차역
автóбусная остановка	아프또–부스나야 아스따노–프까	버스 정류장
на углý	나 우글루–	코너에서, 모퉁이에서 (*ýгол 모퉁이)
аэропóрт	아에라뽀–르트	공항

단어늘리기

иду́щий	이두-쉬이	~로 가는
центр	쩬뜨르	중심지, 시내
остана́вливаться	아스따나-블리바짜	정차하다〈불완료〉
доку́да	다꾸-다	어디까지
сойти́	싸이찌-	내리다〈완료〉
что́бы	쉬또-븨	(동사원형) 하기 위해
зоопа́рк	자아빠-르크	동물원
оста́ться	아스따-짜	남다〈완료〉
остано́вка	아스따노-프까	정거장, 정류장 (버스)
3(три) остано́вки	뜨리 아스따노-프끼	세 정거장
ско́лько остано́вок	스꼴-까 아스따노-박	몇 정거장
пересе́сть	삐리쎄-스쯔	갈아타다〈완료〉
дое́хать	다예-하쯔	~까지 타고 가다〈완료〉
теа́тр	찌아-뜨르	극장
сойди́те	싸이지-쩨	내리세요 (*сойти́ 내리다)
коне́чный	까녜-취늬	마지막의, 종점의
прое́хать	쁘라예-하쯔	타고 지나가다〈완료〉
сходи́ть	스하지-쯔	내리다〈불완료〉
обра́тный	아브라-뜨늬	반대편의
ста́нция метро́	스딴-찌야 미뜨로-	전철역
аппара́т	아빠라-트	기기, 장치
по́езд	뽀-이스트	기차
то́лько что	똘-까 쉬또	방금
отбы́ть	앗브이-쯔	떠나다, 출발하다〈완료〉
ли́ния	리-니야	라인, 선, 노선
переся́дьте	삐리쌰-쩨	갈아타세요 (*пересе́сть 갈아타다)
вы́ход	브이 하트	출구
сто́ить	스또-이쯔	값이 ~가 나가다〈불완료〉

проéзд	쁘라예–스트	타고 가는 것
Нóвгород	노–브가라트	노브고로드 (도시)
в однý стóрону	브 아드누– 스또–라누	편도로, 한쪽으로
в óба концá	브 오–바 깐짜–	왕복으로, 양쪽 끝으로 (*конéц 끝)
расписáние	라스삐싸–니예	시간표
заброни́ровать	자브라니–라바쯔	예약하다〈완료〉
прохóд	쁘라호–트	통로
ски́дка	스키–트까	할인
Владивостóк	블라디바스똑–	블라디보스토크 (도시)
показáть	빠까자–쯔	보여주다〈완료〉
покажи́те	빠까쥐–쩨	보여주세요
заброни́рованный	자브라니–라반늬	예약된
мной	므노이	나에 의해
стоя́ть	스따야–쯔	서 있다〈불완료〉
подáльше	빠달–쉬에	더 멀리
туалéт	뚜알렛–	화장실
наконéц-то	나까녜–츠 따	드디어, 마침내
прибы́ть	쁘리브이–쯔	도착하다, 들어오다〈완료〉
опоздáть	아빠즈다–쯔	늦다, 지각하다〈완료〉

관련단어

[교통수단]

трáнспорт	뜨란–쓰빠르트	교통
ракéта	라께–뜨까	로켓
косми́ческий корáбль	까스미–취스끼 까라–블	우주선
аэропóрт	아에라뽀–르트	공항

단어늘리기

самолёт	싸말료-트	비행기
вертолёт	비르딸료-트	헬기
по́езд	뽀-이스트	기차
ста́нция метро́	스딴-찌야 미뜨로-	지하철역
трамва́й	뜨람바-이	전차
такси́	딱씨-	택시
авто́бус	아프또-부스	버스
туристи́ческий авто́бус	뚜리스찌-취스끼 아프또-부스	관광버스
маршру́тный авто́бус	마르쉬루-뜨늬 아프또-부스	셔틀버스
легково́й автомоби́ль	리흐까보-이 아프따마빌-	승용차
грузови́к	그루자빅-	화물차
ско́рая по́мощь	스꼬-라야 뽀-마쉬	구급차
пожа́рная маши́на	빠쥐아-르나야 마쉬-나	소방차
фуникулёр	푸니꿀료-르	케이블카
спорти́вный автомоби́ль	스빠르찌-브늬 아프따마빌-	스포츠카
мотоци́кл	마다찌-끌	오토바이
велосипе́д	빌라씨뻬-	자전거
порт	뽀르트	항구
прича́л	쁘리취알-	선착장
кора́бль	까라-블	배〈남〉
па́русник	빠-루스닉	돛단배

[방향]

направле́ние	나쁘라블레-니예	방향
восто́к	바스똑-	동
за́пад	자-빠트	서
юг	육	남
се́вер	쎄-비르	북
юго-восто́к	유가바스똑-	남동

юго-за́пад	유가자-빠트	남서
северо-восто́к	씨비라바스똑-	북동
северо-за́пад	씨비라자-빠트	북서
напра́во	나쁘라-바	오른쪽으로
нале́во	날례-바	왼쪽으로
вве́рх	베-르흐	위로
вниз	브니스	아래로
ря́дом	랴-담	옆에
бли́зко	블리-스까	가까이에
середи́на	씨리지-나	가운데
впереди́	프삐리지-	앞에
позади́	빠자지-	뒤에
внутри́	브누뜨리-	안에
снару́жи	스나루-쥐	밖에
вход	프호트	입구
вы́ход	븨-하트	출구
перекрёсток	삐리끄료-스딱	교차로
пешехо́дный перехо́д	삐쉬호-드늬 삐리호-트	횡단보도
уча́сток доро́ги	우취아-스딱 다로-기	구간
светофо́р	스비따포-르	신호등
пра́вый поворо́т	쁘라-븨 빠바로-트	우회전
ле́вый поворо́т	례-븨 빠바로-트	좌회전
разворо́т	라즈바로-트	유턴

문화 엿보기

시베리아 횡단철도

러시아는 세계에서 영토가 가장 넓은 나라로, 단일노선으로 가장 긴 철도가 있습니다. 바로 시베리아 횡단열차(Транссиби́рская магистра́ль 뜨란씨비이리스까야 마기스뜨라알)입니다. 동쪽 끝 블라디보스토크에서 서쪽 끝 모스크바까지의 총 길이는 무려 9,228.2km로, 쉬지 않고 달려도 일주일이 걸리는 노선입니다

물론 시베리아 횡단열차를 타고 쉬지 않고 종착역까지 가는 경우는 거의 없고, 주요 도시에서 내려서 볼일을 보고, 다시 기차를 타고 이동하는 경우가 대부분입니다. 열차를 타고 대륙을 횡단하는 것을 목표로 해서 종착역까지 갔다고 해도, 올 때는 다시 기차를 타고 오는 것보다 비행기를 타고 오는 경우가 많습니다.

러시아에서는 대체로 영어 표기를 찾아보기 힘든 만큼, 기차를 타고 여행할 계획이라면 주요 역의 러시아어 이름을 알아두는 게 좋습니다. 참고로, 기차의 모든 시간은 모스크바 시간으로 표시되므로, 현지의 실제 시간과 다릅니다. 땅이 넓은 만큼 시간대도 11개(2018년 기준)나 되는 러시아를 가로질러 이동하면 계속해서 시간대가 바뀌기 때문입니다.

열차 티켓은 러시아철도청 홈페이지(http: //rzd.ru)에서 확인하고 예매할 수 있습니다. 뜨거유 물이 항상 준비되어 있고 겨울에도 반팔을 입고 있을 정도의 빵빵한 난방을 자랑하는 시베리아 횡단열차를 타고 러시아어를 연습하며 대륙을 가로지르는 여행 계획을 세워 보는 건 어떨까요?

제 12 장

질문 · 부탁 · 요청

1. 잠깐 기다리세요.
2. 천천히 운전해도 되겠지요?
3. 100루블 빌릴 수 있습니까?
4. 일찍 출발하는 게 좋겠지요?
5. 다시 말씀해 주시겠어요?
6. 도와주실 수 있습니까?
7. 사진 좀 찍어주시겠습니까?

Part 01 잠깐 기다리세요.

기본표현

A : Подожди́те мину́тку.
빠다쥐지–쩨 미누–트꾸

B : Хорошо́. Я подожду́ тут.
하라쉬오– 야 빠다쥐두– 뚜트

A : 잠깐 기다리세요.
B : 좋습니다. 여기서 기다리겠습니다.

표현늘리기

■ 벌써 30분이나 기다리고 있어요. (나)

По́лчаса́ уже́ жду.
뽈취싸– 우쥐에– 쥐두

■ 벌써 30분이나 기다리고 있어요. (우리)

По́лчаса́ уже́ ждём.
뽈취싸– 우줴– 쥐쬼–

■ 조금만 더 기다려 주세요.

Подожди́те ещё немно́го.
빠다쥐지–쩨 이쉬요– 님노–가

■ 네, 걱정 마세요.

Да, не беспоко́йтесь.
다 니 비스빠꼬–이쩨스

■ 가게 안에서 기다릴게요.

Я подожду́ внутри́ магази́на.
야 빠다쥐두–　브누뜨리–　마가지–나

■ 웬일이죠?

По како́му вы де́лу?
빠　까꼬–무　븨　젤–루

■ 기다릴 시간이 없습니다.

У меня́ нет вре́мени жда́ть.
우 미냐–　녜트　브레–미니　쥐다–쯔

■ 서둘러 주세요.

Потороп́итесь.
빠따라삐–쩨스

■ 별로 급하지 않아요.

Мне не сро́чно.
므녜　니　스로–취나

■ 천천히 하세요.

Не торопи́тесь.
니　따라삐–쩨스

Tip '시간이 없다'는 표현은 'нет вре́мени+동사원형' 혹은 на 대격 구문을 사용합니다.

нет вре́мени ждать 기다릴 시간이 없다
нет вре́мени на э́то 이것을 할 시간이 없다

Part 02 천천히 운전해도 되겠지요?

기본표현

A : Мóжно éхать не спешá?
모-쥐나 예-하쯔 니 스삐쉬아-

B : Нет, опáсно. Останови́те маши́ну.
녜트 아빠-스나 아스따나비-쩨 마쉬-누

A : 천천히 운전해도 되겠지요?
B : 아니요, 위험해요. 차 세워요.

표현늘리기

■ 여기서 사진 찍어도 됩니까?

Тут мóжно фотографи́ровать?
뚜트 모-쥐나 파따그라피-라바쯔

■ 네, 물론이죠.

Да, конéчно.
다 까녜-쉬나

■ 사진 찍으면 안 됩니다.

Нельзя́ фотографи́ровать.
닐쟈- 파따그라피-라바쯔

■ 주차 금지.

Стоя́нка запрещенá.
스따얀-까 자쁘리쉬나-

- 통행 금지.

Проéзд запрещён.
쁘라예-스트 자쁘리쉬욘-

- 관계자 외 출입 금지.

Посторóнним вход запрещён.
빠스따론-님 프호트 자쁘리쉬욘-

- 여기서 담배 피워도 됩니까?

Здесь мóжно кури́ть?
즈졔스 모-쥐나 꾸리-쯔

- 금연구역입니다.

Кури́ть запрещенó.
꾸리-쯔 자쁘리쉬노-

- 여기서 먹지 마세요.

Не éшьте тут.
니 예-쉬쩨 뚜트

- 잔디를 밟지 마세요.

По газóну не ходи́ть.
빠 가조-누 니 하지-쯔

Tip

▶금지를 표현하는 방법들

1) нельзя́ 혹은 'запрещенó+동사원형(불완료)'

2) 명사+запрещён, запрещенá, запрещенó, запрещены́

3) 'не+명령형' 혹은 동사원형(불완료)

기본표현

A : Мóжете мне заня́ть 100(сто) рублéй?
모-쥐쩨 므녜 자냐-쯔 스또 루블례-이

B : Конéчно, возьми́те.
까녜-쉬나 바즈미-쩨

A : 100루블 빌려주실 수 있습니까?
B : 그럼요, 여기 있습니다.

표현늘리기

■ 이 전화 써도 되나요?

Мóжно воспóльзоваться э́тим телефóном?
모-쥐나 바스뽈-자바짜 에-찜 찔리포-남

■ 네, 공짜예요.

Да, э́то бесплáтно.
다 에-따 비스쁠라-뜨나

■ 이 사전 빌릴 수 있습니까?

Мóжно воспóльзоваться э́тим словарём?
모-쥐나 바스뽈-자바짜 에-찜 슬라바룜-

■ 네, 이걸 빌려드리겠습니다.

Да, я вам дам попóльзоваться.
다 야 밤 담 빠뽈-자바짜

■ 아니요, 그럴 수 없어요. 미안합니다.

Нет, к сожале́нию. Извини́те.
네트 끄 싸쥐알례-니유 이즈비니-쩨

■ 휴대폰 빌릴 수 있을까요?

Мо́жно я позвоню́ с ва́шего со́тового телефо́на?
모-쥐나 야 빠즈바뉴- 스 바-쉬바 쏘-따바바 찔리포-나

■ 네, 그러세요.

Да, коне́чно.
다 까녜-쉬나

■ 돈을 빌려줄게.

Я займу́ тебе́ де́ньги.
야 자이무- 찌볘- 젠-기

■ 얼마나 필요합니까?

Ско́лько ну́жно?
스꼴-까 누-쥐나

■ 급합니다.

Мне сро́чно.
므녜 스로-취나

Tip 'мо́жно+동사원형' 구문은 구어체에서 'мо́жно+주어+동사'로도 사용됩니다.
Мо́жно мне позвони́ть с ва́шего телефо́на?
= Мо́жно я позвоню́ с ва́шего телефо́на?
휴대폰 빌릴 수 있을까요? (제가 당신 휴대폰으로부터 전화해도 되나요?)

Part 04 일찍 출발하는 게 좋겠지요?

기본표현

A : Лу́чше вы́ехать пора́ньше?
룻-쉬에 븨-이하쯔 빠란-쉬에

B : Да, чем ра́ньше, тем лу́чше.
다 취옘 란-쉬에 쪰 룻-쉬에

A : 일찍 출발하는 게 좋겠지요? (교통수단 타고 갈 때)
B : 네, 빠를수록 좋지요.

표현늘리기

■ 준비합시다.

Дава́йте собира́ться.
다바-이쩨 싸비라-짜

■ 준비되셨나요?

Вы гото́вы?
븨 가또-븨

■ 갑시다. (교통수단을 타고 갈 때)

Пое́хали.
빠예-할리

■ 차가 막히네요.

Про́бки на доро́гах.
쁘로-프끼 나 다로-가흐

■ 일정이 매우 빡빡합니다.

О́чень плóтное расписáние.
오-췬 쁠로-뜨나예 라스삐싸-니예

■ 버스가 더 빠를 것 같습니다.

Быстрéе бýдет на автóбусе.
븨스뜨례-예 부-지트 나 아프또-부쎄

■ 지하철로 가는 것이 더 나으 [illegible] 니다.

Лýчше поéхать [illegible]
룻-쉬에 빠예-하쯔 나 미뜨로-

■ 아직 러시아워가 아니에요.

Ещё не час пик.
이쉬오- 니 취아스 삑

■ 교통체증에 걸릴 수 있습니다.

Мы мóжем попáсть в прóбку.
믜 모-쥠 빠빠-스쯔 프 쁘로-프꾸

■ 서둘러야 해요.

Нýжно поторопи́ться.
누-쥐나 빠따라삐-짜

Tip 구어체에서 교통수단을 타고 갈 때 '갑시다!'라는 표현은 Поéхали!를 사용하고, 걸어서 갈 때는 Пошли́!를 사용합니다.

Part 05 다시 말씀해 주시겠어요?

기본표현

A : Повтори́те ещё раз.
빠프따리-쩨 이쉬오- 라스

B : Меня́ зову́т Пётр.
미냐- 자부-트 뾰-뜨르

A : 다시 말씀해 주시겠어요?
B : 제 이름은 표트르입니다.

표현늘리기

■ 죄송합니다만, 다시 말씀해 주시겠어요?

Извини́те, мо́жете повтори́ть ещё раз?
이즈비니-쩨 모-쥐쩨 빠프따리-쯔 이쉬오- 라스

■ 뭐라고 말씀하셨어요?

Что вы сказа́ли?
쉬또 븨 스까잘-리

■ 못 들었습니다. (화자가 남자일 때)

Я не расслы́шал.
야 니 라슬르이-쉬알

■ 안 들립니다.

Я вас не слы́шу.
야 바스 니 슬르이-쉬우

■ 좀 더 큰 소리로 말해 주세요.

Пожа́луйста, говори́те гро́мче.
빠쥐알–루이스따 가바리–쩨 그롬–취에

■ 이해가 가지 않습니다. (화자가 여자일 때)

Я не поняла́.
야 니 빠닐라–

■ 천천히 말씀해 주세요.

Говори́те поме́дленнее.
가바리–쩨 빠메–들린니에

■ 좀 더 작게 말해 주세요.

Пожа́луйста, говори́те поти́ше.
빠쥐알–루이스따 가바리–쩨 빠찌–쉬에

■ 완벽하게 이해했습니다. (화자가 남자일 때)

По́нял всё доскона́льно.
뽀–닐 프쑈– 다스까날–나

■ 질문 하나만요.

То́лько оди́н вопро́с.
똘–까 아진– 바쁘로–스

Tip '이해하다'라는 뜻의 동사 **поня́ть**는 과거시제에서 강세 때문에 발음이 달라집니다.

Он (я, ты) по́нял. 그는(나는, 너는; 남자) 이해했다. [뽀–닐]
Она́ (я, ты) поняла́. 그녀는(나는, 너는; 여자) 이해했다. [빠닐라]
Они́ (мы, вы) по́няли. 그들은(우리는, 당신은, 당신들은) 이해했다. [뽀–닐리]

Part 06 도와주실 수 있습니까?

기본표현

A : Хочу́ встре́титься.
하취우- 프스뜨레-찌짜

B : Что́-то случи́лось?
쉬또-따 슬루췰-라스

A : 만나고 싶습니다.
B : 무슨 일이라도 있습니까?

표현늘리기

■ 도와주실 수 있습니까?

Вы не могли́ бы мне помо́чь?
븨 니 마글리- 븨 므녜 빠모-취

■ 들어 보고요. / 먼저 말해 주세요.

Снача́ла скажи́те.
스나촤알-라 스까쥐-쩨

■ 무슨 일인데요?

Что случи́лось?
쉬또 슬루췰-라스

■ 개인적으로 말씀드리겠습니다.

Я скажу́ вам в ли́чном разгово́ре.
야 스까쥐우- 밤 브 리-취남 라즈가보-레

■ 좋아요. 장소를 정합시다.

Хорошо́. Дава́йте определи́м ме́сто встре́чи.

하라쉬오– 다바–이쩨 아쁘리질림– 메–스따 프스뜨레–취

■ 호텔 로비에서 만납시다.

Дава́йте встре́тимся в ло́бби оте́ля.

다바–이쩨 프스뜨레–찜샤 브 로–비 아뗄–랴

■ 할 수 있는 건 다 해볼게요.

Сде́лаю всё возмо́жное.

즈젤–라유 프쑈– 바즈모–쥐나예

■ 미안해요. 그건 못하겠어요.

Извини́те. Я не смогу́ э́то сде́лать.

이즈비니–쩨 야 니 스마구– 에–따 즈젤–라쯔

■ 늦지 마세요.

Не опа́здывайте.

니 아빠–즈듸바이쩨

■ 정시에 가 있을게요.

Я бу́ду во́время.

야 부–두 보–브레먀

Tip

всё는 모든 것을 뜻하는 중성명사이며, 뒤에서 형용사 중성 형태의 수식을 받습니다.

всё возмо́жное 할 수 있는 모든 것
всё ну́жное 필요한 모든 것
всё сро́чное 급한 모든 것

Part 07 사진 좀 찍어주시겠습니까?

기본표현

A : Мóжете сдéлать фóто?
모-쥐쩨 즈젤-라쯔 포-따

B : Да, скажи́те «кимчи́». (улыбáйтесь)
다 스까쥐-쩨 낌취- 울리바-이쩨스

A : 사진 좀 찍어주시겠습니까?
B : 네, '김치' 하세요. (미소를 지으세요.)

표현늘리기

- 함께 사진 찍읍시다.

Давáйте сфотографи́руемся вмéсте.
다바-이쩨 스파따그라피-루임쌰 브메-스쩨

- 사진 찍는 걸 좋아해요. (나를 포함한 사진 찍는 것)

Я люблю́ фотографи́роваться.
야 류블류- 파따그라피-라바짜

- 당신의 사진을 찍어도 되겠습니까?

Мóжно вас сфотографи́ровать?
모-쥐나 바스 스파따그라피-라바쯔

- 이 카메라는 어떻게 사용해요?

Как испóльзовать э́ту кáмеру?
깍 이스폴-자바쯔 에-뚜 까-미루

■ 이 버튼을 누르기만 하면 됩니다.

Ну́жно то́лько нажа́ть на э́ту кно́пку.
누-쥐나 똘-까 나쥐아-쯔 나 에-뚜 크노-프꾸

■ 비디오를 찍읍시다.

Дава́йте сни́мем ви́део.
다바-이쩨 스니-밈 비-지오

■ 필름은 어디서 살 수 있나요?

Где мо́жно купи́ть плёнку?
그제 모-쥐나 꾸삐-쯔 뺄룐-꾸

■ 이것을 인화해 주세요.

Распеча́тайте э́тот сни́мок.
라스뻬취아-따이쩨 에-따트 스니-마크

■ 이 사진을 확대해 주세요.

Увели́чьте э́тот сни́мок.
우빌리-취쩨 에-따트 스니-마크

■ 이 사진을 이메일로 서울에 보냅시다.

Дава́йте отпра́вим э́тот сни́мок в Сеу́л по
다바-이쩨 앗쁘라-빔 에-따트 스니-마크 프 씨울- 빠

электро́нной по́чте.
엘릭뜨론-나이 뽀-취쩨

Tip 자기 자신을 포함하여 사진을 찍는 것을 фотографи́роваться, сфотографи́роваться라고 하며, 다른 사람이나 대상을 찍을 때는 맨 끝의 ся를 뺀 фотографи́ровать, сфотографи́ровать 혹은 де́лать, сде́лать фо́то라는 표현을 사용합니다.

단어늘리기

기본단어

по́лчаса́	뽈취싸–	30분
беспоко́иться	비스빠꼬–이짜	걱정하다〈불완료〉
внутри́	브누뜨리–	(생격) 안에
нет вре́мени	녯 브레–미니	시간이 없다 (*вре́мя 시간)
торопи́ться	따라삐–짜	서두르다〈불완료〉
поторопи́ться	빠따라삐–짜	서두르다〈완료〉
сро́чно	스로–취나	급하게, 급하다
спеша́	스삐쉬아–	서둘러서, 급하게
опа́сно	아빠–스나	위험하게, 위험하다
останови́ть	아스따나비–쯔	세우다, 멈추다〈완료〉
фотографи́ровать	파타그라피–라바쯔	(대상을) 사진 찍다〈불완료〉
сфотографи́ровать	스파타그라피–라바쯔	(대상을) 사진 찍다〈완료〉
нельзя́	닐쟈–	(동사원형) 하면 안된다
стоя́нка	스따얀–까	주차
запрещён	자쁘리쉬욘–	금지되었다
посторо́нний	빠스따론–니	외부인 (형용사 형태)
посторо́нним	빠스따론–님	외부인들에게
вход	프호트	입구, 출입
кури́ть	꾸리–쯔	담배 피우다〈불완료〉
е́шьте	예–쉬쩨	드세요 (*есть 먹다)
газо́н	가존–	잔디
заня́ть	자냐–쯔	빌리다, 차지하다〈완료〉
рубль	루블	루블〈남〉 (러시아 화폐 단위)
воспо́льзоваться	바스뽈–자바짜	(조격을) 이용하다〈완료〉
беспла́тно	비스쁠라–뜨나	무료로
слова́рь	슬라바–르	사전〈남〉

дать	다쯔	주다, ~하게 해주다〈완료〉
попо́льзоваться	빠뽈-자바짜	(조격을) 잠시 이용하다〈완료〉
к сожале́нию	끄 싸쥐알레-니유	유감스럽게도
со́товый телефон	쏘-따븨 찔리폰-	휴대폰
с со́тового телефо́на	스 쏘-따바바 찔리포-나	휴대폰으로부터
вы́ехать	브이-이하쯔	타고 나가다〈완료〉
пора́ньше	빠란-쉬에	좀더 일찍
собира́ться	싸비라-짜	채비하다, 모이다〈불완료〉
гото́в	가또- 프	준비되었다
пое́хали	빠예-할리	(타고) 갑시다 (*пое́хать 출발하다)
пло́тный	쁠로-뜨늬	빽빽한, 밀도 있는
быстре́е	븨스뜨레-에	더 빨리
час пик	취아스 삑	러시아워
сказа́ть	스까자-쯔	말하다〈완료〉
расслы́шать	라슬리-쉬아쯔	알아듣다, 다 들리다〈완료〉
слы́шать	슬리-쉬아쯔	듣다, 들리다〈불완료〉
гро́мче	그롬-취에	더 큰 소리로
поня́ть	빠냐-쯔	이해하다〈완료〉
поти́ше	빠찌-쉬에	더 조용히
доскона́льно	다스까날-나	완벽하게
вопро́с	바프로-스	질문, 문제
что́-то	쉬또-따	무언가
случи́ться	슬루취-짜	일어나다, 발생하다〈완료〉
снача́ла	스나취알-라	우선
ли́чный	리-취늬	개인적인
разгово́р	라즈가보-르	대화
определи́ть	아쁘리질리-쯔	정의하다, 정하다〈완료〉

단어늘리기

встре́чи	프스뜨레-취	만남의 (생격) (*встре́ча 만남)
ме́сто встре́чи	메-스따 프스뜨레-취	만남의 장소
ло́бби	로-비	로비〈중, 불변〉
сде́лать фо́то	즈젤-라쯔 포-타	사진을 찍다〈완료〉
улыба́ться	울리바-짜	미소 짓다〈불완료〉
фотографи́роваться	파타그라피-라바짜	사진 찍다, 찍히다〈불완료〉
сфотографи́роваться	스파타그라피-라바짜	사진 찍다, 찍히다〈완료〉
испо́льзовать	이스뽈-자바쯔	사용하다, 이용하다〈불완료, 완료〉
ка́мера	까-키라	카메라
нажа́ть на	나쥐아-쯔 나	(на 대격을) 누르다〈완료〉
кно́пка	크노-프까	버튼
снять	스냐쯔	촬영하다〈완료〉
ви́део	비-지오	영상, 비디오〈중, 불변〉
плёнка	쁠룐-까	필름
распеча́тать	라스뻬취아-따쯔	인쇄하다〈완료〉
сни́мок	스니-막	촬영물
увели́чить	우빌리-취쯔	확대하다〈완료〉
отпра́вить	앗쁘라-비쯔	보내다〈완료〉
электро́нная по́чта	엘릭뜨론-나야 뽀-취따	전자메일, 이메일

관련단어

[감정표현]

чу́вство	취우-스뜨바	감정
любо́вь	류보-프	사랑〈여〉
боя́знь	바야-즌	두려움〈여〉

надéжда	나제-쥐다	희망
одинóчество	아지노-취스뜨바	외로움
нéнависть	녜-나비스쯔	증오〈여〉
отчáяние	앗취아-야니예	절망
хрáбрость	흐라-브라스쯔	용기〈여〉
нрáвиться	느라-비짜	좋아하다〈불완료〉
люби́ть	류비-쯔	사랑하다〈불완료〉
ненави́деть	니나비-지쯔	싫어하다〈불완료〉
плáкать	쁠라-까쯔	울다〈불완료〉
смея́ться	스미야-짜	웃다〈불완료〉
счастли́вый	쉬슬리-븨	행복한
удиви́тельный	우지비-찔늬	놀라운
серди́тый	씨르지-띄	화난
весёлый	비쏠-릐	즐거운
печáльный	삐취알-늬	슬픈
гóрдый	고-르듸	자랑스러운
рáдостный	라-다스늬	기쁜
напряжённый	나쁘리쥐욘-늬	긴장한
беспокóйный	비스빠꼬-이늬	걱정스러운
грýстный	그루-스늬	우울한
несчáстный	니쉬아-스늬	비참한
ужáсный	우쥐아-스늬	끔찍한
гóрестный	고-리스늬	침통한

문화 엿보기

러시아의 공휴일과 명절

현재 러시아의 국경일은 새해(1월 1일 Но́вый год), 조국수호자의 날(2월 23일 День защи́тника Оте́чества), 국제 여성의 날(3월 8일 Междунаро́дный же́нский день), 봄과 노동의 축일(5월 1일 Пра́здник Весны́ и Труда́), 승전기념일(5월 9일 День Побе́ды), 러시아의 날(6월 12일 День Росси́и), 국민통합의 날(11월 4일 День наро́дного еди́нства)입니다.

그렇지만 크리스마스 1월 7일을 포함하여 신년연휴는 실질적으로 1월 1일부터 8일까지입니다. 러시아의 크리스마스가 1월에 있는 이유는 율리우스력을 기준으로 정교회 축일을 기념하기 때문입니다. 만약 공휴일과 주말이 겹치면 평일을 대체휴일로 정하는데, 보통 다른 연휴와 붙여서 쉬는 방식을 택합니다.

승전기념일은 2차 세계대전 당시 독일의 침공에 맞서 러시아가 승리를 거둔 것을 기념하는 동시에, 나라를 지켰던 사람들에게 감사를 표하고 희생자들을 추모하는 날입니다. 이 날은 국가 차원에서 이루어지는 성대한 행사 외에도 노병들이 있는 곳이면 어디든 그들에게 감사함을 전하는 행사들이 진행됩니다.

그 외에 러시아의 전통적인 명절 중 대표적인 것은 부활절 8주 전의 봄맞이 축제 마슬레니차(Ма́сленица)입니다. 이 기간에는 태양을 상징하는 블리느이(блины́)를 구워 배불리 먹고, 겨울을 상징하는 허수아비를 태우며 다양한 놀이를 합니다.

제 13 장

여러 가지 표현

1. 저 키 큰 사람은 누구입니까?
2. 건강해지길 바랍니다.
3. 배 안 고프세요?
4. 힘내세요!
5. 대단하네!
6. 맙소사! 이런!

Part 01 저 키 큰 사람은 누구입니까?

기본표현

A : Кто э́тот высо́кий челове́к?
크또 에-땃 비쏘-끼 칠라벡-

B : Э́то мой друг.
에-따 모이 드룩

A : 저 키 큰 사람은 누구입니까?
B : 제 친구입니다.

표현늘리기

- 당신의 여자 친구는 어떤 사람이에요?

Расскажи́те о свое́й де́вушке.
라스까쥐-쩨 아 스바예-이 제-부쉬께

- 그녀는 날씬합니다.

Она́ стро́йная.
아나- 스뜨로-이나야

- 그녀는 피부가 곱습니다.

У неё хоро́шая ко́жа.
우 니요- 하로-쉬아야 꼬-쥐아

- 나에게는 세상에서 제일 아름다운 여자예요.

Для меня́ э́то са́мая краси́вая же́нщина в ми́ре.
들랴 미냐- 에-따 싸-마야 끄라씨-바야 쥐엔-쉬나 브 미-레

- 그녀는 재미있고 유머 감각이 뛰어나요.

Она́ о́чень интере́сная с прекра́сным чу́вством ю́мора.
아나- 오-췬 인찌례-스나야 스 쁘리끄라-스느임 추-스뜨밤 유-마라

- 당신의 체중은 어떻게 되나요?

Ско́лько вы ве́сите?
스꼴-까 븨 베-씨쩨

- 저는 뚱뚱합니다. (화자가 남자일 때)

Я по́лный.
야 뽈-느이

- 저는 배가 날씬했으면 좋겠어요. (화자가 여자일 때)

Я бы хоте́ла изба́виться от живота́.
야 븨 하쪨-라 이즈바-비짜 앗 쥐바따-

- 키가 어떻게 되세요?

Како́й у вас рост?
까꼬-이 우 바스 로스뜨

- 저는 180센티미터입니다.

Мой рост 180(сто во́семьдесят) сантиме́тров.
모이 로스뜨 스또 보-씸지씻 싼찌메-뜨라프

Tip 사람의 성격이나 외모는 주로 형용사로 표현하며, 주어의 성별에 따라 어미가 달라집니다.

Она стро́йная 그녀는 날씬하다. Он стро́йный. 그는 날씬하다.
Она высо́кая. 그녀는 키가 크다. Он высо́кий. 그는 키가 크다.

기본표현

A : Я лежу́ в больни́це.
야 리쥐우- 브 발니-쩨

B : О́чень жаль. Жела́ю скоре́йшего выздоровле́ния.
오-췬 쥐알 쥘라-유 스까례-이쉬바 븨즈다라블례-니야

A : 병원에 입원해 있어요.
B : 유감이군요. 곧 건강해지길 바랍니다.

표현늘리기

- 안색이 안 좋군요. 괜찮으세요?

У вас нездоро́вый цвет лица́. Всё норма́льно?
우 바스 니즈다로-븨 쯔벳 리짜- 프쑈- 나르말-나

- 숨쉬기가 어려워요.

Мне тяжело́ дыша́ть.
므녜 찌쥘로- 듸쉬아-쯔

- 감기 걸렸어요. (화자가 남자일 때)

Я простуди́лся.
야 쁘라스뚜질-쌰

- 기침을 해요.

У меня́ ка́шель.
우 미냐- 까-쉴

■ 열이 있어요.

У меня́ температу́ра.
우 미냐– 찜삐라뚜–라

■ 오한이 나요.

Меня́ знобит.
미냐– 즈나비–트

■ 네가 아프다니 마음이 아프다.

Нет настрое́ния из-за того́, что ты боле́ешь.
니엣 나스뜨라예–니야 이자 따보– 쉬또 띄 발례–이쉬

■ 넌 곧 나을 거야.

Ты ско́ро попра́вишься.
띄 스꼬–라 빠쁘라–비쉬쌰

■ 몸조심하세요.

Береги́те себя́.
비리기–쩨 씨뱌–

■ 좀 쉬는 게 어때요?

Мо́жет, вам сто́ит отдохну́ть?
모–즷 밤 스또–잇 앗다흐누–쯔

Tip 나에게 기침, 열 등의 증상이나 병이 있는 걸 표현할 때는 'у меня́+증상(병)', '~하는 것이 힘들다'는 것을 표현할 때는 'мне+동사원형'을 쓰고, '오한이 있다'고 말할 때는 '상황(оно́)이 나를(меня́) 춥게 만든다'는 형태를 씁니다.

Part 03 배 안 고프세요?

기본표현

A : Вы не хоти́те есть?
빅 니 하찌-쩨 예스쯔

B : О́чень го́лоден.
오-췬 골-라진

A : 배 안 고프세요?
B : 몹시 고파요.

표현늘리기

■ 목이 마릅니다.

Я хочу́ пить.
야 하취우- 삐쯔

■ 배가 부릅니다. (화자가 여자일 때)

Я нае́лась.
야 나옐-라스

■ 피곤합니다. (화자가 남자일 때)

Я уста́л.
야 우스딸-

■ 졸립니다.

Меня́ кло́нит в сон.
미냐- 끌로-닛 프 쏜

- 아이가 하품하고 있어요.

Ребёнок зева́ет.
리뵤–낙 지바–이트

- 재채기가 나오네.

Я чиха́ю.
야 취하–유

- 왜 이렇게 방귀를 뀌니?

Почему́ у тебя́ га́зы?
빠취무– 우 찌바– 가–즤

- 화장실 가고 싶다.

Я хочу́ в туале́т.
야 하취우– 프 뚜알레–트

- 트림이 자꾸 나오네.

У меня́ постоя́нная отры́жка.
우 미냐– 빠스따얀–나야 앗르이–쉬까

- 배가 아픕니다.

Боли́т живо́т.
발릿– 쥐보–트

Tip 동사의 과거시제에서 화자가 남자일 때는 **-л**, **-лся**이고, 여자일 때는 **-ла**, **-лась** 형태가 됩니다.

Я уста́л. 나는(남) 피곤해. **Я нае́лся.** 나는(남) 배가 불러.
Я уста́ла. 나는(여) 피곤해. **Я нае́лась.** 나는(여) 배가 불러.

기본표현

A : Почему́ тако́й пони́кший?
빠취무- 따꼬-이 빠니-크쉬

B : Ка́жется, я допусти́л оши́бку.
까-쥐짜 야 다뿌스찔- 아쉬-프꾸

A : 왜 풀이 죽어 있어요?
B : 실수한 것 같아서요. (화자가 남자일 때)

표현늘리기

- 문제가 생겼어요.

Возни́кла пробле́ма.
바즈니-끌라 쁘라블레-마

- 유감입니다.

Неприя́тная но́вость.
니쁘리야-뜨나야 노-바스쯔

- 힘내세요!

Не унывайте!
니 우늬바-이쩨

- 넌 용기 있는 사람이잖아.

Ты отва́жный челове́к.
띄 앗바-쥐늬 칠라베-크

■ 속상해하지 마.

Не расстра́ивайся.

니 라스뜨라–이바이쌰

■ 화내지 마.

Не зли́сь.

니 즐리–스

■ 겁내지 말아요.

Не бо́йся.

니 보–이쌰

■ 슬퍼하지 마.

Не грусти́.

니 그루스찌–

■ 기회는 많아요. 인생을 긍정적으로 보세요.

Ша́нсов мно́го. Ду́майте о жи́зни позити́вно.

쉬안–싸프 므노–가 두–마이쩨 아 쥐–즈니 빠지찌–브나

■ 신경 쓰지 말아요.

Не ду́майте об э́том.

니 두–마이쩨 아브 에–땀

Tip 동사의 명령형은 어간 끝과 강세에 따라 **-й, -йте / -и, -ите / -ь, -ьте** 중의 하나입니다.

-ся로 끝나는 동사의 명령형은 **-йся, -йтесь / -ись, -итесь / -ься, -ьтесь** 중의 하나입니다.

기본표현

A : Я сде́лала э́то!
야 즈젤-랄라 에-따

B : Э́то здо́рово!
에-따 즈도-라바

A : 해냈다! (화자가 여자일 때)
B : 대단하네!

표현늘리기

- 시험이 이제 막 끝났어.

Экза́мены то́лько что зако́нчились
에그자-미늬 똘-까 쉬또 자끈-칠리스

- 어땠는데?

Как результа́т?
깍 리줄따-트

- 만점을 받았어. (화자가 남자일 때)

Получи́л вы́сший балл.
빨루칠- 브이-식이 발

- 잘했어!

Молоде́ц!
말라제-쯔

■ 믿기지 않는걸!

Невероя́тно!

니비라야-뜨나

■ 정말 훌륭해!

И пра́вда великоле́пно!

이 쁘라-브다 빌라까레-프나

■ 네가 해낼 줄 알았어. (화자가 남자일 때)

Я знал, что ты смо́жешь.

야 즈날 쉬또 띄 스모 쥐쉬

■ 너는 천재야.

Ты ге́ний.

띄 게-니

■ 넌 점점 더 잘하고 있어.

У тебя́ постепе́нные улучше́ния.

우 찌뱌- 빠스찌뼨-늬예 울루쉬예-니야

■ 이거 우리 둘만의 비밀이야.

Э́то наш с тобо́й секре́т.

에-따 나쉬 스 따보-이 씨끄례-트

■ 이건 내가 만든 거야. (화자가 남자일 때)

Э́то я сде́лал.

에-따 야 즈젤-랄

기본표현

A : О Бо́же!
오 보-쥐예

B : Что случи́лось?
쉬또 슬루췰-라스

A : 아, 맙소사.
B : 웬일이야?

표현늘리기

■ 아, 큰일이다!

Ой, больша́я пробле́ма!
오이 발쉬아-야 쁘라블레-마

■ 이거 정말 싫어요.

Мне э́то о́чень не нра́вится.
므녜 에-따 오-췬 니 느라-비짜

■ 이거 별로다.

По мне так себе́.
빠 므녜 딱 씨베-

■ 어떡하지?

Что же де́лать?
쉬또 쥐예 지엘-라쯔

- 놀랍다!

Удиви́тельно!
우지비-찔나

- 믿을 수 없어.

Не могу́ пове́рить.
니 마구- 빠베-리쯔

- 이제 지겨워.

Уже́ надое́ло.
우쥐예- 나다옐-라

- 포기하지 않을 거야.

Не отступлю́.
니 앗스뚜쁠류-

- 이제 더 이상 참을 수 없다.

Сил бо́льше нет терпе́ть.
씰 볼-쉬에 니엣 찌르뻬-쯔

- 나를 괴롭히지 마.

Не му́чай меня́.
니 무-취이 미냐-

- 진정하세요.

Успоко́йтесь.
우스빠꼬-이쩨스

단어늘리기

기본단어

высо́кий	븨쏘-끼	높은, 키 큰
расскажи́те	라스까쥐-쩨	얘기해 주세요 (*рассказа́ть 이야기하다)
стро́йный	스뜨로-이늬	날씬한
ко́жа	꼬-쥐아	피부
же́нщина	쥐엔-쉬나	여자
мир	미르	세상, 평화
интере́сный	인찌례-스늬	재미있는
ю́мор	유-마르	유머
чу́вство ю́мора	취우-스뜨바 유-마라	유머 감각
ве́сить	베-씨쯔	무게가 ~가 나가다〈불완료〉
по́лный	뽈-늬	통통한, 뚱뚱한
изба́виться от	이즈바-비짜 앗	(생격을) 제거하다, 벗어나다
живо́т	쥐보-트	배
рост	로스트	키
сантиме́тр	싼찌몌-뜨르	센티미터
лежа́ть	리쥐아-쯔	눕다, 입원하다〈불완료〉
жаль	쥐알	유감이다
скоре́йший	스까례-이쉬이	조속한
выздоровле́ние	븨즈다라블례-니예	건강 회복, 쾌유
нездоро́вый	니즈다로-븨	건강하지 않은
цвет	쯔베트	색깔
цвет лица́	쯔베트 리짜-	안색 (*лицо́ 얼굴)
тяжело́	찌쥘로-	힘들다, 고되다
дыша́ть	디쉬아-쯔	숨쉬다〈불완료〉
простуди́ться	쁘라스뚜지-짜	감기 걸리다〈완료〉

ка́шель	까-쉬엘	기침〈남〉
температу́ра	찜삐라뚜-라	온도, 열
зноби́ть	즈나비-쯔	(대격이) 오한이 나게 하다
нет настрое́ния	녯 나스뜨라예-니야	마음이 아프다
боле́ть	발례-쯔	아프다〈불완료〉
попра́виться	빠쁘라-비짜	낫다, 회복되다〈완료〉
бере́чь	비례-취	소중히 하다, 돌보다〈불완료〉
себя́	씨바-	자신을
сто́ит	스또-이트	(동사할) 필요가 있다 (*сто́ить ~할 만하다)
го́лоден	골-라진	배고프다
уста́ть	우스따-쯔	지치다〈완료〉
клони́ть	끌라니-쯔	~쪽으로 끌리다
зева́ть	지바-쯔	하품하다〈불완료〉
чиха́ть	취하-쯔	재채기하다〈불완료〉
газ	가스	가스, 방귀
постоя́нный	빠스따얀-늬	지속적인
отры́жка	앗릐-쉬까	트림
пони́кший	빠니-크쉬	풀이 죽은 (잘못이나 실수로)
допусти́ть	다뿌스찌-쯔	허용하다, 해버리다〈완료〉
неприя́тный	니쁘리야-뜨늬	기분이 안 좋은, 불쾌한
но́вость	노-바스쯔	소식〈여〉
уныва́ть	우늬바-쯔	낙심하다〈
отва́жный	앗바-쥐늬	용기 있는
расстра́иваться	라스뜨라-이바짜	속상해하다〈불완료〉
зли́ться	즐리-짜	화내다〈불완료〉
боя́ться	바야-짜	겁내다〈불완료〉
грусти́ть	그루스찌-쯔	슬퍼하다〈불완료〉
шанс	쉬안스	기회, 찬스

단어늘리기

ду́мать	두–마쯔	생각하다〈불완료〉
жизнь	쥐즌	삶, 인생〈여〉
позити́вно	빠지찌–브나	긍정적으로
экза́мен	에그자–민	시험
получи́ть	빨루취–쯔	받다〈완료〉
вы́сший	브이–쉬이	가장 높은
бал	발	점수, ~점, 포인트
молоде́ц	말라제–쯔	잘했어
невероя́тно	니비라야–트나	믿기지 않게
великоле́пно	빌리까레–프나	훌륭하게, 위대하게
ге́ний	계–니	천재
постепе́нный	빠스찌뻰–늬	점차적인
улуше́ние	울루쉬에–니예	나아짐, 개선됨
секре́т	씨끄례–트	비밀
бо́же	보–쥐에	신이여, 맙소사
ой	오이	아, 이런
по мне	빠 므녜	내 생각에
так себе́	딱 씨베–	그저 그렇다
же	쥐에	대체, ~는 (강조)
удиви́тельно	우지비–찔나	놀랍게
пове́рить	빠베–리쯔	믿다〈완료〉
надое́сть	나다예–스쯔	질리다〈완료〉
отступи́ть	앗스뚜삐–쯔	포기하다, 물러서다〈완료〉
си́ла	씰–라	힘
нет сил	니엣 씰	힘이 없다
терпе́ть	찌르뻬–쯔	참다〈불완료〉
му́чать	무–취쯔	괴롭히다〈불완료〉

관련단어

[외모]

вне́шность	브녜-쉬나스쯔	외모〈여〉
краси́вый	끄라씨-븨	아름다운, 잘생긴
высо́кого ро́ста	븨쏘-까바 로-스따	키가 큰
ма́ленького ро́ста	말-린까바 로-스따	키가 작은
сре́днего ро́ста	스례-드니바 로-스따	평균 키의
ми́лый	밀-릐	귀여운
привлека́тельный	쁘리블리까-찔늬	매력적인
симпати́чный	씸빠찌-취늬	호감 가는
уро́дливый	우로-들리븨	못생긴
то́лстый	똘-스띄	뚱뚱한
худо́й	후도-이	마른
по́лный	뽈-늬	통통한
стро́йный	스뜨로-이늬	날씬한
блонди́н	블란진-	금발 남자
блонди́нка	블란진-까	금발 여자
брюне́т	브류네-트	검은 머리 남자
брюне́тка	브류네-트까	검은 머리 여자
шате́н	쉬아뗀-	갈색 머리 남자
шате́нка	쉬아뗀-까	갈색 머리 여자

문화 엿보기

러시아의 공중화장실

러시아의 공중화장실은 대부분 유료입니다. 기차역이나 버스터미널도 마찬가지입니다. 그래서 화장실 입구에는 꼭 돈을 받는 곳이 있습니다.

그리고 화장실에 색깔이나 그림으로 남자 화장실, 여자 화장실을 구별해 놓은 곳도 있지만, 어떤 곳은 그냥 글자로 써 있기만 한 곳도 있습니다. 들어가는 사람들이 많으면 그걸 보고 구분할 텐데, 주변에 사람이 없다면 글자로 구분해야 합니다. 그럴 때는 M이라고 쓴 곳이 남자 화장실이고, Ж라고 써 있는 곳이 여자 화장실이니 잘 구별해서 들어가야 합니다.

그리고 지하철에 화장실이 있지 않은 경우가 대부분입니다. 2015년 모스크바 지하철의 역에 화장실이 생겼다가 문을 닫았고, 2017년부터 다시 일부 역에 화장실이 생기기 시작했습니다. 물론, 당연히 유료입니다.

또 하나 당연히 무료라고 생각했다가 놀랄 수 있는 부분은 물도 무료가 아니라는 점입니다. 식당에서 음식을 먹을 때도 물이 그냥 나오지 않으므로, 마시려면 주문할 때 물도 같이 주문해야 합니다.

제 14 장

쇼 핑

1. 모자 있습니까?
2. 다른 색으로 보여주세요.
3. 입어보시겠습니까?
4. 이거 얼마입니까?
5. 싸게 해주시지 않겠습니까?
6. 그걸로 하겠습니다.

Part 01 모자 있습니까?

기본표현

A : У вас есть шля́па?
우 바스 예스쯔 쉴랴-빠

B : Да, есть. Возьми́те.
다 예스쯔 바즈미-쩨

A : 모자 있습니까?
B : 네, 있습니다. 여기요.

표현늘리기

■ 이 근처에 백화점 있습니까?

В э́том райо́не есть универма́г?
브 에-땀 라이오-녜 예스쯔 우니비르막-

■ 좋은 상점 하나 추천해 주세요.

Посове́туйте како́й-нибудь хоро́ший магази́н.
빠싸볘-뚜이쩨 까꼬-이니붓 하로-쉬 마가진-

■ 아내에게 선물을 하려고 합니다.

Хочу́ купи́ть пода́рок супру́ге.
하취우- 꾸삐-쯔 빠다-락 쑤쁘루-게

■ 핸드백은 어디서 살 수 있습니까?

Где мо́жно купи́ть су́мку?
그제 모-쥐나 꾸삐-쯔 쑴-꾸

- 여기 스카프 팝니까?

Здесь продаю́т ша́рфы?
즈제스 쁘라다윳– 쉬아–르피

- 구두 가게는 어디입니까?

Где нахо́дится обувно́й магази́н?
그제 나호–지짜 아부브노–이 마가진–

- 카메라를 사려고 합니다.

Я хочу́ купи́ть ка́
야 하취우– 꾸삐–쯔 까–미루

- 양말은 어디에서 파나요?

Где продаю́тся носки́?
그제 쁘라다유–짜 나스끼–

- 이것은 남성용입니까, 여성용입니까?

Э́то мужски́е и́ли же́нские?
에–따 무쉬끼–예 일–리 젠–스끼예

- 우리는 술과 담배는 취급하지 않습니다.

Мы не продаём алкого́льные напи́тки и сигаре́ты.
믜 니 쁘라다욤– 알까골–늬예 나삐–뜨끼 이 씨가례–띄

- 미성년자 출입 가능합니까?

Вход несовершенноле́тним разрешён?
프홋 니싸비르쉰나례–뜨님 라즈리쉬욘–

기본표현

A : Покажи́те друго́й цвет.
빠까쥐–쩨 드루고–이 쯔볫

B : Друго́го нет.
드루고–바 녜트

A : 다른 색을 보여주세요.
B : 다른 건 없습니다.

표현늘리기

■ 이것 좀 보여주시겠어요?

Покажи́те э́то, пожа́луйста.
빠까쥐–쩨 에–따 빠쥐알–스따

■ 다른 걸 보고 싶은데요. (화자가 여자일 때)

Хоте́ла бы взгляну́ть на друго́е.
하쩰–라 븨 브즈글랴누–쯔 나 드루고–예

■ 저 넥타이를 보여주세요.

Покажи́те вон тот га́лстук.
빠까쥐–쩨 본 똣 갈–스뚝

■ 다른 사이즈 있나요?

Есть друго́й разме́р?
예스쯔 드루고–이 라즈메–르

■ 더 화려한 것은 없나요?

Есть ли что́-то необы́чное?

예스쯔 리 쉬또-따 니아븨-취나예

■ 수수한 것을 원합니다.

Я ищу́ что́-то просто́е.

야 이쉬우- 쉬또-따 쁘라스또-예

■ 같은 거 주세요.

Да́йте то же са́мое.

다-이쩨 또 줴 싸-마예

■ 이거 다른 색으로는 없어요?

Нет ли э́того, но друго́го цве́та?

녯 리 에-따바 노 드루고-바 쯔베-따

■ 이게 제일 잘 팔립니다.

Э́то наибо́лее ходово́й това́р.

에-따 나이볼-리예 하다보-이 따바-르

■ 다 팔렸습니다.

Всё продало́сь.

프쑈- 쁘라달로-스

■ 불티나게 팔립니다.

Раскупа́ется как горя́чие пирожки́.

라스꾸빠-이짜 깍 가랴-취예 삐라쉬끼-

기본표현

A : Приме́рьте э́то.
쁘리메–르제 에–따

B : Мне́ идёт.
므녜– 이좃–

A : 이걸 입어보세요.
B : 저한테 잘 맞네요.

표현늘리기

- 그냥 구경하고 있어요.

Я про́сто смотрю́.
야 쁘로–스따 스마뜨류–

- 이거 입어봐도 됩니까?

Мо́жно приме́рить э́то?
모–쥐나 쁘리메–리쯔 에–따

- 만져봐도 되나요?

Мо́жно потро́гать?
모–쥐나 빠뜨로–가쯔

- 탈의실은 어디인가요?

Где приме́рочная?
그제 쁘리메–라취나야

■ 저 끝에 있어요.

В концé зáла.
프 깐쩨- 잘-라

■ 나한테 어울려?

Идёт мне?
이죳- 므녜

■ 너한테 정말 잘 어울려.

Тебé прáвда óчень идёт.
찌볘- 쁘라-브다 오-췬 이죳-

■ 너무 작아요. 더 큰 사이즈는 없나요?

Сли́шком тéсно. Нет ли размéра побóльше?
슬리-쉬깜 쩨-스나 녯 리 라즈메-라 빠볼-쉬에

■ 좀 커요. 더 작은 사이즈는 없나요?

Великовáто. Нет ли размéра помéньше?
빌리까바-따 녯 리 라즈메-라 빠멘-쉬에

■ 이 색이 마음에 안 들어요.

Мне не нрáвится э́тот цвет.
므녜 니 느라-비짜 에-땃 쯔볫

Tip 어떤 물건이 어울린다고 할 때는 동사 **идти**와 여격을 씁니다.
Тебé идёт э́тот цвет. 너한테 이 색깔이 어울려.
Вам идýт э́ти часы́. 당신에게 이 시계가 어울립니다.

Part 04 이거 얼마입니까?

기본표현

A : Ско́лько сто́ит?
스꼴-까 스또-잇

B : 40(со́рок) рубле́й.
쏘-락 루블례-이

A : 이거 얼마입니까?
B : 40루블입니다.

표현늘리기

- 얼마인가요?

Почём?
빠취욤-

- 가격이 어떻게 되죠?

В каку́ю це́ну?
프 까꾸-유 쩨-누

- 이 물건은 세일 중입니까?

На э́тот това́р ски́дка?
나 에-땃 따바-르 스낏-까

- 세일은 언제까지입니까?

До како́го числа́ ски́дка?
다 까꼬-바 취슬라- 스낏-까

- 30달러입니다.

30(три́дцать) до́лларов.
뜨리-짜쯔 돌-라라프

- 전부 해서 50달러입니다.

50(пятьдеся́т) до́лларов за всё.
삣지샤- 돌-라라프 자 프쑈-

- 가격에 세금이 포함되어 있습니까?

В сто́имость включён нало́г?
프 스또-임마스쯔 프끌류취욘- 날록-

- 세금은 10퍼센트입니다.

Нало́г 10(де́сять) проце́нтов.
날록- 제-씨쯔 쁘라쩬-따프

- 세금 포함해서 25달러입니다.

25(два́дцать пять) до́лларов, включа́я нало́г.
드바-짜쯔 빠쯔 돌-라라프 프끌류취아-야 날록-

- 카드 여기 있습니다.

Вот ка́рта.
봇 까-르따

Tip 카드를 의미하는 ка́рта는 지도라는 의미도 가지고 있습니다.

кредитная ка́рта 신용카드
дебето́вая ка́рта 직불카드
ка́рта Росси́и 러시아 지도

Part 05 싸게 해주시지 않겠습니까?

기본표현

A : Сде́лайте ски́дку.
즈젤–라이쩨 스낏–꾸

B : Хорошо́. Я ски́ну на 5(пять) проце́нтов.
하라쉬오– 야 스끼–누 나 빠쯔 쁘라쩬–따프

A : 싸게 해주시겠습니까?
B : 좋아요. 5퍼센트 깎아드리겠습니다.

표현늘리기

■ 세일 가격입니다.

Э́то цена́ со ски́дкой.
에–따 찌나– 싸 스낏–까이

■ 조금 비싸네요. 더 싼 것 없습니까?

Догогова́то. Нет ли подеше́вле?
다라가바–따 녯 리 빠지쉬에–블레

■ 무엇을 찾으세요?

Что вы и́щете?
쉬도 븨 이–쉬쩨

■ 할인받을 수 있습니까?

Могу́ ли я получи́ть ски́дку?
마구– 리 야 빨루취–쯔 스낏–꾸

■ 이거 살 여력이 안 되네요.

Э́то мне не по карма́ну.

에-따 므녜 니 빠 까르마-누

■ 돈이 모자라요.

Мне не хвата́ет сре́дств.

므녜 니 흐바따-잇 스롓-스뜨프

■ 이게 최저가입니다.

Са́мая ни́зкая сто́имость.

싸-마야 니-스까야 스또-이마스쯔

■ 20%까지 할인해 드리겠습니다.

Сде́лаю ски́дку на 20(два́дцать) проце́нтов.

즈젤-라유 스낏-꾸 나 드바-짜쯔 쁘라쩬-따프

■ 다른 디자인 있나요?

Есть друго́й диза́йн?

예스쯔 드루고-이 지자-인

■ 다시 올게요.

Приду́ ещё.

쁘리두- 이쉬요-

Tip 비교급 앞에 по를 붙이면 '약간, 조금'이라는 뜻이 됩니다.

подеше́вле 조금 더 싼

побо́льше 조금 더 큰

поме́ньше 조금 더 작은

Part 06 그걸로 하겠습니다.

기본표현

A : Как вам э́то?
깍 밤 에-따

B : Хорошо́, я беру́.
하라쉬오- 야 비루-

A : 이거 어때요?
B : 좋습니다, 그걸로 하겠습니다.

표현늘리기

■ 포장해 주실 수 있나요?

Не могли́ бы вы упакова́ть э́то?
니 마글리- 븨 븨 우빠까바-쯔 에-따

■ 보증서 있습니까?

Есть ли гаранти́йный тало́н?
예스쯔 리 가란찌-늬 딸론-

■ 어떻게 계산하시겠습니까?

Как вы бу́дете рассчи́тываться?
깍 븨 부-지쩨 라스쉬-띄바짜

■ 현금입니까, 카드입니까?

У вас есть нали́чные и́ли ка́рта?
우 바스 예스쯔 날리-취늬예 일-리 까-르따

■ 카드 받습니까?

Вы принима́ете ка́рты?
븨 쁘리니마-이쩨 까-르띄

■ 여기 영수증 받으세요.

Возьми́те чек, пожа́луйста.
바즈미-쩨 취엑 빠쥐알-스따

■ 고객센터는 어디인가요?

Где нахо́дится центр обслу́живания клие́нтов?
그졔 나호-지짜 쩬뜨르 압슬루-쥐바니야 끌리옌-따프

■ 이걸 다른 걸로 교환해 주세요.

Пожа́луйста, поменя́йте э́то на друго́е.
빠쥐알-스따 빠미냐-이쩨 에-따 나 드루고-예

■ 이것을 반품하고 싶어요. (화자가 남자일 때)

Я хоте́л бы возврати́ть това́р.
야 하쪨- 븨 바즈브라찌-쯔 따바-르

■ 환불받고 싶어요.

Я хочу́ офо́рмить возвра́т.
야 하취우- 아포-르미쯔 바즈브랏-

■ 영수증을 보여주세요.

Покажи́те чек.
빠까쥐-쩨 취엑

단어늘리기

기본단어

шля́па	쉴랴-빠	모자 (챙 있는)
в э́том райо́не	브 에-땀 라이오-녜	이 지역에, 이 근처에 (*э́то райо́н 이 지역)
универма́г	우니비르막-	백화점
посове́товать	빠싸볘-따바쯔	추천하다〈완료〉
посове́туйте	빠싸볘-뚜이쩨	추천해 주세요
како́й-нибу́дь	까꼬-이 니부-쯔	어떤 ~이든지
су́мка	쑴-까	핸드백
продава́ть	쁘라다바-쯔	팔다〈불완료〉
шарф	쉬아르프	스카프
обувно́й	아부브노-이	신발의, 구두의
обувно́й магази́н	아부브노-이 마가진-	구두 가게, 신발 가게
носки́	나스끼-	양말〈복〉
мужско́й	무쉬꼬-이	남성의, 남성용의
же́нский	쥐엔-스끼	여성의, 여성용의
алкого́льный	알까골-늬	알코올의, 술의
напи́тки	나삐-뜨끼	음료〈복〉
сигаре́та	씨가례-따	담배 (개피)
несовершенноле́тним	니싸비르쉰나례-뜨님	미성년자들에게 (여격)
разрешён	라즈리쉬욘-	허가되었다
вход разрешён	프홋 라즈리쉬욘-	입장이 허가되었다
взгляну́ть	브즈글리누-쯔	보다〈완료〉
вон там	본 땀	저기 저쪽에
га́лстук	갈-스뚝	넥타이
разме́р	라즈메-르	사이즈
иска́ть	이스까-쯔	찾다, 찾아보다〈불완료〉

простóй	쁘라스또–이	단순한, 수수한
то же сáмое	또 쥐에 싸–마예	같은 것
наибóлее	나이볼–리예	가장 ~한
ходовóй	하다보–이	잘 팔리는, 널리 퍼진
ходовóй товáр	하다보–이 따바–르	잘 팔리는 제품
продáться	쁘라다–짜	팔리다〈완료〉
раскупáться	라스꾸빠–짜	모조리 팔리다〈불완료〉
как	깍	~처럼, 어떻게, 언제, 얼마나
горя́чий	가랴–취	뜨거운
пирожóк	삐라줘옥–	작은 파이
как горя́чие пирожки́	깍 가랴–취에 삐라쉬끼–	불티나게
примéрить	쁘리메–리쯔	입어보다, 신어보다〈완료〉
идти́	잇찌–	(여격에게) 어울리다〈불완료〉
потрóгать	빠뜨로–가쯔	만져보다〈완료〉
примéрочная	쁘리메–라취나야	탈의실 (형용사 여성 형태)
в концé	프 깐쩨–	끝에, 말미에, 말에 (*конéц 끝)
зáла	잘–라	홀의, 넓은 방의 (*зал 홀)
тéсно	쩨–스나	좁다, 꽉 끼다
побóльше	빠볼–쉬에	좀 더 크다
великовáто	빌리까바–따	약간 크다
помéньше	빠멘–쉬에	좀 더 작다
какáя ценá	까까–야 찌나–	어떤 가격
какóе числó	까꼬–에 취슬로–	어떤 날짜, 며칠
до какóго числá	다 깐짜– 취슬라–	어떤 날짜까지, 며칠까지
за всё	자 프쇼–	전부 해서 (가격에서)
включён в	프끌류취온– 브	(в 대격에) 포함되었다
налóг	날록–	세금

단어늘리기

проце́нт	쁘라쩬-트	퍼센트
включа́я	프끌류취아-야	(대격을) 포함하여
сде́лать ски́дку	즈지엘-라쯔 스끼-트꾸	할인을 하다〈완료〉
		(*ски́дка 할인)
ски́нуть	스끼-누쯔	할인하다〈완료〉
со ски́дкой	싸 스끼-트까이	할인을 포함한
дорогова́то	다라가바-따	약간 비싸다
подеше́вле	빠지쉬에-블례	좀 더 싸다
карма́н	까르만-	주머니
по карма́ну	빠 까르마-누	(여격이) 살 여력이 된다
хвата́ть	흐바따-쯔	충분하다〈불완료〉
не хвата́ет	니 흐바따-잇	(생격이) 부족하다
сре́дства	스렛-스뜨바	돈, 자산〈복〉
ни́зкий	니-스끼	낮은
диза́йн	지자-인	디자인
я приду́	야 쁘리두-	난 올 것이다
		(*прийти́ 오다)
брать	브라쯔	잡다, 가져가다〈불완료〉
я беру́	야 비루-	나는 가져간다, 산다
не могли́ бы вы	니 마글리- 븨 븨	당신 ~해주실 수 있나요
упако́вать	우빠꼬-바쯔	포장하다〈완료〉
гаранти́йный	가란찌-늬	보증의, 보장의
тало́н	딸론-	표, 쿠폰
гаранти́йный тало́н	가란찌-늬 딸론-	보증서
рассчи́тываться	라쉬-띄바짜	결제하다〈불완료〉
нали́чные де́ньги	날리-취늬에 젠-기	현금〈복〉
принима́ть	쁘리니마-쯔	받아들이다〈불완료〉
чек	취엑	영수증, 수표
обслу́живание	압슬루-쥐바니에	서비스, 응대

обслу́живание клие́нтов	압슬루-쥐바니예 끌리옌-따프	고객(들의) 응대
обслу́живания	압슬루-쥐바니야	서비스의, 응대의 (생격)
центр обслу́живания	쩬뜨르 압슬루-쥐바니야	서비스센터
возврати́ть	바즈브라찌-쯔	되돌리다, 돌려주다〈완료〉
возвра́т	바즈브랏-	돌려보냄, 반환, 환불
офо́рмить	아포-르미쯔	효력 있게 형식화하다〈완료〉

관련단어

[치수]

разме́р	라즈몌-르	치수, 크기
вес	베스	무게
высота́	빅싸따-	높이
длина́	들리나-	길이
ширина́	쉬리나-	넓이, 폭
объём	아븨욤-	부피
глубина́	글루비나-	깊이
толщина́	딸쉬나-	두께
расстоя́ние	라스따야-니예	거리
пло́щадь	쁠로-쉬쯔	면적〈여〉
квадра́тный метр	끄바드라-뜨늬 메뜨르	제곱미터
куби́ческий метр	꾸비-취스끼 메뜨르	세제곱미터
сантиме́тр	싼찌몌-뜨르	센티미터
килогра́мм	낄라그람-	킬로그램
дюйм	쥬임	인치
фунт	푼트	파운드
литр	리뜨르	리터

문화 엿보기

러시아의 화폐

현재 러시아에서 사용되고 있는 화폐단위는 루블(рубль, RUB)로 지폐와 동전이 있습니다. 지폐는 10루블, 50루블, 100루블, 500루블, 1000루블, 5000루블이 있는데, 2017년 10월 200루블과 2000루블짜리 지폐도 발행되기 시작했습니다. 동전은 1루블, 2루블, 5루블, 10루블, 20루블, 50루블과 1코페이카, 5코페이카, 10코페이카, 50코페이카가 있습니다. 코페이카는 루블의 1/100의 가치로 100코페이카가 1루블입니다. 2018년 현재 100루블은 우리 돈으로 약 1,700원에 해당합니다.

각 동전과 지폐에는 역사적 기념물이 도안으로 사용되는데, 지폐마다 기념물 소재지가 다릅니다. 예를 들어, 100루블 지폐의 기념물은 모스크바에 있는 볼쇼이 극장이고, 50루블의 기념물 소재지는 상트페테르부르크, 5000루블의 기념물 소재지는 하바롭스크입니다.

2017년 10월에 모스크바와 몇몇 도시에서 우선 발행되고 12월부터 전국 유통이 된 200루블과 2000루블 중에서 특히 200루블이 논란이 되었는데, 거기에 나온 기념비가 크림반도 세바스토폴에 있는 케르소네소스(크림반도 고대 그리스 식민지)와 침몰 선박 추모비였기 때문입니다. 우크라이나는 이에 항의의 뜻을 표시했고, 러시아의 200루블을 금지시켰습니다. 2000루블의 기념물은 블라디보스토크에 있는 보스토치니 우주기지와 루스키 섬 연륙교입니다.

제 15 장

식사 • 음주

1. 점심 식사 예약하겠습니다.
2. 비프스테이크를 주문하겠습니다.
3. 매운 것을 좋아하세요?
4. 햄버거 하나 주세요.
5. 주문한 게 아직 안 나왔어요.
6. 바에 자주 가십니까?
7. 맥주 한잔 해요.
8. 계산해 주세요.

Part 01 점심 식사 예약하겠습니다.

기본표현

A : Я заброни́рую сто́лик на обе́д.
야 자브라니-루유 스똘-릭 나 아볫-

B : На ско́лько челове́к?
나 스꼴-까 췰라벡-

A : 점심 식사 예약하겠습니다.
B : 몇 분이세요?

표현늘리기

■ 안드레이 이름으로 예약했습니다. (화자가 남자일 때)

Я заброни́ровал на и́мя Андре́я.
야 자브라니-라발 나 이-먀 안드레-야

■ 확인해 주세요.

Прове́рьте, пожа́луйста.
쁘라베-르쩨 빠쥐알-스따

■ 예약 확인되었습니다.

Бронь подтверждена́.
브론 빳뜨비르쥐지나-

■ 예약을 안 하셨습니다.

Вы не сде́лали бронь.
븨 니 즈젤-랄리 브론

■ 몇 분으로 예약하셨죠?

На ско́лько челове́к вы заброни́ровали?
나 스꼴-까 칠라벡- 븨 자브라니-라발리

■ 5인용 자리 부탁합니다.

Пожа́луйста, подгото́вьте сто́лик на 5(пять) челове́к.
빠쥐알-스따 빠드가또-프쩨 스똘-릭 나 빠쯔 칠라벡-

■ 창가 테이블을 원합니다.

Я хочу́ сто́лик во́зле окна́.
야 하추- 스똘-릭 보-즐례 아크나-

■ 저 테이블은 예약석입니다.

Тот стол зарезерви́рован.
똣 스똘 자리지르비-라반

■ 여기서 기다려 주시겠습니까?

Пожа́луйста, подожди́те тут.
빠쥐알-스따 바다쥐지-쩨 뚜트

■ 저희가 얼마나 기다려야 합니까?

Ско́лько нам ждать?
스꼴-까 남 쥐다-쯔

■ 오래 기다리셨습니다. 이쪽으로 오세요.

Извини́те за до́лгое ожида́ние. Проходи́те сюда́.
이즈비니-쩨 자 돌-가예 아쥐다-니예 쁘라하지-쩨 쓔다-

기본표현

A : Что бу́дете зака́зывать?
쉬또 부-지쩨 자까-즤바쯔

B : Я закажу́ стейк.
야 자까쥐우- 스떼이크

A : 무엇을 드시겠습니까?
B : 스테이크를 먹겠습니다.

표현늘리기

■ 주문하시겠습니까?

Гото́вы сде́лать зака́з?
가또-븨 즈젤-라쯔 자까-스

■ 메뉴 좀 주세요.

Принеси́те, пожа́луйста, меню́.
쁘리니씨-쩨 빠쥐알-스따 미뉴-

■ 저희가 준비되면 부르겠습니다.

Мы позовём вас, как бу́дем гото́вы.
믜 빠자봄- 바스 깍 부-짐 가또-븨

■ 제게 어떤 요리를 추천해 주시겠어요?

Како́е блю́до вы бы мне порекомендова́ли?
까꼬-예 블류-다 븨 븨 므녜 빠리까민다발-리

■ 스테이크는 어떻게 드시겠습니까?

Како́й прожа́рки вам стейк?
까꼬-이 쁘라좌-르끼 밤 스떼이크

■ 미디엄으로 주세요.

Мне стейк сре́дней прожа́рки.
므녜 스떼이크 스레-드니 쁘라좌-르끼

■ 웰던으로 주세요.

Мне стейк си́льной прожа́рки.
므녜 스떼이크 씰-나이 쁘라좌-르끼

■ 레어로 주세요.

Мне стейк сла́бой прожа́рки.
므녜 스떼이크 슬라-바이 쁘라좌-르끼

■ 뭐 더 필요하신 것 있나요?

Что-нибу́дь ещё?
쉬또 니붓- 이쉬요-

■ 이걸로 주세요.

Я буду́ э́то.
야 부-두 에-따

■ 저도 같은 걸로 주세요.

Мне то же са́мое.
므녜 또 줴 싸-마예

Part 03 매운 것을 좋아하세요?

기본표현

A : Вы лю́бите о́строе?
빅 류-비쩨 오-스뜨라예

B : Да, люблю́. Я обожа́ю кра́сный пе́рец.
다 류블류- 야 아바쥐아-유 끄라-스늬 뻬-리쯔

A : 매운 것을 좋아하세요?
B : 네, 그렇습니다. 고추를 좋아합니다.

표현늘리기

■ 맛이 어때요?

Как вам вкус?
깍 밤 프꾸스

■ 아주 매워요.

О́чень о́стро.
오-췬 오-스뜨라

■ 맛있어요.

Вку́сно.
프꾸-스나

■ 맛이 좋습니다.

Вкус превосхо́дный.
프꾸스 쁘리바스호-드늬

■ 이 우유는 딸기 맛입니다.

Э́то молоко́ со вку́сом клубни́ки.

에–따 말라꼬–   싸 프꾸–쌈   끌루브니–끼

■ 이 과자는 치즈 맛입니다.

Э́ти сла́дости со вку́сом сы́ра.

에–찌 슬라–다스찌   싸 프꾸–쌈   씌–라

■ 너무 달아요.

Сли́шком сла́дко.

슬리–쉬깜   슬라–트까

■ 수프가 매우 짭니다.

Суп пересо́лен.

쑤프   삐리쏠–린

■ 느끼합니다.

Жирнова́то.

쥐르나바–따

■ 이 오렌지는 아주 셔요.

Э́тот апельси́н о́чень ки́слый.

에–땃 아삘씬–   오–췬   끼–슬리

Tip

люби́ть도 '좋아한다'는 뜻이지만, 엄청 좋아하는 것을 강조하고 싶을 때는 обожа́ть를 씁니다.

Я э́то не про́сто люблю́, а обожа́ю.

난 이걸 그냥 좋아하는 게 아니고, 엄청 좋아해.

기본표현

A : Сде́лаете зака́з?
즈젤-라이쩨 자까-스

B : Мне оди́н га́мбургер, пожа́луйста.
므녜 아진- 감-부르기르 빠쥐알-스따

A : 주문하시겠습니까?
B : 햄버거 하나 주세요.

표현늘리기

- 다음 분이요.

Сле́дующий, пожа́луйста.
슬레-두유쉬 빠쥐알-스따

- 치즈버거 하나, 콜라 둘 부탁합니다.

Да́йте, пожа́луйста, оди́н чи́збургер и 2(две) ко́лы.
다-이쩨 빠쥐알-스따 아진- 취-즈부르기르 이 드베 꼴-릐

- 피자 중간 사이즈로 하나 부탁합니다.

Да́йте одну́ пи́ццу сре́днего разме́ра.
다-이쩨 아드누- 삐-쭈 스레-드니바 라즈메-라

- 여기서 드실 건가요, 가져가실 건가요?

Вы тут бу́дете ку́шать и́ли заберёте с собо́й?
븨 뜻 부-지쩨 꾸-쉬아쯔 일-리 자비료-쩨 스 싸보-이

■ 가져가겠습니다.

Заберу́ с собо́й.
자비루– 스 싸보–이

■ 오렌지 주스 주세요.

Мне апельси́новый сок, пожа́луйста.
므녜 아삘씨–나븨 쏙 빠쥐알–스따

■ 얼음도 같이 주세요.

Да́йте вме́сте со льдо́м.
다–이쩨 브메–스쩨 싸 르돔–

■ 수저 하나 더 주시겠어요?

Да́йте ещё одну́ ло́жку, пожа́луйста.
다–이쩨 이쉬요– 아드누– 로–쉬꾸 빠쥐알–스따

■ 사이다 한 잔 주세요.

Да́йте 1(оди́н) стака́н са́йды.
다–이쩨 아진– 스따깐– 싸–이듸

■ 탄산수 있나요?

У вас есть газиро́ванная вода́?
우 바스 예스쯔 가지로–반나야 바다–

Tip '여기서 드실 건가요, 가져가실 건가요?'라는 표현을 줄여서 **Здесь и́ли с собо́й?**라고 합니다. 매장에서 먹을 거라면 **Здесь**라고 하고, 포장한다면 **С собо́й**라고 간단히 표현할 수 있습니다. **здесь**와 **тут**은 같은 뜻입니다.

Part 05 주문한 게 아직 안 나왔어요.

기본표현

A : Я ещё не получи́ла свой зака́з.
야 이쉬요- 니 빨루칠-라 스보이 자까-스

B : Подожди́те немно́го.
빠다쥐지-쩨 님노-가

A : 주문한 게 아직 안 나왔어요. (화자가 여자일 때)
B : 잠시만 기다려 주세요.

표현늘리기

■ 이건 제가 주문한 게 아닌데요.

Э́то не мой зака́з.
에-따 니 모이 자까-스

■ 이 스푼이 지저분합니다.

Э́та ло́жка гря́зная.
에-따 로-쉬까 그랴-즈나야

■ 다른 수저가 필요해요.

Да́йте другу́ю ло́жку.
다-이쩨 드루구-유 로-쉬꾸

■ 포크를 떨어뜨렸습니다. (화자가 남자일 때)

Я урони́л ви́лку.
야 우라닐- 빌-꾸

■ 접시 하나 가져다 주세요.

Принеси́те одну́ таре́лку, пожа́луйста.
쁘리니씨–쩨 아드누– 따롈–꾸 빠쥐알–스따

■ 냅킨 좀 더 주세요.

Принеси́те салфе́тки, пожа́луйста.
쁘리니씨–쩨 쌀폐–뜨끼 빠쥐알–스따

■ 이걸 데워주시겠어요?

Мо́жете подогре́ть э́то?
모–쥐쩨 빠다그례–쯔 에–따

■ 이 음식 맛이 이상해요.

Э́то блю́до стра́нное на вкус.
에–따 블류–다 스뜨란–나예 나 프꾸스

■ 수프에 뭔가 있어요.

В су́пе что́-то пла́вает.
프 쑤–뻬 쉬또–따 쁠라–바잇

■ 음식은 언제 나와요?

Когда́ принесу́т мой зака́з?
까그다– 쁘리니쑤–트 모이 자까–스

■ 메뉴판 좀 다시 주세요.

Да́йте ещё раз меню́, пожа́луйста.
다–이쩨 이쉬요– 라스 미뉴– 빠쥐알–스따

기본표현

A : Вы ча́сто быва́ете в ба́ре?
빅 취아-스따 븨바-이쩨 브 바-례

B : Нет, почти́ не хожу́.
녯 빠취찌- 니 하쥐우-

A : 바에 자주 가십니까?
B : 아니요, 거의 가지 않습니다.

표현늘리기

- 술을 좋아하십니까?

Вы лю́бите вы́пить?
븨 류-비졔 븨-삐쯔

- 맥주는 얼마나 자주 드세요?

Как ча́сто вы пьёте пи́во?
깍 취아-스따 븨 삐요-쩨 삐-바

- 하루에 맥주를 얼마나 드십니까?

Ско́лько пи́ва в день вы мо́жете вы́пить?
스꼴-까 삐-바 브 젠 븨 모-쥐쩨 븨-삐쯔

- 맥주 주량이 어떻게 됩니까?

Ско́лько пи́ва вы мо́жете вы́пить за раз?
스꼴-까 삐-바 븨 모-쥐쩨 븨-삐쯔 자 라스

- 맥주는 살찌나요?

От пи́ва поправля́ются?
앗 삐-바 빠쁘라블랴-유짜

- 저는 술고래입니다.

Я люби́тель вы́пить.
야 류비-쪨 븨-삐쯔

- 그래도 알코올 중독은 아니에요.

Но я не алкого́лик.
노 야 니 알까골-릭

- 숙취는 없습니까?

Вы не му́чаетесь от похме́лья?
븨 니 무-위쩨스 앗 빠흐멜-리야

- 어떻게 빨리 술에서 깨죠?

Как побыстре́е изба́виться от похме́лья?
깍 빠븨스뜨레-예 이즈바-비짜 앗 빠흐멜-리야

- 술을 끊고 싶어요.

Я хочу́ бро́сить пить.
야 하취우- 브로-씨쯔 삐쯔

- 술을 끊었습니다. (화자가 남자일 때)

Я завяза́л с вы́пивкой.
야 자비잘- 스 븨-삐프까이

Part 07 맥주 한잔 해요.

기본표현

A : Дава́йте по кру́жке пи́ва.
다바-이쩨 빠 끄루-쉬께 삐-바

B : Дава́йте.
다바-이쩨

A : 맥주 한잔 해요.
B : 그러지요.

표현늘리기

- 한잔 사겠습니다.

Я угощу́ вас вы́пивкой.
야 우가쉬우- 바스 븨-삐프까이

- 건배!

За нас!
자 나스

- 우리를 위해 건배합시다!

Дава́йте вы́пьем за нас!
다바-이쩨 븨-삐임 자 나스

- 우리의 우정을 위하여!

За на́шу дру́жбу!
자 나-쉬우 드루-쥐부

■ 많이 못 마셔요.

Я мно́го не пью.

야 므노-가 니 삐유

■ 제가 따라 드리겠습니다.

Я налью́ вам.

야 날리유- 밤

■ 좀 더 마시겠습니까?

Вы́пьете ещё?

븨-삐쩨 이쉬요-

■ 한잔 더 마셔요.

Дава́йте налью́ вам ещё.

다바-이쩨 날리유- 밤 이쉬요-

■ 아니요, 충분히 마셨어요.

Нет. Мне доста́точно.

녯 므녜 다스따-따취나

■ 저는 이제 취했습니다. (화자가 여자일 때)

Я немно́го опьяне́ла.

야 님노-가 아뼤녤-라

Tip 컵을 보통 стака́н이라고 하지만, стака́н은 손잡이 없는 유리컵을 말하고, 일반적인 머그컵이나 맥주컵은 кру́жка, 찻잔은 ча́шка라고 합니다.

Part 08 계산해 주세요.

기본표현

A : Принеси́те счёт.
뻐리니씨-쩨 쉬요-트

B : Вот счёт. Вам понра́вилась ку́хня?
봇 쉬요-트 밤 빠느라-빌라스 꾸-흐냐

A : 계산서 주세요.
B : 여기 있습니다. 식사는 어떠셨나요?

표현늘리기

■ 식사 어땠어?

Как тебе́ ку́хня?
깍 찌베- 꾸-흐냐

■ 아주 맛있었어. 고마워.

О́чень вку́сно. Спаси́бо.
오-췬 프꾸-스나 스빠씨-바

■ 전부 얼마입니까?

Како́й о́бщий счёт?
까꼬-이 오-프쉬 쉬요-트

■ 오늘은 제가 내겠습니다.

Я сего́дня угоща́ю.
야 씨보-드냐 우가쉬아-유

■ 다음에 제가 살게요.

В слéдующий раз я угощу́.
프 슬레–두유쉬 라스 야 우가쉬우–

■ 각자 냅시다.

Дава́йте рассчита́емся ка́ждый за себя́.
다바–이쩨 라쉬따–임쌰 까–쥐디 자 씨뱌–

■ 반반씩 냅시다.

Дава́йте поде́лим счёт по́ровну.
다바–이쩨 빠젤–림 쉬요–트 뽀–라브누

■ 계산이 틀렸습니다.

Непра́вильный счёт.
니쁘라–빌늬 쉬요–트

■ 계산서에 오류가 있네요.

В счёте допу́щена оши́бка.
프 쒸요–쩨 다뿌–쉬나 아쉬–프까

■ 이건 주문하지 않았습니다.

Мы не зака́зывали э́то.
믜 니 자까–즤발리 에–따

■ 영수증에 팁이 포함된 건가요?

Чаевы́е включены́ в счёт?
취븨–예 프끌류취늬– 프 쉬요–트

단어늘리기

기본단어

сто́лик	스똘-릭	작은 식탁, 작은 탁자
на и́мя	나 이-먀	~의 이름으로 (예약에서)
прове́рить	쁘라볘-리쯔	확인하다〈완료〉
бронь	브론	예약, 예약 사항〈여〉
подтверждён	빳뜨비르쥐존-	확인되었다
на ско́лько челове́к	나 스꼴-까 칠라볙-	몇 명으로 (예약에서)
подгото́вить	빳가또-비쯔	준비하다〈완료〉
во́зле окна́	보-즐례 아크나-	창문 근처의 (*окно́ 창문)
зарезерви́рован	자리지르비-라반	예약되었다
извини́те за	이즈비니-쩨 자	(за 대격에 대해) 미안합니다
до́лгий	돌-기	오랜
ожида́ние	아쥐다-니예	기다림, 기대
зака́зывать	자까-즤바쯔	주문하다〈불완료〉
заказа́ть	자까자-쯔	주문하다〈완료〉
сте́йк	스떼-이크	스테이크
зака́з	자까-스	주문, 주문 사항
принести́	쁘리니스찌-	가져오다〈완료〉
меню́	미뉴-	메뉴, 메뉴판〈중, 불변〉
мы позовём	믜 빠자봄-	우리가 부를 것이다 (*позва́ть 부르다)
блю́до	블류-다	음식
порекомендова́ть	빠리까민다바-쯔	권하다, 추천하다〈완료〉
прожа́рка	쁘라쥐아-르까	굽는 것
кака́я прожа́рка	까까-야 쁘라쥐아-르까	어떻게 굽는 것
како́й прожа́рки	까꼬-이 쁘라쥐아-르끼	어떻게 굽는 것의 (생격)

сре́дний	스례-드니	중간의, 평균의
сре́дняя прожа́рка	스례-드니야 쁘라쥐아-르까	중간의 굽는 것
сре́дней прожа́рки	스례-드니 쁘라쥐아-르끼	미디엄으로
си́льный	씰-늬	강한
си́льная прожа́рка	씰-나야 쁘라쥐아-르까	강하게 굽는 것
си́льной прожа́рки	씰-나이 쁘라쥐아-르끼	웰돈으로
сла́бый	슬라-븨	약한
сла́бая прожа́рка	슬라-바야 쁘라쥐아-르까	약하게 굽는 것
сла́бой прожа́рки	슬라-바이 쁘라쥐아-르끼	레어로
что-нибу́дь	쉬또 니부-쯔	무엇이든지
то же са́мое	또 쥐에 싸-마예	같은 것
обожа́ть	아바쥐아-쯔	사랑하다, 열광하다〈불완료〉
кра́сный пе́рец	끄라-스늬 뻬-리쯔	빨간 고추
о́стро	오-스뜨라	맵게, 맵다
превосхо́дный	쁘리바스호-드늬	탁월한, 뛰어난
со вку́сом	싸 프꾸-쌈	~의 맛을 지닌 (*вкус 맛)
молоко́	말라꼬-	우유
клубни́ка	끌루브니-까	딸기
сла́дости	슬라-다스찌	과자〈복〉
сыр	씌르	치즈
суп	쑤프	수프
пересо́лен	삐리쏠-린	너무 짜다
жирнова́то	쥐르나바-따	느끼하다, 조금 기름지다
апельси́н	아삘씬-	오렌지
ки́слый	끼-슬릐	신맛의
га́мбургер	감-부르기르	햄버거
чи́збургер	취-즈부르기르	치즈버거
ко́ла	꼴-라	콜라
пи́цца	삣-짜	피사

단어늘리기

сре́дний разме́р	스레-드니 라즈메-르	중간 사이즈
сре́днего разме́ра	스레-드니바 라즈메-라	중간 사이즈의 (생격)
ку́шать	꾸-쉬아쯔	먹다〈불완료〉
забра́ть	자브라-쯔	챙겨가다, 픽업하다〈완료〉
с собо́й	스 싸보-이	자신과 함께
со льдом	싸 르돔	얼음 넣어서 (*лёд 얼음)
ло́жка	로-쉬까	숟가락
са́йда	싸-이다	사이다
гази́рованный	가지-라반늬	탄산이 들어간
гази́рованная вода́	가지-라반나야 바다-	탄산수
гря́зный	그랴-즈늬	지저분한, 더러운
урони́ть	우라니-쯔	떨어뜨리다, 놓치다〈완료〉
ви́лка	빌-까	포크
таре́лка	따렐-까	접시
подогре́ть	빠다그레-쯔	데우다〈불완료〉
стра́нный	스뜨란-늬	이상한
на вкус	나 프꾸스	맛을 보니, 맛에서
бар	바르	술집, 바
пи́во	삐-바	맥주
в день	브 젠	하루에 (빈도 표현)
за раз	자 라스	한번에 (결과 표현)
поправля́ться от	빠쁘라블랴-짜 앗	(от 생격으로) 살찌다〈불완료〉
люби́тель	류비-찔	(동사를) 좋아하는 사람〈남〉
алкого́лик	알까골-릭	알코올 중독자
му́чаться	무-취짜	고통받다〈불완료〉
похме́лье	빠흐멜-리에	숙취
от похме́лья	앗 빠흐멜-리야	숙취로 인해
побыстре́е	빠븨스뜨레-에	좀 더 빨리
бро́сить	브로-씨쯔	던지다, 그만두다〈완료〉

завяза́ть с	나비자-쯔 스	(с 조격을) 그만두다〈완료〉
кру́жка	끄루-쉬까	한 컵, 한 잔
по кру́жке	빠 끄루-쉬꼐	한 컵씩, 한 잔씩
угости́ть	우가스찌-쯔	(대격에게 조격을) 대접하다〈완료〉
за нас	자 나스	우리를 위해
дру́жба	드루-쥐바	우정
нали́ть	날리-쯔	(액체를) 따르다〈완료〉
доста́точно	다스따-따취나	충분히
опьяне́ть	아삐녜-쯔	취하기 시작하다〈완료〉
счёт	쉬요-트	계산서, 계좌
понра́виться	빠느라-비짜	마음에 들다〈완료〉
ку́хня	꾸-흐냐	요리, 식사, 부엌
о́бщий	옵-쉬	전체의, 공통의
сле́дующий раз	슬례-두유쉬 라스	다음 번
рассчита́ться	라쉬따-짜	결제하다〈완료〉
за себя́	자 씨뱌-	자신에 대해 (결제에서)
подели́ть	빠질리-쯔	나누다〈완료〉
по́ровну	뽀-라브누	똑같이, 절반씩
непра́вильный	니쁘라-빌늬	틀린, 맞지 않는
допу́щен	다뿌-쉰	행해졌다, 허용되었다
чаевы́е	취이븨-예	팁 (형용사 복수 형태)

관련단어

[양념]

припра́ва	쁘리쁘라-바	양념, 조미료
ма́сло	마-슬라	버터

단어늘리기

сыр	씨르	치즈
соль	쏠	소금〈여〉
са́хар	싸-하르	설탕
пе́рец чёрный	뻬-리쯔 취요-르늬	후추
чесно́к	취스녹-	마늘
лук	룩	양파
зелёный лук	질료-늬 룩	파
петру́шка	삐뜨루-쉬까	파슬리
пе́рец кра́сный мо́лотый 뻬-리쯔 끄라-스늬 몰-라띄		고춧가루
горчи́ца	가르취-짜	겨자소스
майоне́з	마야녜-스	마요네즈
ке́тчуп	꼣-춥	케첩

[음식]

еда́	이다-	음식
за́втрак	자-프뜨락	아침 식사
обе́д	아볘-트	점심 식사
у́жин	우-쥐인	저녁 식사
хлеб	흘롑	빵
рис	리스	쌀, 밥
зерно́	지르노-	곡물, 곡식
суп	쑤프	스프, 국
говя́дина	가뱌-지나	소고기
свини́на	스비니-나	돼지고기
бара́нина	바라-니나	양고기
ку́рица	꾸-리짜	닭고기
яи́чница	이이-취니짜	계란프라이
ры́ба	릐-바	생선

у́стрица	우-스뜨리짜	굴
сёмга	쏨-가	연어
туне́ц	뚜녜-쯔	참치
рак	락	가재
креве́тка	끄리베-뜨까	새우
колбаса́	깔바싸-	소시지 (순대)
жа́реная ку́рица	쥐아-리나야 꾸-리짜	닭튀김
сала́т	쌀라-트	샐러드
десе́рт	지쎄-르트	후식, 디저트
торт	또르트	케이크
сла́дости	슬라-다스찌	과자〈복〉
шокола́д	쉬아깔라-트	초콜릿

[맛]

вкус	프꾸스	맛
вку́сный	프꾸-스늬	맛있는
невку́сный	니프꾸-스늬	맛없는
о́стрый	오-스뜨릐	매운
сла́дкий	슬라-뜨끼	달콤한
солёный	쌀료-늬	짠
пре́сный	쁘레-스늬	싱거운
го́рький	고-르끼	쓴
ки́слый	끼-슬릐	신
жи́рный	쥐-르늬	느끼한

문화 엿보기

러시아의 음식

러시아인들의 주식은 빵과 육류, 그리고 감자입니다. 특히 빵이 식생활에서 중요한 역할을 차지하는데, 그중에서도 호밀을 발효시켜 만든 흑빵(чёрный хлеб)은 색깔이 검고 시큼한 향이 납니다. 육류로는 돼지고기, 닭고기, 양고기, 소고기로 만든 다양한 요리들이 있는데, 그중에서도 양념한 고기를 꼬치에 끼워 불에 구운 요리인 '샤슬릭(шашлы́к)'이 유명하고 대중적입니다. 바다가 멀기 때문인지 해산물은 대개 냉동이나 훈제로 가공되어 유통되고 있습니다.

러시아 대표 음식으로 빠지지 않는 것으로 밀가루 반죽을 원형으로 얇게 만들어 부친 블리늬이(блины́)가 있는데, 마슬레니차라는 봄축제 때 먹던 음식이지만, 맛있고 조리하기도 간편해서 평소에도 즐겨 먹고 길거리에서도 즉석 음식으로 팔리는 것을 많이 볼 수 있습니다.

추운 겨울을 견딜 수 있게 해주는 보드카와 홍차는 러시아의 대표적인 음료 중 하나입니다. 보드카(во́дка)는 물(вода́)에서 나온 단어로, 알코올 도수 40도의 독한 술입니다. 예전에는 도수가 그 이상 되는 술도 만들었는데, 주기율표로 유명한 화학자 멘델레예프(Менделе́ев)가 인체에 미치는 영향과 맛을 고려하여 보드카 표준 도수를 40도로 정했다고 합니다.

제 16 장

공항에서 호텔까지

1. 제 좌석은 어디입니까?
2. 방문 목적이 무엇입니까?
3. 짐 찾는 곳은 어디입니까?
4. 신고할 물건 있습니까?
5. 예약하겠습니다.
6. 빈방 있습니까?
7. 룸서비스입니다.
8. 귀중품을 맡아주시겠습니까?
9. 체크아웃 하겠습니다.

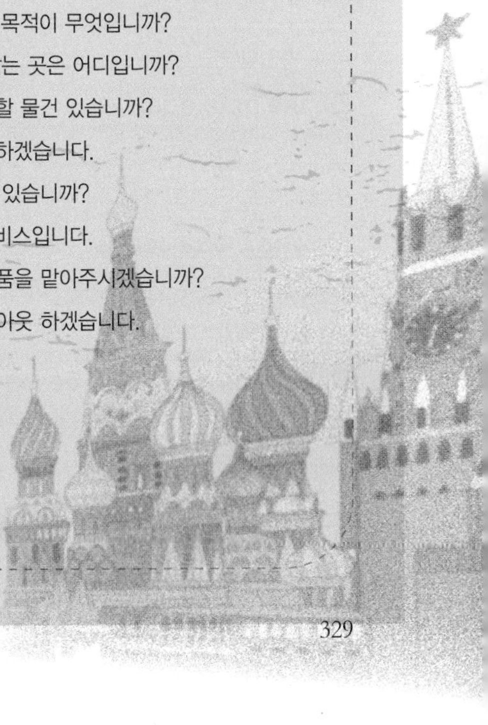

Part 01 제 좌석은 어디입니까?

기본표현

A : Где моё ме́сто?
그제 마요- 메-스따

B : Вот тут у окна́.
봇 뚯 우 아크나-

A : 제 좌석은 어디입니까?
B : 여기 창가 쪽입니다.

표현늘리기

■ 복도 쪽입니다.

Во́зле прохо́да.
보-즐례 쁘라호-다

■ 여기 앉아도 되겠습니까?

Мо́жно сюда́ сесть?
모-쥐나 쓔다- 셰쓰쯔

■ 안전벨트를 매주세요.

Пристегни́те ремни́ безопа́сности.
쁘리스찌그니-쩨 림니- 비자빠-스나스찌

■ 오렌지 주스를 드시겠어요, 사과 주스를 드시겠어요?

Вам апельси́новый и́ли я́блочный сок?
밤 아뻴씨-나븨 일-리 야-블라취늬 쏙

■ 담요 하나 주세요.

Да́йте 1(оди́н) плед.
다–이쩨 아진– 쁠렛

■ 주스 한 잔 주세요.

Да́йте 1(оди́н) стака́н со́ка.
다–이쩨 아진– 스따깐– 쏘–까

■ 화장실은 어디입니까?

Где туале́т?
그졔 뚜알례–트

■ 면세품을 사고 싶어요.

Я хочу́ приобрести́ това́ры беспо́шлинной торго́вли.
야 하취우– 쁘리아브리스찌– 따바–리 비스뽀–쉴린나이 따르고–블리

■ 언제 세레메티예보 공항에 도착합니까?

Когда́ мы прибу́дем в аэропо́рт Шереме́тьево?
까그다– 믜 쁘리부–짐 브 아에라뽀–르뜨 쉬리몌–찌예바

■ 이 입국신고서 쓰는 방법 좀 알려주세요.

Подскажи́те, как запо́лнить э́тот лист прибы́тия.
빳스까쥐–쩨 깍 자뽈–니쯔 에–땃 리스뜨 쁘리븨–찌야

■ 좌석을 저와 바꿔주시겠습니까?

Вы мо́жете поменя́ться со мной места́ми?
븨 모–쥐쩨 빠미냐–짜 싸 므노이 미스따–미

기본표현

A : Цель ва́шего визи́та?
쩰 바-쉬바 비지-따

B : Тури́зм.
뚜리-즘

A : 방문 목적이 무엇입니까?
B : 관광입니다.

표현늘리기

■ 여권과 탑승권을 볼 수 있을까요?

Мо́жно ваш па́спорт и поса́дочный тало́н?
모-쥐나 바쉬 빠-스빠르뜨 이 빠싸-다취늬 딸론-

■ 무슨 일로 방문하셨습니까?

С како́й це́лью вы прие́хали?
스 까꼬-이 쩰-리유 븨 쁘리예-할리

■ 거래차 방문했습니다.

По би́знесу.
빠 비-즈니쑤

■ 유학입니다.

Уче́бная стажиро́вка.
우취예-브나야 스따쥐로-프까

■ 여기에 얼마나 체류하실 건가요?

Ско́лько вы бу́дете находи́ться здесь?
스꼴-까 빅 부-지쩨 나하지-짜 즈제스

■ 1개월 정도요.

Приме́рно 1(оди́н) ме́сяц.
쁘리메-르나 아진- 메-씨쯔

■ 어디서 체류하실 겁니까?

Где вы собира́етесь жить?
그졔 빅 싸비라-이쩨스 쥐쯔

■ 표트르 호텔에서 체류합니다.

Я остановлю́сь в оте́ле «Пётр».
야 아스따나블류-스 브 아뗄-례 표-뜨르

■ 친구들 집에서 지낼 겁니다.

Я остановлю́сь в до́ме друзе́й.
야 아스따나블류-스 브 도-몌 드루제-이

■ 귀국 항공권은 갖고 계십니까?

У вас есть обра́тный биле́т?
우 바스 예스쯔 아브라-뜨늬 빌례-트

■ 비자가 있습니까?

У вас есть ви́за?
우 바스 예스쯔 비-자

Part 03 짐 찾는 곳은 어디입니까?

기본표현

A : Где получи́ть бага́ж?
그제 빨루취–쯔 바가–쉬

B : Иди́те по тому́ указа́телю.
이지–쩨 빠 따무– 우까자–찔류

A : 짐은 어디서 찾죠?
B : 저기 표시를 따라가세요.

표현늘리기

■ 제 짐이 보이지 않습니다.

Я не ви́жу свой бага́ж.
야 니 비–쥐우 스보이 바가–쉬

■ 제 수하물 찾는 걸 도와주세요.

Пожа́луйста, помоги́те мне найти́ бага́ж.
빠쥐알–스따 빠마기–쩨 므녜 나이찌– 바가–쉬

■ 여기서 기다려 주세요.

Подожди́те тут.
빠다쥐지–쩨 뚜트

■ 어느 항공편입니까?

Како́й рейс?
까꼬–이 례이스

- SU251편으로 도착했습니다.

Мы прибы́ли ре́йсом SU251(две́сти пятьдеся́т оди́н).
므이 쁘리빌-리 례-이쌈 에스유 드볘-스찌 삣지샻- 아진-

- 티켓 보여주세요.

Покажи́те биле́т.
빠까쥐-쩨 빌례-트

- 가방이 어떤 타입인가요?

Како́й у вас чемода́н?
까꼬-이 우 바스 취마단-

- 짐이 무슨 색이죠?

Како́го цве́та ва́ша бага́жная су́мка?
까꼬-바 츠볘-따 바-쉬아 바가-쥐나야 쑴-까

- 제 짐 중에 하나가 나오지 않았어요. (화자가 남자일 때)

Я не получи́л ещё одну́ бага́жную су́мку.
야 니 빨루췰- 이쉬요- 아드누- 바가-쥐누유 쑴-꾸

- 수하물표 있으신가요?

У вас есть бага́жные тало́ны?
우 바스 예스쯔 바가-쥐늬예 딸로-늬

- 제 가방이 손상되었습니다.

Моя́ су́мка повреждена́.
마야- 쑴-까 빠브리쥐지나-

Part 04 신고할 물건 있습니까?

기본표현

A : У вас есть запрещённые ве́щи?
우 바스 예스쯔 자쁘리쉬욘-늬 베-쉬

B : Нет.
니엣

A : 신고할 물건 있습니까?
B : 아니요, 없습니다.

표현늘리기

■ 세관검사대는 어디입니까?

Где нахо́дится тамо́женный досмо́тр?
그제 나호-지짜 따모-쥔늬 다스모-뜨르

■ 세관신고서를 보여주시겠습니까?

Покажи́те тамо́женную деклара́цию.
빠까쥐-쩨 따모-쥔누유 지끌라라-찌유

■ 세관신고서를 작성해 주세요.

Запо́лните тамо́женную деклара́цию.
자뽈-니쩨 따모-쥔누유 지끌라라-찌유

■ 가방을 열어주세요.

Откро́йте ва́шу су́мку.
앗끄로-이쩨 바-쉬우 쑴-꾸

■ 이 속에 뭐가 들어 있습니까?

Что нахóдится внутри́?

쉬또 나호-지짜 브누뜨리-

■ 이것은 무엇입니까?

Что э́то?

쉬또 에-따

■ 친구 선물입니다.

Э́то подáрок дрýгу.

에-따 빠다-락 드루-구

■ 제 개인 소지품입니다.

Э́то мои́ ли́чные вéщи.

에-따 마이- 리-취늬예 볘-쉬

■ 이게 제가 가진 전부입니다.

Э́то всё, что я имéю.

에-따 프쑈- 쉬또 야 이몌-유

■ 짐을 책상 위에 올려주세요.

Постáвьте сýмку на стол.

빠스따-프쩨 쑴-꾸 나 스똘

■ 달러를 얼마나 가지고 계십니까?

Скóлько у вас при себé дóлларов?

스꼴-까 우 바스 쁘리 씨베- 돌-라라프

기본표현

A : Я хочу́ заброни́ровать но́мер.
야 하취우- 자브라니-라바쯔 노-미르

B : Пожа́луйста, назови́те ва́ше и́мя и но́мер телефо́на.
빠쥐알-스따 나자비-쩨 바-쉬에 이-먀 이 노-미르 찔리포-나

A : 방을 예약하려고 합니다.
B : 성함과 전화번호를 알려주시겠습니까?

표현늘리기

- 제 이름은 박민수입니다.

Меня́ зову́т Пак Мин Су.
미냐- 자붓- 박 민 수

- 와이파이는 무료입니다.

Вайфа́й беспла́тный.
바이파-이 비스쁠라-뜨늬

- 조식 포함입니까?

За́втраки включены́?
자-프뜨라끼 프끌류취늬-

- 여기에 언제 도착하시나요?

Когда́ вы прибу́дете?
까그다- 븨 쁘리부-지쩨

■ 내일 아침입니다.

За́втра у́тром.
자-프뜨라 우-뜨람

■ 며칠 머무르십니까?

Ско́лько вы бу́дете находи́ться здесь?
스꼴-까 븨 부-지쩨 나하지-쨔 즈졔스

■ 예약 취소할 수 있나요?

Возмо́жно отмени́ть бронь?
바즈모-쥐나 앗미니-쯔 브론

■ 전화번호는 120-34-50입니다.

Но́мер телефо́на 120-34-50 (сто два́дцать три́дцать
노-미르 찔리포-나 스또 드바-짜쯔 뜨리-짜쯔

четы́ре пятьдеся́т)
취띄-례 삣지썃-

■ 오늘 예약하시고 체크인 시 지불하시면 됩니다.

Сего́дня сде́лайте бронь, а оплати́те при заселе́нии.
씨보-드냐 즈젤-라이쩨 브론 아 아쁠리찌-쩨 쁘리 자씰례-니이

■ 빈방이 하나 남았습니다.

Оста́лся оди́н свобо́дный но́мер.
아스딸-쌰 아진- 스바보-드늬 노-미르

■ 예약을 변경하겠습니다.

Я изменю́ бронь.
야 이즈미뉴- 브론

Part 06 빈방 있습니까?

기본표현

A : Есть свобо́дные номера́?
예스쯔 스바보-드늬예 나미라-

B : Да, е́сть.
다 예-스쯔

A : 빈방 있습니까?
B : 네, 있습니다.

표현늘리기

- 예약하셨습니까?

Вы заброни́ровали?
븨 자브라니-라발리

- 아니요, 예약 안 했습니다. (화자가 여자일 때)

Нет, я не заброни́ровала.
니엣 야 니 자브라니-라발라

- 지금 체크인 할 수 있습니까?

Мо́жно засели́ться сейча́с?
모-쥐나 자씰리-짜 씨취아-스

- 어떤 방에 숙박하시겠습니까?

В како́м но́мере вы хоте́ли бы останови́ться?
프 까꼼- 노-미레 븨 하쩰-리 븨 아스따나비-짜

- 얼마나 머무실 예정입니까?

Ско́лько вы собира́етесь пробы́ть?
스꼴–까 븨 싸비라–이쩨스 쁘라븨–쯔

- 3일간 체류합니다.

Я про́буду 3(три) дня.
야 쁘라부–두 뜨리 드냐

- 요금은 하루에 얼마입니까?

Какова́ сто́имость но́мера в су́тки?
까까바– 스또–이마스쯔 노–미라 프 쑤–뜨끼

- 이 서식을 채워주세요.

Запо́лните э́тот бланк.
자뽈–니쩨 에–땃 블랑끄

- 방 번호는 201호입니다.

Ваш но́мер 201(две́сти оди́н).
바쉬 노–미르 드베–스찌 아진–

- 여기 열쇠 있습니다.

Вот ва́ши ключи́.
봇 바–쉬 끌류취–

- 죄송하지만 빈방이 없습니다.

Извини́те, но свобо́дных номеро́в нет.
이즈비니–쩨 노 스바보–드늬흐 나미로–프 녯

Part 07 룸서비스입니다.

기본표현

A : Рум-се́рвис. Чем мо́жем помо́чь?
룸 쎄-르비스 취옘 모-쥠 빠모-취

B : Не могли́ бы вы принести́ за́втрак в но́мер?
니 마글리- 븨 븨 쁘리니스찌- 자-프뜨락 브 노-미르

A : 룸서비스입니다. 무엇을 도와드릴까요?
B : 아침 식사를 방에 가져다 줄 수 있습니까?

표현늘리기

■ 도와드릴까요?

Вам помо́чь?
밤 빠모-취

■ 내일 아침에 모닝콜 부탁합니다.

Разбуди́те меня́ за́втра у́тром.
라즈부지-쩨 미냐- 자-프뜨라 우-뜨람

■ 식당은 몇 시에 문 열어요?

Во ско́лько открыва́ется рестора́н?
바 스꼴-까 앗끄리바-이짜 리스따란-

■ 6시에 엽니다.

В 6(шесть) часо́в.
프 쉬에스쯔 취쏘-프

■ 세탁 부탁합니다.

Постира́йте мои́ ве́щи.

빠스찌라-이쩨 마이- 볘-쉬

■ 방이 지저분합니다.

В ко́мнате не у́брано.

프 꼼-나쩨 니 우-브라나

■ 너무 시끄럽습니다.

О́чень шу́мно.

오-췬 쉬움-나

■ 방을 바꾸고 싶습니다.

Я хочу́ поменя́ть но́мер.

야 하취우- 빠미냐-짜 노-미르

■ 뜨거운 물이 나오지 않습니다.

Нет горя́чей воды́.

녯 가랴-취이 바듸-

■ 화장실에 수건이 없습니다.

В туале́те нет полоте́нец.

프 뚜알례-쩨 녯 빨라쪠-니쯔

■ 휴지 좀 더 주시겠어요?

Не могли́ бы вы принести́ ещё туале́тной бума́ги?

니 마글리- 븨 븨 쁘리니스찌- 이쉬요- 뚜알례-뜨나이 부마-기

Part 08 귀중품을 맡아주시겠습니까?

기본표현

A : Мо́жно сдать це́нные ве́щи?
모-쥐나 즈다쯔 쩬-늬예 볘-쉬

B : Да, положи́те в э́тот се́йф.
다 빨라쥐-쩨 프 에-땃 쎼-이프

A : 귀중품을 맡길 수 있나요?
B : 네, 이 금고에 넣어주세요.

표현늘리기

■ 방에 금고가 있습니까?

В но́мере есть се́йф?
보 노-미례 예스쯔 쎼-이프

■ 이 짐을 저녁까지 맡길 수 있나요?

Могу́ я оста́вить э́тот бага́ж до ве́чера?
마구- 야 아스따-비쯔 에-땃 바가-쉬 다 볘-취라

■ 짐을 맡아주실 수 있습니까?

Вы мо́жете приня́ть ве́щи?
븨 모-쥐쩨 쁘리냐-쯔 볘-쉬

■ 제 짐을 주시겠습니까?

Пожа́луйста, могу́ я забра́ть свой бага́ж?
빠쥐알-스따 마구- 야 자브라-쯔 스보이 바가-쉬

▪ 여기서 환전할 수 있습니까?

Могу́ я обменя́ть здесь де́ньги?

마구– 야 압미냐–쯔 즈졔스 젠–기

▪ 여기서 팩스를 보낼 수 있습니까?

Могу́ я отсю́да отпра́вить факс?

마구– 야 앗쓔–다 앗쁘라–비쯔 팍스

▪ 인터넷을 할 수 있습니까?

Могу́ я воспо́льзоваться интерне́том?

마구– 야 바스뽈–자바쨔 인떼르네–땀

▪ 202호에 전화 좀 걸어주시겠습니까?

Соедини́те с но́мером 202(две́сти два), пожа́луйста.

싸이지니–쪠 스 노–미람 드볘–스찌 드바 빠쥐알–스따

▪ 제게 온 메시지 없습니까?

Для меня́ не́ было сообще́ний?

들랴 미냐– 녜– 빌라 싸아프쉬예–니이

▪ 이 편지를 서울에 보내주시겠습니까?

Не могли́ бы вы отпра́вить э́то письмо́ в Сеу́л?

니 마글리– 븨 븨 앗쁘라–비쯔 에–따 삐스모– 프 씨울–

▪ 이 소포를 한국에 보내고 싶습니다.

Хочу́ отпра́вить э́ту посы́лку в Ю́жную Коре́ю.

하취우– 앗쁘라–비쯔 에–뚜 빠쐴–꾸 브 유–쥐누유 까례–유

Part 09 체크아웃 하겠습니다.

기본표현

A : Я сейча́с выселя́юсь.
야 씨취아-스 비씰랴-유스

B : Да́йте ключи́ от ва́шего но́мера.
다-이쩨 끌류취- 앗 바-쉬바 노-미라

A : 지금 체크아웃 하겠습니다.
B : 방 열쇠를 부탁합니다.

표현늘리기

■ 짐을 맡겨놓으셔도 됩니다.

Вы мо́жете оста́вить свой бага́ж.
믜 모-쥐쩨 아스따-비쯔 스보이 바가-쉬

■ 이 짐을 3시까지 맡아주시겠습니까?

Могу́ я оста́вить э́тот бага́ж до 3(трёх) часо́в?
마구- 야 아스따-비쯔 에-땃 바가-쉬 다 뜨료-흐 취쏘-프

■ 체류를 하루 더 연장하겠습니다.

Я продлю́ но́мер ещё на су́тки.
야 쁘라들류- 노-미르 이쉬요- 나 쑤-트끼

■ 몇 시까지 나가야 하죠?

Во ско́лько ну́жно вы́йти?
바 스꼴-까 누-쥐나 븨-이찌

■ 체크아웃 시간은 몇 시입니까?

Во ско́лько ну́жно вы́селиться из оте́ля?
바 스꼴-까 누-쥐나 븨-씰리짜 이즈 아뗄-랴

■ 체크아웃은 오전 11시입니다.

Вре́мя выселе́ния до 11(оди́ннадцати) часо́в.
브례-먀 븨씰례-니야 다 아진-나짜찌 취쏘-프

■ 그 시간이 지나면 1박 추가 비용을 청구합니다.

Е́сли ука́занное вре́мя пройдёт, то ну́жно заплати́ть
예-글리 우까-잔나예 브례-먀 쁘라이죳- 또 누-쥐나 자쁠라찌-쯔

дополни́тельно ещё за 1(одни́) су́тки.
다빨니-쩰나 이쉬요- 자 아드니- 쑤-트끼

■ 체크아웃 시간을 연장할 수 있습니까?

Мо́жно продли́ть вре́мя выселе́ния?
모-쥐나 쁘리들리-쯔 브례-먀 븨씰례-니야

■ 리셉션은 매일 24시간 열려 있습니다.

Ресе́пшен оте́ля рабо́тает круглосу́точно.
리셉-쉰 아뗄-랴 라보-따잇 끄루글라쑤-따취나

■ 모든 종류의 신용카드를 받습니다.

Мы принима́ем все ви́ды карт.
믜 쁘리니마-임 프셰 비-듸 까르뜨

■ 세금이 포함되어 있습니다.

Нало́ги включены́.
날로-기 프끌류취늬-

단어늘리기

기본단어

у окна́	우 아크나	창가 쪽(= во́зле окна́)
во́зле прохо́да	보-즐례 빠라호-다	복도 쪽(= у прохо́да)
пристегну́ть	쁘리스찌그누-쯔	조임쇠로 조이다〈완료〉
реме́нь	리멘-	벨트〈남〉
безопа́сность	비자빠-스나스쯔	안전〈여〉
безопа́сности	비자빠-스나스찌	안전의 (생격)
реме́нь безопа́сности	리멘- 비자빠-스나스찌	안전벨트
ремни́ безопа́сности	림니- 비자빠-스나스찌	안전벨트들
я́блочный	야-블라취늬	사과의
плед	블렛	무릎 담요
стака́н со́ка	스따깐- 쏘-까	주스 한 컵 (*сок 주스)
беспо́шлинный	비스뽀-쉴린늬	면세의
беспо́шлинная торго́вля	비스뽀-쉴린나야 따르고-블랴	면세 거래
беспо́шлинной торго́вли	비스뽀-쉴린너이 따르고-블리	면세 거래의
запо́лнить	자뽈-니쯔	(서식을) 채우다〈완료〉
лист	리스트	(종이의) 한 장, 리스트
прибы́тие	쁘리븨-찌예	도착
лист прибы́тия	리스트 쁘리븨-찌야	입국신고서
поменя́ться места́ми	빠미냐-짜 미스따-미	좌석을 서로 바꾸다〈완료〉
па́спорт	빠-스빠르뜨	여권
поса́дочный	빠싸-다취늬	탑승의

поса́дочный тало́н	빠싸–다취늬 딸론–	탑승권
кака́я цель	까까–야 쩰	어떤 목적
с како́й це́лью	스 까꼬–이 쩰–리유	어떤 목적을 가지고
по би́знесу	빠 비–즈니쑤	사업 때문에, 거래차 (*би́знес 사업)
уче́бный	우취예–브늬	교육의, 학습의
стажиро́вка	스따쥐로–프까	실습, 인턴
уче́бная стажиро́вка	우취예–브나야 스따쥐로–프까	유학
останови́ться	아스따나비–짜	체류하다, 정차하다〈완료〉
дом друзе́й	돔 드루졔–이	친구들의 집 (*друзья́ 친구들)
обра́тный биле́т	아브라–뜨늬 빌례–트	돌아가는 표, 귀국 항공권
ви́за	비–자	비자
бага́ж	바가–쉬	짐, 수하물
указа́тель	우까자–찔	표시, 표지판〈남〉
тот указа́тель	똣 우까자–찔	저 표시
по тому́ указа́телю	빠 따무– 우까자–찔류	저 표시를 따라
рейс	례이스	항공편
чемода́н	취마단–	트렁크, 가방
како́го цве́та	까꼬–바 쯔볘–따	어떤 색의 (*како́й цвет 어떤 색)
бага́жная су́мка	바가–쥐나야 쑴–깜	수하물 가방
бага́жный тало́н	바가–쥐늬 딸론–	수하물표
повреждён	빠브리쥐죤–	손상되었다
запрещённый	자쁘리쉬욘–늬	금지된
вещь	베쉬	물건, 것〈여〉
тамо́женный	따모–쥔늬	세관의
тамо́женный досмо́тр		세관검사대

단어늘리기

тамо́женная деклара́ция	따모-쥔늬 다스모-뜨르	세관신고서
	따모-쥔나야 지끌라라-찌야	
откро́йте	앗끄로-이쪠	열어주세요 (*откры́ть 열다)
ли́чная вещь	리-취나야 볘쉬	개인 소지품
всё, что	프쇼- 쉬또	~한 모든 것
поста́вить	빠스따-비쯔	세워두다, 올려주다〈완료〉
при себе́	쁘리 씨볘-	자신에게 (소지품)
назва́ть	나즈바-쯔	명명하다, 부르다〈완료〉
вайфа́й	바이파-이	와이파이
беспла́тный	비스쁠라-뜨늬	무료의
за́втрак	자-프뜨락	아침 식사, 조식
возмо́жно	바즈모-쥐나	가능하다
оплати́ть	아쁠라찌-쯔	지불하다〈완료〉
заселе́ние	자씰례-니예	체크인
при заселе́нии	쁘리 자씰례-니예	체크인 시
свобо́дный	스바보-드늬	자유로운, 비어 있는
измени́ть	이즈미니-쯔	변경하다〈완료〉
номера́	나미라-	객실들, 번호들 (*но́мер 객실, 번호)
засели́ться	자씰리-짜	체크인 하다〈완료〉
пробы́ть	쁘라븨-쯔	일정 기간 있다〈완료〉
су́тки	쑤-뜨끼	하루, 24시간〈복〉
в су́тки	프 쑤-뜨끼	하루에, 24시간에 (빈도에서)
бланк	블랑크	빈칸이 있는 서식
ключ	끌류취	열쇠
рум-се́рвис	룸쎼-르비스	룸서비스
чем помо́чь	취옘 빠모-취	무엇으로 돕다〈완료〉

разбуди́ть	라즈부지–쯔	깨우다〈완료〉
постира́ть	빠스찌라–쯔	세탁하다〈완료〉
у́бран	우–브란	청소되었다
шу́мно	쉬움–나	시끄럽다, 시끄럽게
горя́чая вода́	가랴–취아야 바다–	뜨거운 물
полоте́нце	빨라쪤–쩨	수건
туале́тная бума́га	뚜알레–뜨나야 부마–가	화장실 휴지
це́нный	쩬–늬	가치 있는
це́нные ве́щи	쩬–늬예 베–쉬	귀중품들
сейф	쎄이프	금고
до ве́чера	다 베–취라	저녁때까지 (*ве́чер 저녁)
приня́ть	쁘리냐–쯔	수용하다, 받아들이다〈완료〉
обменя́ть	압미냐–쯔	환전하다〈불완료〉
факс	팍스	팩스
интерне́т	인떼르네–트	인터넷
соедини́ть	싸이지니–쯔	연결하다〈완료〉
письмо́	삐스모–	편지
посы́лка	빠쓰일–까	소포
Ю́жная Коре́я	유–쥐나야 까례–야	한국, 남한
вы́селиться	븨–씰리짜	체크아웃 하다〈완료〉
до трёх часо́в	다 트료–흐 취쏘–프	3시까지 (*три часа́ 3시)
продли́ть	쁘라들리–쯔	연장하다〈완료〉
на су́тки	나 쑤–트끼	하루만큼, 24시간만큼
выселе́ние	븨씰례–니예	체크아웃
вре́мя выселе́ния	브레–먀 븨씰례–니야	체크아웃 시간
оди́ннадцать часо́в	아진–나짜쯔 취쏘–프	11시
до оди́ннадцати часо́в	다 아진–나짜찌 취쏘–프	11시까지
ука́занный	우까–잔늬	제시된

단어늘리기

е́сли..., то	예–슬리 또	만약 …다면, 그렇다면
заплати́ть	자쁠라찌–쯔	지불하다〈완료〉
дополни́тельно	다빨니–찔나	추가적으로
за одни́ су́тки	자 아드니– 쑤–트끼	하루에 대해 (지불)
ресе́пшен	리쎼–프쉰	리셉션
вид	비트	종류, 종목, 모습
все ви́ды	프셰 비–듸	모든 종류들

관련단어

[공항 내 주요 안내 표시]

аэропо́рт	아에라뽀–르트	공항
аэровокза́л	아에라바그잘–	공항청사
сто́йка информа́ции	스또–이까 인파르마–찌야	안내
вы́лет	브일–릿	출국, 출발
прилёт	쁘릴료–트	도착
вы́ход на поса́дку	븨–하트 나 빠싸–뜨꾸	탑승게이트
транзи́т	뜨란지–트	통과, 환승
вхо́д	프호–트	입구
вы́ход	븨–하트	출구
междунаро́дные ре́йсы	미쥐두나로–드늬예 례–이씌	국제선〈복〉
вну́тренние ре́йсы	브누–뜨린니예 례–이씌	국내선〈복〉
граждани́н РФ	그라쥐다닌– 에르에프	러시아인
иностра́нный граждани́н	이나스뜨란–늬 그라쥐다닌–	외국인
тамо́женный контро́ль	따모–쥔늬 깐뜨롤–	세관

пограни́чный контро́ль	빠그라니–취늬 깐뜨롤–	출입국관리
безопа́сность	비자빠–스나스쯔	안전, 보안〈여〉
вы́дача бага́жа	븨–다취아 바가–쥐아	짐 찾는 곳
конве́йер	깐볘–이르	컨베이어
бю́ро нахо́док	뷰–라 나호–닥	분실물센터
сто́йка регистра́ции	스또–이까 리기스뜨라–찌이	체크인 카운터
обме́н валю́т	압몐– 발류–트	환전
прока́тный автомоби́ль	쁘라까–뜨늬 아프따마빌–	렌터카
стоя́нка такси́	스따얀–까 딱씨–	택시 승차장
авто́бусная остано́вка	아프또–부스나야 아스따노–프까	버스 정류장

[호텔]

гости́ница	가스찌–니짜	호텔
ло́бби	로–비	호텔 로비〈중〉
ресе́пшен	리셉–쉰	호텔 안내창구
сто́имость но́мера	스또–이마스쯔 노–미라	객실 요금
за́втрак	자–프뜨락	아침 식사
но́мер люкс	노–미르 륙스	스위트룸
семе́йный но́мер	씨메–이늬 노–미르	가족실
конфере́нц-зал	칸피롄–쯔 잘	회의실
дежу́рный по но́меру	지쥐우–르늬 빠 노–미르	객실 담당 종업원
чаевы́е	취이븨–예	팁〈복〉
у́тренний звоно́к	우–뜨린니 즈바녹–	모닝콜 서비스
одноме́стный но́мер	아드나몌–스늬 노–미르	1인용 침대가 하나인 객실
двухме́стный но́мер	드부흐몌–스늬 노–미르	2인용 침대가 하나인 객실
коридо́рный	까리노–르늬	벨보이

문화 엿보기

한러 비자면제 협정

2014년 1월 1일부터 한국과 러시아 사이에 비자 면제 협정이 발효되었습니다. 이 협정에 따라 양국 국민들은 관광을 목적으로 방문할 때 비자 없이 60일까지 머무를 수 있습니다. 60일을 머무른 다음 잠깐 출국했다가 재입국하면 30일을 더 머무를 수 있습니다. 그렇지만 입국할 때 받는 입국증명서는 출국할 때까지 반드시 소지해야 합니다. 한국인과 같은 무비자 여행자에게 비자의 역할을 하기 때문입니다.

비용을 지불하고 러시아 현지의 초청장도 받아야 하고, 러시아 대사관에도 비자 발급비를 지불해야 하고, 발급받는 데 걸리는 기간도 7~10일 정도로 짧지 않았던 예전과 비교하면, 비용이나 시간뿐 아니라 심리적 부담이 훨씬 줄어든 셈이지요. 하지만 무비자로 입국할 때에도 7일(근무일 기준) 이상 러시아에 머무를 때는, 입국하고 7일 이내 거주등록신고를 해야 합니다. 호텔에 숙박하는 경우 여권을 맡기면 자동 등록되기 때문에 따로 신고할 필요가 없지만, 민박이나 일반 가정집에 묵을 경우에는 입국일로부터 7일 이내에 신고해야 합니다.

한편, 관광이 아닌 취업이나 돈을 버는 영리활동(공연 · 취재 등), 유학, 상주 등의 목적으로 방문할 때는 여전히 비자가 필요합니다. 관광 목적이 아닌데 무비자로 입국한 것이 적발되면 최고 5년 동안 러시아 입국이 금지될 수 있습니다.

제 17 장

여러 가지 상황

1. 책을 몇 권까지 빌릴 수 있습니까?
2. 은행 계좌를 갖고 계세요?
3. 항공우편입니까?
4. 일주일간 차를 빌리고 싶습니다.
5. 타이어가 펑크 났어요.
6. 핸드폰이 안 돼요.
7. 가방을 잃어버렸어요.
8. 지갑을 도난당했습니다.
9. 어디가 아프세요?
10. 두통약 있습니까?
11. 구급차를 불러주세요.

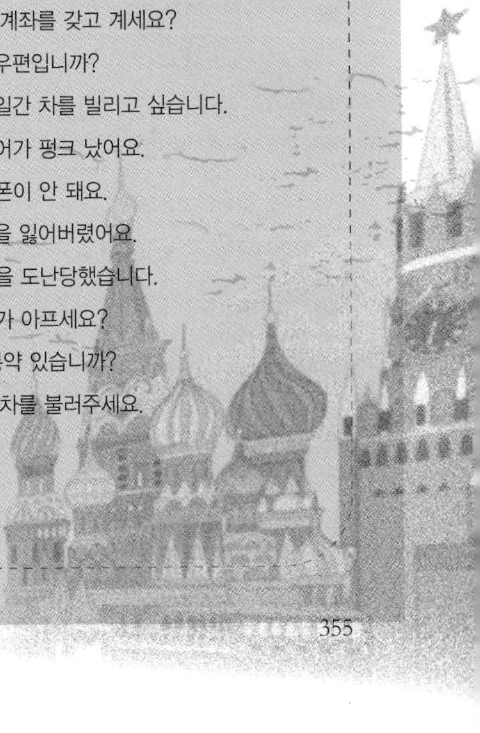

Part 01 책을 몇 권까지 빌릴 수 있습니까?

기본표현

A : Ско́лько книг мо́жно взять за оди́н раз?
스꼴–까 크닉 모–쥐나 브쟈쯔 자 아진– 라스

B : 3(три) кни́ги.
뜨리 크니–기

A : 한 번에 몇 권 빌릴 수 있습니까?
B : 3권이요.

표현늘리기

■ 이용 시간은 9시부터 10시까지입니다.

Вре́мя рабо́ты с 9(девяти́) до 10(десяти́) часо́в.
브레–마 라보–띄 즈 지비찌– 다 지씨찌– 취쏘–프

■ 이 책을 대출하겠습니다.

Я возьму́ э́ту кни́гу.
야 바지무– 에–뚜 크니–구

■ 이 책은 언제까지 반납해야 합니까?

Когда́ ну́жно верну́ть э́ту кни́гу?
까그다– 누–쥐나 비르누–쯔 에–뚜 크니–구

■ 책을 어디에 반납해야 합니까?

Куда́ ну́жно верну́ть кни́гу?
꾸다– 누–쥐나 비르누–쯔 크니–구

■ 대출을 연장할 수 있습니까?

Мóжно продли́ть срок испóльзования кни́ги?
모-쥐나 쁘라들리-쯔 스록 이스뽈-자바니야 크니-기

■ 빌린 책은 조심해서 봐주세요.

Прóсим аккурáтно пóльзоваться взя́тыми кни́гами.
쁘로-씸 아꾸라-뜨나 뽈-자바짜 브쟈-뜨이미 크니-가미

■ 이 책은 5일 내에 반납해 주십시오.

Э́ту кни́гу ну́жно верну́ть в течéние 5(пяти́) дней.
에-뚜 크니-구 누-쥐나 비르누-쯔 프 찌취예-니예 삐찌- 드녜이

■ 도서관은 분실에 대해 책임지지 않습니다.

Библиотéка не несёт ответственности за утéрянные
비블리아쩨-까 니 니쑈-트 앗볫-스뜨빈나스찌 자 우쪠-린늬예

вéщи.
베-쉬

■ 그런 책은 없습니다.

Такóй кни́ги нет.
따꼬-이 크니-기 녯

■ 예약하시겠습니까?

Бу́дете дéлать бронь?
부-지쩨 지엘-라쯔 브론

■ 관내에서는 취식 금지입니다.

Внутрь библиотéки запрещенó проноси́ть еду́ и напи́тки.
브누뜨르 비블리아쩨-끼 자쁘리쉬노- 쁘라나씨-쯔 이두- 이 나삐-뜨끼

Part 02 은행 계좌를 갖고 계세요?

기본표현

A : Есть расчётный счёт?
예스쯔 라쉬요-뜨늬 쉬요-트

B : Да, есть.
다 예스쯔

A : 여기 계좌 갖고 계세요?
B : 네, 있어요.

표현늘리기

- 돈을 찾겠습니다.

Я сниму́ де́ньги.
야 스니무- 젠-기

- 이 수표를 현금으로 바꿔주세요.

Разменя́йте э́тот чек на нали́чные, пожа́луйста.
라즈미냐-이쩨 에-땃 취엑 나 날리-취늬예 빠쥐알-스따

- 예금 계좌가 있습니다.

Есть депози́тный счёт.
예스쯔 지빠지-뜨늬 쉬요-트

- 여기 제 통장입니다.

Вот моя́ ба́нковская кни́жка.
봇 마야- 방-까프스까야 크니-쉬까

- 예금하겠습니다.

Я внесу́ депози́т.
야 브니쑤-　찌빠지-트

- 계좌를 개설하고 싶습니다.

Хочу́ откры́ть счёт.
하취우- 앗끄리-쯔　쉬요-트

- 오늘 환율은 어떻게 됩니까?

Како́й сего́дня курс?
까꼬-이　씨보-드냐　꾸르스

- 환율은 매일 바뀝니다.

Курс валю́т ка́ждый день меня́ется.
꾸르스　발류-트　까-쥐듸　젠　미냐-이짜

- 얼마를 환전해 드릴까요?

Ско́лько хоти́те обменя́ть?
스꼴-까　하찌-쩨　압미냐-쯔

- 이 지폐를 동전으로 바꿔주세요.

Разменя́йте э́ту банкно́ту на ме́лочь, пожа́луйста.
라즈미냐-이쩨　에-뚜 방끄토-뜨　나　멜-라취　빠쥐알-스따

- 서울에 송금하고 싶습니다.

Хочу́ перечи́слить в Сеу́л.
하취우- 삐리취-슬리쯔　프 씨울-

기본표현

A : Отпра́вьте э́ту посы́лку в Ю́жную Коре́ю.
앗쁘라-프쩨 에-뚜 빠쓰일-꾸 브 유-쥐누유 까례-유

B : Отпра́вить авиапо́чтой и́ли паро́мом?
앗쁘라-비쯔 아비아뽀-취따이 일-리 빠로-맘

A : 이 소포를 한국에 부쳐주세요.
B : 항공편인가요, 선편인가요?

표현늘리기

- 이 서류들을 블라디보스토크에 보내주세요.

Отпра́вьте э́ти докуме́нты во Владиво́сток.
앗쁘라-프쩨 에-찌 다꾸멘-띄 바 블라디바스똑-

- 이것을 속달로 부치고 싶어요.

Хочу́ отпра́вить э́то экспре́сс-по́чтой.
하취우- 앗쁘라-비쯔 에-따 엑스쁘레-스 뽀-취따이

- 선편으로 부쳐주시겠습니까?

Не могли́ бы вы отпра́вить э́то паро́мом?
니 마글리- 븨 븨 앗쁘라-비쯔 에-따 빠로-맘

- 등기우편으로 부탁합니다.

Хочу́ отпра́вить э́то зака́зным письмо́м.
하취우- 앗쁘라-비쯔 에-따 자까-즈느임 삐스몸-

■ 내용물이 뭔가요?

Что внутри́ посы́лки?
쉬또 브누뜨리- 빠씰-끼

■ 서울까지 소포 보내는 데 얼마나 걸립니까?

Ско́лько вре́мени идёт посы́лка до Сеу́ла?
스꼴-까 브레-미니 이죠-트 빠씰-까 다 씨울-라

■ 안심소포 서비스를 이용할 수 있나요?

Мо́жно офо́рмить страхо́вку на посы́лку?
모-쥐나 아포-르미쯔 스뜨라호-프꾸 나 빠씰-꾸

■ 짐을 몇 개 보내시겠어요?

Ско́лько посы́лок бу́дете отправля́ть?
스꼴-까 빠씰-락 부-지쩨 앗쁘라블랴-쯔

■ 제게 온 우편물 있나요?

Есть письмо́ и́ли посы́лка на моё и́мя?
예스쯔 삐스모- 일-리 빠씰-까 나 마요- 이-먀

■ 우편번호를 쓰세요.

Укажи́те и́ндекс.
우까쥐-쩨 인-덱스

■ 한번에 보낼 수 있는 소포 사이즈가 어떻게 되죠?

Како́в максима́льный разме́р посы́лки?
까꼬-프 막씨말-늬 라즈메-르 빠씰-끼

Part 04 일주일간 차를 빌리고 싶습니다.

기본표현

A : Хочу́ аре́ндовать маши́ну на неде́лю.
하취우– 아렌–다바쯔 마쉬–누 나 니젤–류

B : Како́й автомоби́ль вы бы хоте́ли?
까꼬–이 아프따마빌– 븨 븨 하쩰–리

A : 일주일간 차를 빌리고 싶습니다.
B : 어떤 차종을 원하십니까?

표현늘리기

■ 오토매틱 세단을 렌트하겠습니다. (화자가 남자일 때)

Я бы хоте́л седа́н с автомати́ческим управле́нием.
야 븨 하쩰– 씨단– 스 아프따마찌–취스낌 우쁘라블례–니임

■ 차 목록을 볼 수 있습니까?

Мо́жно посмотре́ть катало́г маши́н?
모–쥐나 빠스마뜨례–쯔 까딸록– 마쉰–

■ 소형차에 관심이 있습니다.

Меня́ интересу́ют малолитра́жные маши́ны.
미냐– 인찌리쑤–유트 말라리뜨라–쥐늬예 마쉬–늬

■ 하이브리드카 있습니까?

У вас есть гибри́дный автомоби́ль?
우 바스 예스쯔 기브리–드늬 아프따마빌–

- 중형차를 빌리고 싶어요.

Хочу́ взя́ть в аре́нду автомоби́ль сре́днего разме́ра.
하취우– 비쟈–쯔 브 아렌–두 아프따마빌– 스례–드니바 라즈메–라

- 성수기에 차 렌트비는 얼마입니까?

Ско́лько сто́ит аре́нда маши́ны в высо́кий сезо́н?
스꼴–까 스또–잇 아렌–다 마쉬–늬 브 븨쏘–끼 씨존–

- 사고 보험에 가입하고 싶어요.

Хочу́ офо́рмить доро́жно-тра́нспортную страхо́вку.
하취우– 아포–르미쯔 다로–쥐나 뜨란–스빠르뜨누유 스뜨라호–프꾸

- 운전면허를 보여주세요.

Покажи́те води́тельское удостовере́ние.
빠까쥐–쩨 바지–찔스까예 우다스따비례–니예

- 차를 공항에서 반납할 수 있습니까?

Я могу́ верну́ть маши́ну в аэропорту́?
야 마구– 비르누–쯔 마쉬–누 브 아에라빠르뚜–

- 몇 시까지 반납해야 되죠?

До ско́льких часо́в ну́жно верну́ть?
다 스깔–끼흐 취쏘–프 누–쥐나 비르누–쯔

- 두 시 전까지 반납하세요.

Верни́те до 2(двух) часо́в.
비르니–쩨 다 드부흐 취쏘–프

Part 05 타이어가 펑크 났어요.

기본표현

A : Колесо́ прокололо́сь.
깔리쏘- 쁘라깔롤-라스

B : С како́й стороны́?
스 까꼬-이 스따라늬-

A : 타이어가 펑크 났어요.
B : 어느 쪽이죠?

표현늘리기

■ 연료가 떨어졌어요.

Зако́нчилось то́пливо.
자꼰-칠라스 또-쁠리바

■ 가까이에 주유소가 있나요?

Побли́зости есть запра́вка?
빠블리-자스찌 예스찌 자쁘라-프까

■ 가득 채워주세요.

Зале́йте по́лный бак.
잘례-이쩨 뽈-늬 박

■ 차가 고장 났어요.

Маши́на слома́лась.
마쉬-나 슬라말-라스

■ 브레이크가 이상합니다.

Есть неиспра́вность в тормозно́й систе́ме.
예스쯔 니이스쁘라-브나스쯔 프 따르마즈노-이 씨스쩨-메

■ 시동이 안 걸려요.

Маши́на не заво́дится.
마쉬-나 니 자보-지짜

■ 예비 타이어는 확인하셨나요?

Вы прове́рили, есть ли запасно́е колесо́?
븨 쁘라볘-릴리 예스쯔 리 자빠스노-예 깔리쏘-

■ 차가 뜨거워요.

Маши́на перегре́лась.
마쉬-나 삐리그롈-라스

■ 바퀴 압력을 확인해 주세요.

Прове́рьте давле́ние в ши́нах.
쁘라볘-르쪠 다블례-니예 브 쉬-나흐

■ 어떻게 과열된 엔진을 식히죠?

Как мо́жно остуди́ть перегре́тый дви́гатель?
깍 모-쥐나 아스뚜지-쯔 삐리그례-띄 드비-가찔

■ 손상된 부분을 고칠 수 있습니까?

Мо́жно почини́ть сло́манную запча́сть?
모-쥐나 빠취니-쯔 슬로-만누유 잡취아-스쯔

Part 06 핸드폰이 안 돼요.

기본표현

A : Со́товый телефо́н не рабо́тает.
쏘–따븨 찔리폰– 니 라보–따이트

B : Дава́йте посмо́трим.
다바–이쩨 빠스모–뜨림

A : 핸드폰이 안 돼요.
B : 한번 봅시다.

표현늘리기

■ 여기서 배터리를 충전할 수 있습니까?

Мо́жно здесь заряди́ть батаре́йку?
모–쥐나 즈제스 자리지–쯔 바따례–이꾸

■ 배터리를 갈아주세요.

Замени́те батаре́йку.
자미니–쩨 바따례–이꾸

■ 충전기 있나요?

У вас есть заря́дное устро́йство?
우 바스 예스쯔 자랴–드나예 우스뜨로–이스뜨바

■ 제 노트북에서 이상한 소리가 나요.

Мой но́утбук издаёт стра́нный шум.
모이 노–우뜨북 이즈다욧– 스뜨란–늬 쉬움

- 장치를 껐다가 다시 켜보세요.

Вы́ключите устро́йство и включи́те вновь.
빅-끌류취쩨 우스뜨로-이스뜨바 이 프끌류취-쩨 브노프

- 전화기가 작동이 안 돼요.

Телефо́нный аппара́т в нерабо́чем состоя́нии.
찔리폰-늬 아빠라-트 브 니라보-췸 싸스따야-니

- 이거 고치는 데 시간이 얼마나 걸려요?

Ско́лько вре́мени займёт почини́ть э́то?
스꼴-까 브례-미니 자이묫- 빠취니-쯔 에-따

- 핸드폰 액정 교체는 얼마입니까?

Ско́лько сто́ит замени́ть экра́н со́тового телефо́на?
스꼴-까 스또-잇 자미니-쯔 에끄란- 쏘-따바바 찔리포-나

- 이것은 수리할 수 없습니다.

Э́то не подлежи́т ремо́нту.
에-따 니 빠들리쥐-트 리몬-뚜

- 고장난 장비를 먼저 저희쪽으로 보내주셔야 합니다.

Сло́манное устро́йство необходи́мо снача́ла отпра́вить нам.
슬로-만나예 우스뜨로-이스뜨바 니아브하지-마 스나취알-라 앗쁘라-비쯔 남

- 보증 기간은 6개월입니다.

Гаранти́йный срок составля́ет 6(шесть) ме́сяцев.
가란찌-늬 스록 싸스따블랴-잇 쉬에스쯔 메-씨찌프

Part 07 가방을 잃어버렸어요.

기본표현

A : Я потеря́ла су́мку.
야 빠찌랼-라 쑴-꾸

B : Что бы́ло внутри́ су́мки?
쉬또 브일-라 브누뜨리- 쑴-끼

A : 가방을 잃어버렸어요. (화자가 여자일 때)
B : 안에 뭐가 들어 있었습니까?

표현늘리기

■ 제 짐을 찾을 수가 없어요.

Я не могу́ найти́ свои́ ве́щи.
야 니 마구- 나이찌- 스바이- 볘-쉬

■ 여권이 안 보여요.

Не могу́ найти́ па́спорт.
니 마구- 나이찌- 빠-스빠르뜨

■ 핸드폰을 잃어버렸습니다. (하자가 남자일 때)

Я потеря́л со́товый телефо́н.
야 빠찌랼- 쏘-따븨 찔리폰-

■ 어디서 잃어버렸습니까?

Где потеря́ли?
그졔 빠찌랼-리

■ 버스에 두고 내린 것 같아요.

Ка́жется, в авто́бусе.
까-쥐짜 브 아프또-부쎄

■ 전혀 모르겠습니다.

Совсе́м не зна́ю.
쌉씨옘- 니 즈나-유

■ 분실물 센터는 어디입니까?

Где нахо́дится стол нахо́док?
그제 나호-지짜 스똘 나호-닥

■ 경찰서는 어디입니까?

Где нахо́дится полице́йский уча́сток?
그제 나호-지짜 빨리쩨-이스끼 우취아-스딱

■ 이 신고서를 기재해 주세요.

Запо́лните э́то заявле́ние.
자뽈-니쩨 에-따 자이블례-니예

■ 찾으면 저한테 바로 연락주세요.

Е́сли найдёте, сра́зу сообщи́те мне.
예-슬리 나이죠-쩨 스라-주 싸아프쉬-쩨 므녜

Tip

найти́의 과거는 нашёл, нашла́, нашло́, нашли́이며 종종 주어를 생략해서 간단하게 답합니다.

(Я) Нашёл. (Я) Нашла́. (저는) 찾았어요.
(Я) Не нашёл. (Я) Не нашла́. (저는) 못 찾았어요.

기본표현

A : Что случи́лось?
쉬또 슬루췰–라스

B : У меня́ укра́ли кошелёк.
우 미냐– 우끄랄–리 까쉴료–크

A : 왜 그러세요?
B : 지갑을 도난당했어요.

표현늘리기

■ 잡아라!

Лови́!
라비–

■ 저 놈이 제 가방을 훔쳐갔어요.

Вон тот гад укра́л мою́ су́мку.
본 똣 가트 우끄랄– 마유– 쑴–꾸

■ 누가 제 돈을 훔쳐갔어요.

Кто́-то укра́л у меня́ де́ньги.
크또–따 우끄랄– 우 미냐– 젠–기

■ 신용카드를 도난당했습니다.

У меня́ укра́ли креди́тную ка́рту.
우 미냐– 우끄랄–리 끄리지–뜨누유 까–르뚜

■ 경찰에 신고하세요.

Заяви́те в поли́цию.
자이비-쩨 프 빨리-찌유

■ 거기에 뭐가 들어 있나요?

Что бы́ло внутри́?
쉬또 브일-라 브누뜨리-

■ 귀중품과 돈이 있습니다.

Там бы́ли це́нные ве́щи и де́ньги.
땀 브일-리 쩬-늬예 베-쉬 이 젠-기

■ 언제 어디서 발생했습니까?

Когда́ и где э́то произошло́?
까그다- 이 그제 에-따 쁘라이자쇨로-

■ 방금 지하철에서요.

То́лько что в метро́.
똘-까 쉬또 프 미뜨로-

■ 범인은 어떻게 생겼는지 묘사해 주실 수 있으세요?

Мо́жете описа́ть престу́пника?
모-쥐쩨 아삐싸-쯔 쁘리스뚭-니까

■ 한국대사관 전화번호를 알려주세요.

Да́йте но́мер посо́льства Ю́жной Коре́и.
다-이쩨 노-미르 빠쏠-스뜨바 유-쥐나이 까례-이

Part 09 어디가 아프세요?

기본표현

A : Что у вас боли́т?
쉬또 우 바즈 발릿–

B : У меня́ температу́ра.
우 미냐– 찜삐라뚜–라

A : 어디가 아프세요?
B : 저 열이 나요.

표현늘리기

■ 몸이 아파요.

Те́ло ло́мит.
쩰–라 로–미트

■ 입원해야 합니까?

Необходи́ма госпитализа́ция?
니압하지–마 가스삐딸리자–찌야

■ 바로 여기가 아파요.

Вот тут боли́т.
봇 뚜트 발릿–

■ 오한이 나요.

У меня́ озно́б.
우 미냐– 아즈노–프

- 구역질이 나고 아무것도 못 먹겠어요.

Тошни́т и не могу́ есть.
따쉬닛–　이 니　마구–　예스쯔

- 머리가 어지러워요.

У меня́ кру́жится голова́.
우 미냐–　끄루–쥐짜　갈라바–

- 목이 아파요.

Боли́т го́рло.
발릿–　고–를라

- 기침이 멈추지 않아요.

Ка́шель не прекраща́ется.
까–쉴　니　쁘리끄라쉬아–이짜

- 계속 재채기가 나와요.

Постоя́нно чиха́ю.
빠스따얀–나　취하–유

- 콧물이 너무 많이 나요.

Со́пли ручьём.
쏘–쁠리　루취욤–

- 주사 놓겠습니다.

Поста́влю вам уко́л.
빠스따–블류　밤　우꼴–

Part 10 두통약 있습니까?

기본표현

A : У вас есть табле́тки от головно́й бо́ли?
우 바스 예스쯔 따블례-뜨끼 앗 갈라브노-이 볼-리

B : Да, есть. Подожди́те мину́тку.
다 예스쯔 빠다쥐지-쩨 미누-뜨꾸

A : 두통약 있습니까?
B : 네, 있습니다. 잠시만 기다려 주세요.

표현늘리기

■ 이 처방전대로 약 주세요.

Да́йте лека́рство по э́тому реце́пту.
다-이쩨 리까-르스뜨바 빠 에-따무 리쩹-뚜

■ 이 약을 처방전 없이 살 수 있습니까?

Э́то лека́рство мо́жно купи́ть без реце́пта?
에-따 리까-르스뜨바 모-쥐나 꾸삐-쯔 비스 리쩹-따

■ 감기약 있습니까?

Есть лека́рство от просту́ды?
예스쯔 리까-르스뜨바 앗 쁘라스뚜-듸

■ 소화제 주세요.

Да́йте препара́т для пищеваре́ния.
다-이쩨 쁘리빠랏- 들랴 삐쉬바례-니야

■ 이 소화제는 언제 먹습니까?

Кагда́ принима́ть э́тот препара́т для пищеваре́ния?
까그다- 쁘리니마-쯔 에-땃 쁘리빠랏- 들랴 삐쉬바례-니야

■ 이 약은 식후에 드세요.

Принима́йте э́то лека́рство по́сле еды́.
쁘리니마-이쪠 에-따 리까-르스뜨바 뽀-슬례 이디-

■ 이 약은 우유랑 먹지 마세요.

Э́то лека́рство нельзя́ принима́ть с молоко́м.
에-따 리까-르스뜨바 닐쟈- 쁘리니마-쯔 스 말라꼼-

■ 이 약을 먹을 때 특별히 따라야 할 식단이 있나요?

Ну́жно ли соблюда́ть определённую дие́ту при приёме э́того препара́та?
누-쥐나 리 싸블류다-쯔 아쁘리질룐-누유 지예-뚜 쁘리
쁘리요-몌 에-따바 쁘리빠라-따

■ 한 번에 세 알씩 드세요.

Принима́йте 3(три) табле́тки за раз.
쁘리니마-이쪠 뜨리 따블례-뜨끼 자 라스

■ 부작용은 없나요?

Нет ли побо́чного эффе́кта?
녯 리 빠보-취나바 에피옉-따

■ 약 먹는 걸 깜빡했으면 어떡해야 하죠? (화자가 남자일 때)

Что де́лать, е́сли забы́л приня́ть лека́рство?
쉬또 지엘-라쯔 예-슬리 자브일- 쁘리냐-쯔 리까-르스뜨바

Part 11 구급차를 불러주세요.

기본표현

A : Попáла в авáрию.
빠빨–라 브 아바–리유

B : Вы́зовите скóрую пóмощь.
븨–자비쩨 스꼬–루유 뽀–모쉬

A : 교통사고를 당했어요. (화자가 여자일 때)
B : 구급차를 불러주세요.

표현늘리기

■ 누구 좀 도와주세요.

Кто-нибу́дь, помоги́те, пожáлуйста.
크또 니붓– 빠마기–쩨 빠쥐알–스따

■ 괜찮으세요?

Всё нормáльно?
프쇼– 나르말–나

■ 다친 사람이 있습니다.

Есть пострадáвшие.
예스쯔 빠스뜨라다–프쉬예

■ 어린이가 피를 흘리고 있습니다.

У ребёнка кровотече́ние.
우 리본–까 끄라바찌취예–니예

■ 어떤 여자가 의식이 없어요.

Однá жéнщина потерялa сознáние.
아드나– 쥐엔–쉬나 빠찌랼–라 싸즈나–니예

■ 소화기 쓰는 법을 알려주세요.

Покажи́те, как по́льзоваться огнетуши́телем.
빠까쥐–쩨 깍 뽈–자바짜 아그니뚜쉬–찔림

■ 화재 비상벨을 누르세요.

Нажми́те на противопожáрную кно́пку.
나쥐미–쩨 나 쁘라찌바빠쥐아–르누유 끄노–프꾸

■ 경찰을 불러요.

Вы́зовите поли́цию.
븨–자비쩨 빨리–찌유

■ 구조대를 불러주세요.

Вы́зовите комáнду спасáтелей.
븨–자비쩨 까만–두 스빠싸–찔리

■ 여기 누우세요.

Ложи́тесь сюдá.
라쥐–찌스 쓔다–

■ 숨을 깊게 천천히 쉬세요.

Дыши́те глубоко́ и мéдленно.
드이쉬–쩨 글루바꼬– 이 메–들린나

단어늘리기

기본단어

кни́га	크니–가	책
за оди́н раз	자 아진– 라스	한 번에(= за раз)
вре́мя рабо́ты	브레–먀 라보–띄	근무 시간 (*рабо́та 일)
де́вять часо́в	졔–비쯔 취쏘–프	9시
с девяти́ часо́в	즈 지비찌– 취쏘–프	9시부터
де́сять часо́в	졔–씨쯔 취쏘–프	10시
до десяти́ часо́в	다 지씨찌– 취쏘–프	10시까지
верну́ть	비르누–쯔	반납하다, 돌려주다〈완료〉
испо́льзование	이스뽈–자바니예	이용, 사용
срок испо́льзования	스록 이스뽈–자바니야	이용 기한
аккура́тно	아꾸라–뜨나	조심히, 단정하게
взя́тый напрока́т	브쟈–띄 나쁘라까–트	임차한
пять дней	빠쯔 드녜이	5일
в тече́ние пяти́ дней	프 찌취예–니예 삐찌– 드녜이	5일간
нести́	니스찌–	들고 가다〈불완료〉
отве́тственность	앗벳–스뜨빈나스쯔	책임〈여〉
нести́ отве́тственность	니스찌– 앗벳–스뜨빈나스쯔	책임지다〈불완료〉
уте́рянный	우쪠–린늬	분실된
внутрь	브누뜨르	안으로, 내부로
проноси́ть	쁘라나씨–쯔	들고 오다〈불완료〉
расчётный счёт	라쉬요–뜨늬 쉬요–트	지불 계좌
разменя́ть	라즈미냐–쯔	작은 돈으로 바꾸다〈완료〉
нали́чность	날리–취나스쯔	현금〈여〉
депози́тный счёт	지빠지–뜨늬 쉬요–트	예금 계좌

кни́жка	크니-쉬까	작은 책
ба́нковская кни́жка	방-까프스까야 크니-쉬까	통장
внести́	브니스찌-	납입하다, 안에 넣다〈완료〉
депози́т	지빠지-트	예금
курс	꾸르스	환율, 대학 학년, 코스, 과정
валю́та	발류-따	통화, 화폐
курс валю́т	꾸르스 발류-트	환율
меня́ться	미냐-짜	바뀌다〈불완료〉
банкно́та	방크노-따	지폐
ме́лочь	멜-라취	잔돈〈여〉
перечи́слить	삐리취-슬리쯔	송금하다〈완료〉
авиапо́чта	아비아뽀-취따	항공우편
авиапо́чтой	아비아뽀-취따이	항공우편으로
паро́м	빠롬-	선편, 페리선
паро́мом	빠로-맘	선편으로
экспре́сс-по́чта	엑스쁘레-스 뽀-취따	속달우편
экспре́сс-по́чтой	엑스쁘레-스 뽀-취따이	속달로
зака́зное письмо́	자까-즈나예 삐스모-	등기우편
зака́зным письмо́м	자까-즈느임 삐스몸-	등기우편으로
внутри́ посы́лки	브누뜨리- 빠쓰일-끼	소포의 내부에
страхо́вка	스뜨라호-프까	보험
отправля́ть	앗쁘라블랴-쯔	보내다〈불완료〉
на моё и́мя	나 마요- 이-먀	내 이름으로
указа́ть	우까자-쯔	제시하다, 표시하다〈완료〉
и́ндекс	인-덱스	우편번호
максима́льный	막시말-늬	최대의
на неде́лю	나 니젤-류	일주일 예정으로 (*неде́ля 일주일)

단어늘리기

автомоби́ль	아프따마빌–	자동차〈남〉
седа́н	씨단–	세단
автомати́ческий	아프따마찌–취스끼	자동의
управле́ние	우쁘라블례–니예	조종, 관리, 운전
катало́г	까딸록–	카탈로그, 목록
интересова́ть	인찌리싸바–쯔	흥미롭게 하다〈불완료〉
малолитра́жный	말라리뜨라–쥐늬	용량이 적은
малолитра́жная маши́на	말라리뜨라–쥐나야 마쉬–나	소형차
гибри́дный	기브리–드늬	하이브리드의
взя́ть в аре́нду	브쟈–쯔 브 아렌–두	빌리다〈완료〉
высо́кий сезо́н	븨쏘–끼 씨존–	성수기
доро́жно-тра́нспортный	다로–쥐나 뜨란–스빠르뜨늬	도로 교통의
води́тельский	바지–찔스끼	운전의
удостовере́ние	우다스따비례–니예	증명, 증명서
в аэропорту́	브 아에라빠르뚜–	공항에서 (*аэропо́рт 공항)
до ско́льких часо́в	다 스꼴–끼흐 취쏘–프	몇 시까지
два часа́	드바 취싸–	2시
до двух часо́в	다 드부흐 취쏘–프	2시 전까지
колесо́	깔리쏘–	바퀴, 타이어
проколо́ться	쁘라깔로–짜	펑크 나다〈완료〉
то́пливо	또–쁠리바	연료
побли́зости	빠블리–자스찌	가까이에
запра́вка	자쁘라–프까	주유소
зали́ть	잘리–쯔	(액체를) 부어넣다〈완료〉
бак	박	탱크, 저수조
по́лный бак	뽈–늬 박	가득 찬 탱크

неиспра́вность	니이스쁘라-브나스쯔	고장, 파손, 결점〈여〉
тормозно́й	따르마즈노-이	브레이크의
систе́ма	씨스쪠-마	시스템
заводи́ться	자바지-짜	시동이 걸리다〈불완료〉
запасно́й	자빠스노-이	예비의, 비축의
перегре́ться	삐리그례-짜	과열되다〈완료〉
давле́ние	다블례-니예	압력
ши́на	쉬-나	타이어
остуди́ть	아스뚜지-쯔	식히다〈완료〉
перегре́тый	삐리그례-띄	과열된
дви́гатель	드비-가찔	엔진〈남〉
сло́манный	슬로-만늬	고장난, 손상된, 부서진
запча́сть	잡취아-스쯔	부품〈여〉
заряди́ть	자리지-쯔	충전하다〈완료〉
замени́ть	자미니-쯔	교체하다〈완료〉
посмотре́ть	빠스마뜨례-쯔	보다〈완료〉
заря́дный	자랴-드늬	충전의
устро́йство	우스뜨로-이스뜨바	기기, 장치
заря́дное устро́йство	자랴-드나예 우스뜨로-이스뜨바	충전기
но́утбук	노-우트북	노트북
издава́ть	이즈다바-쯔	(소리를) 내다〈불완료〉
шум	쉬움	소음
вы́ключить	븨-끌류취쯔	(기계 등을) 끄다〈완료〉
включи́ть	프끌류취-쯔	(기계 등을) 켜다〈완료〉
телефо́нный	찔리폰-늬	전화의
телефо́нный аппара́т	찔리폰-늬 아빠라-트	전화기
нерабо́чий	니라보-취이	작동하지 않는
состоя́ние	싸스따야-니에	상태

단어늘리기

экра́н	에끄란–	스크린, 화면, 액정
подлежа́ть	빠들리쥐아–쯔	(여격에) 속하다〈불완료〉
ремо́нт	리몬–트	수리
необходи́мо	니아브하지–마	(동사하는 게) 필수적이다
гаранти́йный срок	가란찌–늬 스록	보증 기간
потеря́ть	빠찌랴–쯔	잃다〈완료〉
внутри́ су́мки	브누뜨리– 쑴–끼	핸드백 안에 (*су́мка 핸드백)
найти́	나이찌–	찾아내다〈완료〉
совсе́м	쌉씨옘–	완전히, 전혀
нахо́дка	나호–트까	습득물
стол нахо́док	스똘 나호–닥	분실물센터
заявле́ние	자이블례–니예	신고서, 신청서
сообщи́ть	싸아브쉬–쯔	알리다〈완료〉
укра́сть	우끄라–스쯔	훔치다〈완료〉
кошелёк	까쉴료–크	지갑
лови́ть	라비–쯔	(움직이는 걸) 잡다〈불완료〉
гад	가트	악당, 나쁜 놈
кто-то	크또–따	누군가
креди́тная ка́рта	끄리지–뜨나야 까–르따	신용카드
заяви́ть	자이비–쯔	신고하다〈완료〉
поли́ция	빨리–찌야	경찰 (단체)
описа́ть	아삐싸–쯔	묘사하다〈완료〉
престу́пник	쁘리스뚜–프닉	범인, 범죄자
те́ло	쪨–라	몸, 신체
ломи́ть	라미–쯔	아프다, 통증이 있다〈불완료〉
необходи́м	니아브하짐–	필수적이다
госпитализа́ция	가스삐딸리자–찌야	입원
вот тут	봇 뚜트	바로 여기

озно́б	아즈노-프	오한, 한기
тошни́ть	따쉬니-쯔	메스껍다, 구역질 나다 〈불완료〉
кружи́ться	끄루쥐-짜	빙빙 돌다〈불완료〉
голова́	갈라바-	머리
го́рло	고-를라	목구멍
прекраща́ться	쁘리끄라쉬아-짜	중단되다〈불완료〉
со́пли	쏘-쁠리	콧물〈복〉
руче́й	루취예이	시냇물, 개천
ручьём	루취욤-	(액체가) 냇물처럼 많이 흐르다
уко́л	우꼴-	주사
табле́тка	따블레-트까	알약
головна́я боль	갈라브나-야 볼	두통
от головно́й бо́ли	앗 갈라브노-이 볼-리	두통을 방지하는
реце́пт	리쩹-트	처방전
просту́да	쁘라스뚜-다	감기
от просту́ды	앗 쁘라스뚜-듸	감기를 방지하는
препара́т	쁘리빠라-트	약제
пищеваре́ние	삐쉬바례-니예	소화
для пищеваре́ния	들랴 삐쉬바례-니야	소화를 위한
по́сле еды́	뽀-슬레 이듸-	식후에 (*еда́ 음식)
соблюда́ть	싸블류다-쯔	준수하다, 지키다〈불완료〉
определённый	아쁘리질룐-늬	정해진, 특정한
дие́та	지예-따	식단, 식이요법
приём	쁘리욤-	복용, 수용, 받아들임
побо́чный эффе́кт	빠보-취늬 에펙-트	부작용
ава́рия	아바-리야	사고, 교통사고
ско́рая по́мощь	스꼬 라야 뽀 모쉬	구급차

단어늘리기

кто-нибу́дь	크또 니부-쯔	누구든지
пострада́вший	빠스뜨라다-프쉬	부상자 (형용사 형태)
кровотече́ние	끄라바찌취예-니예	출혈
созна́ние	싸즈나-니예	의식
огнетуши́тель	아그니뚜쉬-찔	소화기〈남〉
противопожа́рная кно́пка	쁘라찌바빠쥐아-르나야 크놉-까	화재 비상벨
кома́нда	까만-다	팀
спаса́тель	스빠싸-찔	구조대원, 구조원〈남〉
кома́нда спаса́телей	까만-다 쓰빠싸-찔리	구조대
ложи́ться	라쥐-짜	눕다〈불완료〉
глубоко́	글루바꼬-	깊게
ме́дленно	메-들린나	느리게, 천천히

관련단어

[병 관련]

боль	볼	통증〈여〉
головна́я боль	갈라브나-야 볼	두통
зубна́я боль	주브나-야 볼	치통
боль в животе́	볼 브 쥐바쩨-	복통
боль в желу́дке	볼 브 쥘루-뜨꼐	위통
боль в го́рле	볼 브 고-를례	인후통
боль в спине́	볼 프 스삐녜-	허리 통증
просту́да	쁘라스뚜-다	감기
грипп	그립	독감
ка́шель	까-쉴	기침〈남〉
на́сморк	나-스마르크	코감기

температу́ра	찜삐라뚜-라	열
морска́я боле́знь	마르스까-야 발례-즌	멀미
рво́та	르보-따	구토, 구역질
тошнота́	따쉬나따-	메스꺼움
поно́с	빠노-스	설사
запо́р	자뽀-르	변비
диабе́т	지아볘-트	당뇨
рак (злока́чественная о́пухоль)	락 (즐라까-취스뜨빈나야 오-뿌할)	암 (악성 종양)
головокруже́ние	갈라바끄루쥐예-니예	어지러움
аллерги́я	알리르기-야	알러지
ра́на	라-나	부상, 상처
прыщ	쁘릐쉬	여드름
кровотече́ние	끄라바찌취예-니예	출혈
ожо́г	아쥐-옥	화상
кро́вь	끄로-프	피〈여〉
высо́кое давле́ние	븨쏘-까예 다블례-니예	고혈압

젬스키 닥터

러시아를 여행하다 보면 정말 흔하게 볼 수 있는 간판이 약국(аптéка)입니다. 약국은 정말 많은데 제대로 된 의료진과 시설을 갖춘 병원은 인구에 비해 많은 편이 아니며, 도시가 아닌 시골의 사정은 더욱 열악합니다. 그런데 이러한 시골의 상황도 조금씩 변하고 있다고 합니다. 바로 젬스키 닥터라는 프로그램 덕분입니다.

젬스키 닥터(Зéмский дóктор)는 러시아 정부가 2012년부터 시행하고 있는 프로그램으로, 시골의 의료진 부족과, 의대 졸업 후 직장을 구하지 못한 많은 이들의 실업 문제를 동시에 해결하기 위한 목적으로 만들어졌습니다. 젊은 전문가들의 시골 이주를 촉진하려는 목적도 있다고 합니다.

이 프로그램은 초반부터 상당한 관심을 불러일으켰는데, 지원자들이 정부에서 일시불로 받는 이주 지원금이 100만 루블(2018년 기준 약 1,700만 원)이나 되기 때문이죠. 이 프로그램으로 시골로 간 의사들은 최소 5년 간 그 지역에서 근무해야 하고, 만약 계약된 5년을 채우지 못하면, 일하지 못한 날짜만큼 산정하여 지원금을 정부에 반납해야 합니다. 또한, 이주를 지원하는 목적의 돈이므로 집이나 땅을 사거나 집을 건설하는 용도로 쓰여야 하고, 도시로 돌아올 때도 반납해야 한다고 하네요.

Russia

부 록

▶초심자를 위한 러시아어 막사용 설명서

▶그림 단어

1. 객실
2. 화장실
3. 컴퓨터
4. 문구용품
5. 가전제품
6. 주방
7. 승용차
8. 인체
9. 과일
10. 야채
11. 동물

▶단어 찾아보기

초심자를 위한 러시아어 막사용 설명서

러시아에 가서 러시아어를 못해도 최소한 다음 몇 마디만 알면 도움이 될 것입니다.

Здра́вствуйте! 즈드라–스뜨부이쩨	안녕하세요!
Да. 다	예.
Нет. 니엣	아니요.
э́то 에–따	이것
то 또	저것
туале́т 뚜알례–트	화장실
Помоги́те, пожа́луйста. 빠마기–쩨 빠쥐알–스따	도와주세요.
Прошу́ вас. 쁘라쉬우– 바스	부탁합니다.
Прости́те. 쁘라스찌–쩨	실례합니다.

■ **Ско́лько сто́ит...?** ~가 얼마입니까?
스꼴-까 스또-잇

■ **Где нахо́дится...?** ~은 어디에 있습니까?
그제 나호-지짜

■ **Спаси́бо.** 감사합니다.
스빠씨-바

■ **Не́ за что.** 천만에요.
녜- 자 쉬따

■ **Ничего́.** 괜찮습니다.
니취보-

■ **Повтори́те ещё раз, пожа́луйста!**
빠프따리-쩨 이쉬요- 라스 빠쥐알-스따
다시 한번 말씀해 주실래요?

■ **До свида́ния!** 안녕히 가세요!
다 스비다-니야

그림 단어

1. 객실 гости́ничный но́мер 가스찌-취늬 노-미르

- **шкаф для оде́жды** 쉬까프 들랴 아지에-쥐듸/옷장
- **розе́тка** 라졔-뜨까/콘센트
- **ла́мпа** 람-빠/전등
- **одея́ло** 아지얄-라/이불
- **поду́шка** 빠두-쉬까/베개
- **пе́пельница** 뻬-삘니짜/재떨이

2. 화장실(욕조가 있는 가정용) ва́нная 반-나야

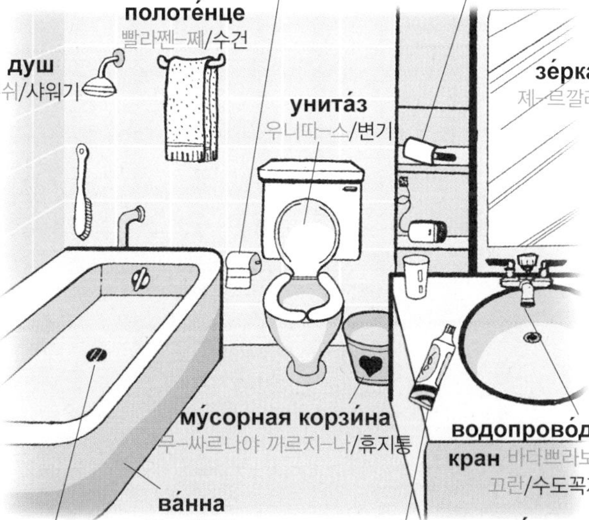

- **зубна́я щётка** 주브나-야 쉬요-뜨까/칫솔
- **фен** 펜/드라이기
- **мы́ло** 므일-라/비누
- **шампу́нь** 쉬암뿐-/샴푸〈남〉
- **кондиционе́р для воло́с** 깐지찌아녜-르 들랴 발로-스/린스
- **расчёска** 라쉬요-스까/빗
- **увлажня́ющий крем для лица́**
  우블라쥐냐-유쉬 끄롐 들랴 리짜-/로션

3. 컴퓨터 компью́тер 깜삐유-떼르

монито́р
마니또-르/모니터

спи́кер
스삐-끼르/스피커

клавиату́ра
끌라비아뚜-라/키보드

но́утбук
노-우뜨북/노트북

при́нтер
쁘린-떼르/프린터

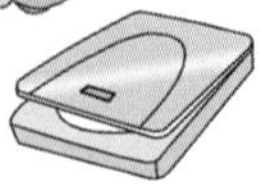

ска́нер
스까-니르/스캐너

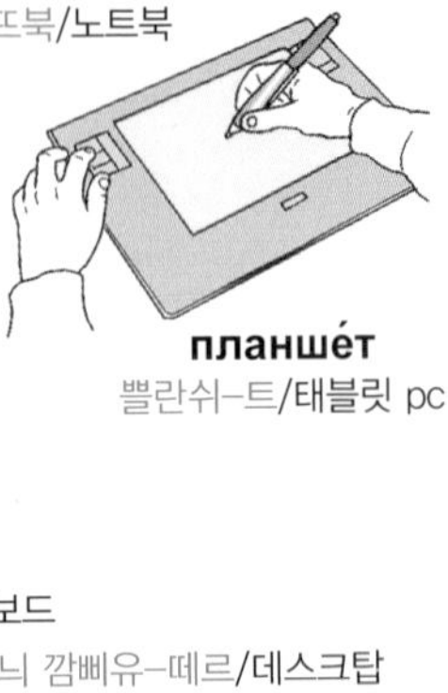

планше́т
쁠란쉬-트/태블릿 pc

- **беспроводна́я клавиату́ра**
  비스쁘라바드나-야 끌라비아뚜-라/무선 키보드
- **насто́льный компью́тер** 나스똘-늬 깜삐유-떼르/데스크탑
- **компью́терная мышь** 깜삐유-떼르나야 믜쉬/마우스
- **беспроводна́я мышь** 비스쁘라바드나-야 믜쉬/무선 마우스
- **вай-фа́й** 바이 파-이/와이파이
- **компа́кт-диск** 깜빡-트 지스끄/CD
- **нау́шники** 나우-쉬니끼/이어폰〈복〉
- **электро́нная кни́га** 엘릭뜨론-나야 끄니-가/전자책

4. 문구용품 канцеля́рские това́ры 깐쯔일랴-르스끼예 따바-릐

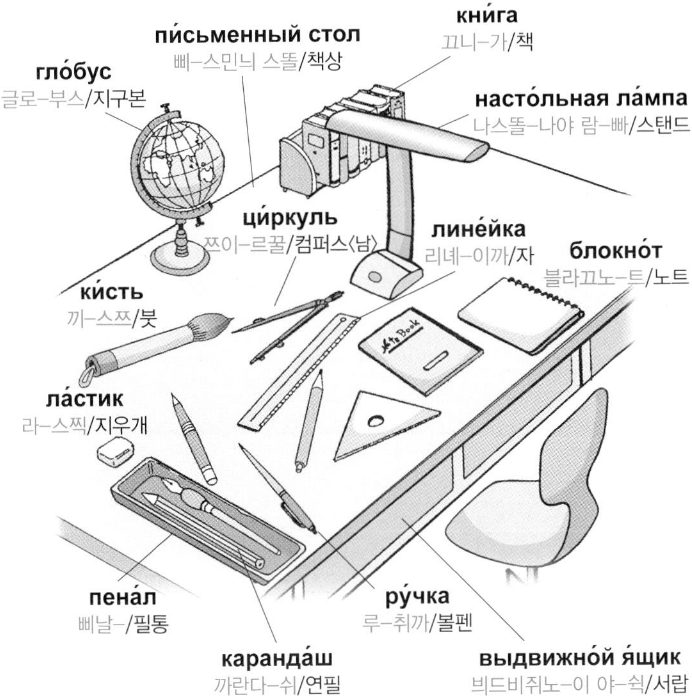

• **конве́рт** 깐볘-르트/봉투
• **кле́йкая ле́нта** 끌례-이까야 롄-따/테이프
• **бума́га** 부마-가/종이
• **кра́ски** 끄라-스끼/물감
• **тетра́дь** 찌뜨라-쯔/공책〈여〉
• **откры́тки** 앗끄릐-뜨끼/엽서〈복〉
• **цветна́я бума́га** 쯔비뜨나-야 부마-가/색종이
• **авторучка** 아프따루-취까/만년필
• **кни́жная по́лка** 끄니-쥐나야 뽈-까/책꽂이
• **цветны́е мелки́** 쯔비뜨늬-예 밀끼-/크레파스
• **но́жницы** 노-쥐니찌/가위〈복〉
• **черни́ла** 취르닐-라/잉크〈복〉
• **клей-каранда́ш** 끌레이 까란다-쉬/풀

5. 가전제품 **бытова́я те́хника** 븨따바-야 쪠-흐니까

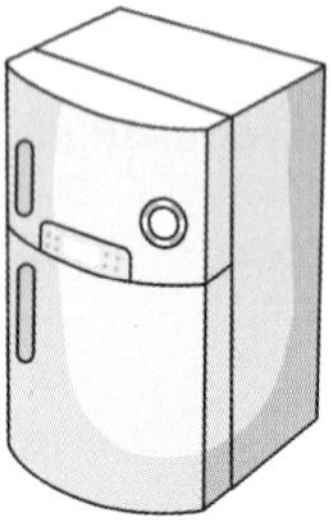

холоди́льник
할라질-닉/냉장고

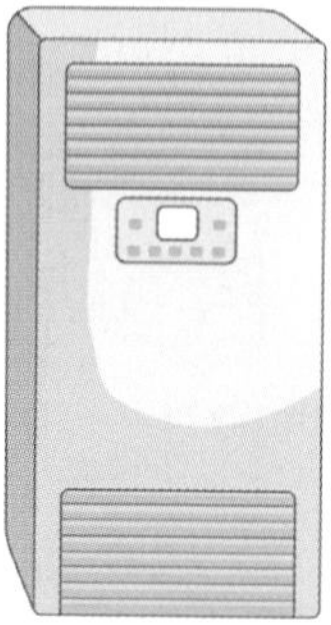

кондиционе́р
깐지찌아녜-르/에어컨

фотоаппара́т
파따아빠라-트/카메라

бле́ндер
블렌-데르/믹서기

телеви́зор
찔리비-자르/텔레비전

стира́льная маши́на
스찌랄-나야 마쉬-나/세탁기

вентиля́тор
빈찔랴-따르/선풍기

- **цифрово́й фотоаппара́т** 찌브라보-이 파따아빠라-트/디지털카메라
- **пылесо́с** 쁘일리쏘-스/청소기
- **очисти́тель во́здуха** 아취스찌-찔 보-즈두하/공기청정기
- **пульт дистанцио́нного управле́ния (ПДУ)**
  뿔트 지스딴찌온-나바 우쁘라블례-니야/리모콘
- **фен** 펜/헤어드라이기
- **кофева́рка** 카피바-르까/커피머신
- **то́стер** 또-스떼르/토스트기

6. 주방 ку́хня 꾸-흐냐

- **нож** 노쉬/칼
- **посудомо́ечная маши́на** 빠쑤다모-이취나야 마쉬-나/식기세척기
- **духо́вка** 두호-프까/오븐
- **водоочисти́тель** 바다아취스찌-찔/정수기〈남〉
- **разде́лочная доска́** 라즈젤-라취나야 다스까-/도마
- **подно́с** 빠드노-스/쟁반

7. 승용차 **легково́й автомоби́ль** 리흐까보–이 아프따마빌–

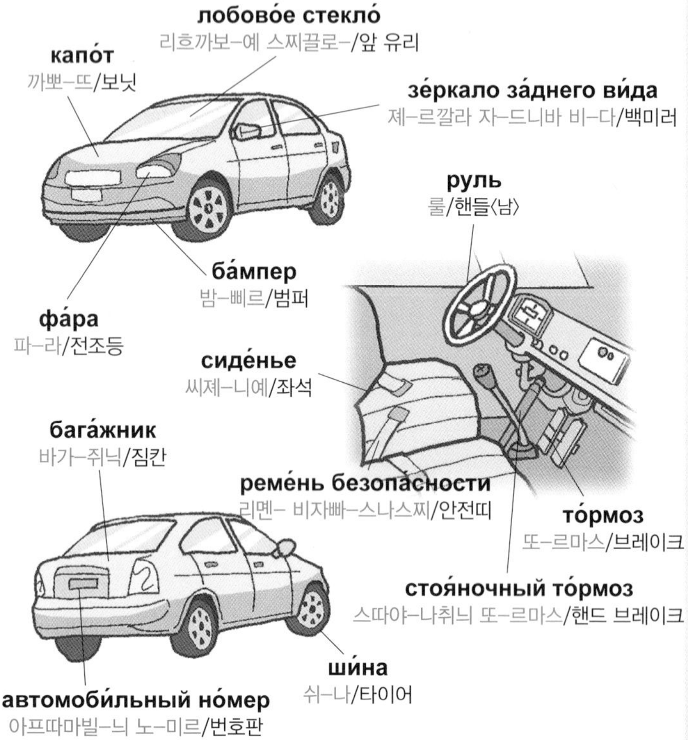

- **указа́тель поворо́та** 우까자–찔 빠바로–따/방향 지시기(깜빡이)
- **стеклоочисти́тель** 스찌끌라쥐스찌–찔/와이퍼〈남〉
- **механи́ческая коро́бка переда́ч**
  미하니–취스까야 까로–프까 삐리다–취/수동 변속기
- **педа́ль сцепле́ния** 삐달– 스찝쁠례–니야/클러치 페달
- **акселера́тор** 악씰리라–따르/가속 페달
- **клаксо́н** 끌락쏜–/경적
- **дви́гатель** 드비–가찔/엔진〈남〉

8. 인체 человéческое тéло 췰라베–취스까예 쪨–라

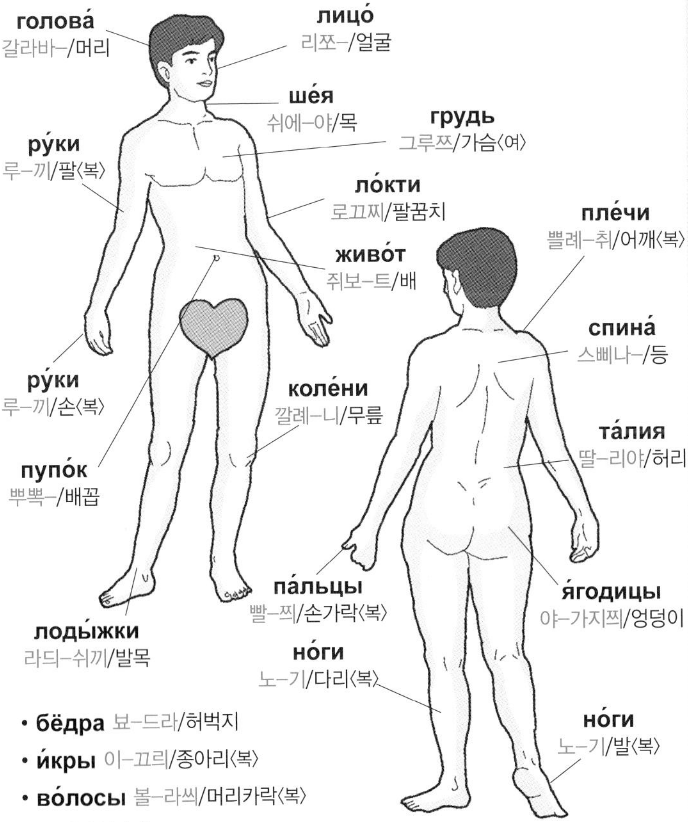

- **бёдра** 뵤–드라/허벅지
- **и́кры** 이–끄리/종아리〈복〉
- **вóлосы** 볼–라씨/머리카락〈복〉
- **лоб** 롭/이마
- **брóви** 브로–비/눈썹〈복〉
- **нос** 노스/코
- **подборóдок** 빠드바로–닥/턱
- **гóрло** 고–를라/목구멍
- **гýбы** 구–븨/입술〈복〉
- **усы́** 우쓰이–/콧수염〈복〉
- **глазá** 글라자–/눈〈복〉
- **рот** 로트/입
- **язы́к** 이즈이–크/혀
- **ýши** 우–쉬/귀
- **бородá** 바라다–/턱수염
- **сéрдце** 쎄–르쩨/심장

9. 과일 фру́кты 프룩–띄

клубни́ка
끌루브니–까/딸기

лимо́н
리몬–/레몬

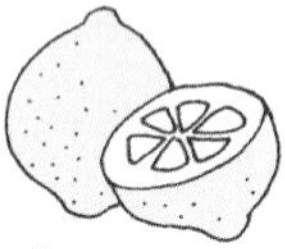

хурма́
흐루마–/감

виногра́д
비나그라–트/포도

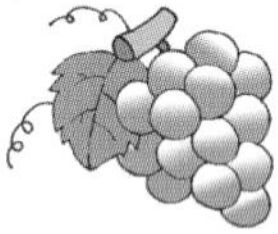

апельси́н
아삘씬–/오렌지

ма́нго
망–가/망고

арбу́з
아르부–스/수박

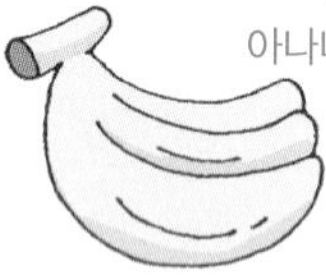

бана́н
바난–/바나나

анана́с
아나나–스/파인애플

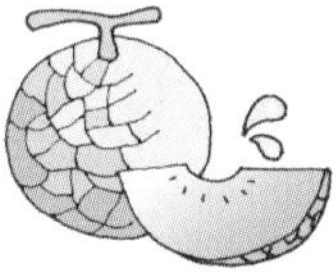

ды́ня
듸–나/멜론

гру́ша
그루–쉬아/배

я́блоко
야–블라까/사과

- **коко́с** 까꼬–스/코코넛
- **мангусти́н** 망구스찐–/망고스틴
- **пе́рсик** 뻬–르씩/복숭아
- **гре́йпфрут** 그레–이프루트/자몽
- **папа́йя** 빠빠–이야/파파야
- **кака́о** 까까–오/카카오

10. 야채 óвощи 오-바쉬

баклажáн
바끌라쥐안-/가지

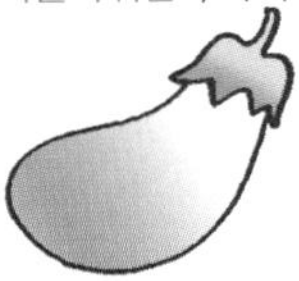

лук
룩/양파

капýста
까뿌-스따/양배추

чеснóк
취스녹-/마늘

огурéц
아구례-쯔/오이

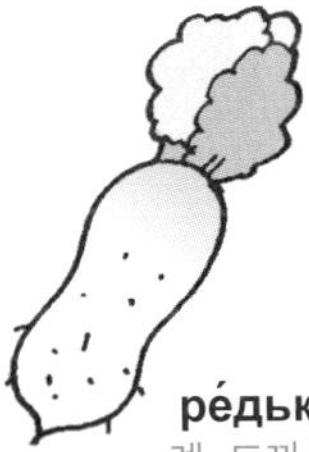

рéдька
례-드까/무

ты́ква
띄-끄바/호박

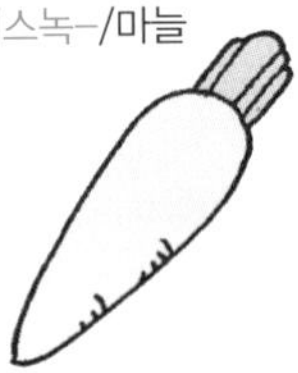

моркóвь
마르고-프/당근〈여〉

картóфель
까르토-필/감자〈남〉

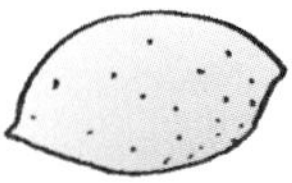

слáдкий картóфель
슬라-트끼 까르또-필/고구마

- **зелёный лук** 질료-늬 룩/파
- **грибы́** 그리브이-/버섯〈복〉
- **имби́рь** 임비-르/생강〈남〉
- **укрóп** 우끄로-프/회향
- **помидóр** 빠미도-르/토마토
- **побéги бамбýка** 빠볘-기 밤부-까/죽순
- **кинзá** 낀자-/고수
- **сóя** 쏘-야/콩

11. 동물 живо́тные 쥐보-뜨늬예

- **лев** 례프/사자
- **крокоди́л** 끄라까질-/악어
- **слон** 슬론/코끼리
- **бегемо́т** 비기모-트/하마
- **верблю́д** 비르블류-트/낙타
- **орёл** 아룔-/독수리
- **жира́ф** 쥐라-프/기린
- **кит** 끼트/고래

단어 찾아보기

이 책에 수록되어 있는 단어를 가나다순으로 배열하여 정리하였습니다.

※명사의 [남]은 남성형 명사, [여]는 여성형 명사, [중]은 중성형 명사, [복]은 복수형 명사를 나타내고, 동사의 [불]은 불완료상 동사, [완]은 완료상 동사를 나타냅니다.

ㄱ

~가 아닌 **не** 니
가게 **магази́н** 마가진–
가격 **цена́** 쯔이나–
[여] **сто́имость** 스또–이마스쯔
가구 [여] **ме́бель** 메–빌
가까운 **бли́зкий** 블리–스끼
가까이에 **бли́зко** 블리–스까
вблизи́ 브블리지–
побли́зости 빠블리–자스찌
가깝다 **бли́зко от** 블리–스까 아트
가끔 **иногда́** 이나그다–
가능하다 **возмо́жно** 바즈모–쥐나
가다 [불] **идти́** 잇찌–
[완] **пойти́** 빠이찌–
*타고 가다 [불] **е́хать** 예–하쯔
[완] **пое́хать** 빠예–하쯔
가르침 **обуче́ние** 아부취예–니예
가방 **чемода́н** 취마단–
가벼운 **лёгкий** 료–흐끼
가스 **газ** 가스
가운데 **середи́на** 씨리지–나
가위 [복] **но́жницы** 노–쥐니찌
가을 [여] **о́сень** 오–씬
가이드 **гид** 기트
가장 ~한 **наибо́лее** 나이볼–리예
са́мый 싸–믜
가장 높은 **вы́сший** 브이–쉬이
가재 **рак** 락
가전제품 **бы́товая те́хника** 브이–따바야 쩨–흐니까
가져가다 [불] **брать** 브라쯔
[완] **взять** 브쟈쯔
가져오다 [완] **принести́** 쁘리니스찌–
가족 **семья́** 씸야–
가지다 [불] **име́ть** 이메–쯔
가치 있는 **це́нный** 쩬–늬
각각의 **ка́ждый** 까–쥐듸이
갈색 머리 남자 **шате́н** 쉬아뗀–
갈색 머리 여자 **шате́нка** 쉬아뗀–까
갈아타다 [완] **пересе́сть** 삐리쎄–스쯔
감기 **просту́да** 쁘라스뚜–다
감기 걸리다 [완] **простуди́ться** 쁘라스뚜지–짜
감사하다 **благода́рен** 블라가다–린
спаси́бо 스빠씨–바
감정 **чу́вство** 취우–스뜨바
갑자기 **внеза́пно** 브니자–프나
값 [여] **сто́имость** 스또–이마스쯔
강사 [남] **преподава́тель** 쁘리빠다바–찔
강하게 굽는 것 **си́льная прожа́рка** 씰–나야 쁘라쥐아–르까
강한 **си́льный** 씰–늬
같은 **оди́н** 아진–

같은 것	**то же са́мое**	또 쥐에 싸-마예
개발하다	[불] **разраба́тывать**	라즈라바-띄바쯔
개선됨	**улуше́ние**	울루쉬에-니예
개인 소지품	**ли́чная вещь**	리-취나야 볘쉬
개인적인	**ли́чный**	리-취늬
개천	**руче́й**	루취예이
객실	**но́мер**	노-미르
객실 요금	**сто́имость но́мера**	스또-이마스쯔 노-미라
거기로	**туда́**	뚜다-
거래	**торго́вля**	따르고-블랴
거래처	**компа́ния-партнёр**	깜빠니야 빠르뜨뇨-르
거리	**расстоя́ние**	라스따야-니예
거의	**почти́**	빠취찌-
거인	**гига́нт**	기간-트
걱정스러운	**беспоко́йный**	비스빠꼬-이늬
걱정하다	[불] **беспоко́иться**	비스빠꼬-이짜
	[불] **пережива́ть**	삐리쥐바-쯔
건강	**здоро́вье**	즈다로-볘
건강하지 않은	**нездоро́вый**	니즈다로-븨
건너가다	[완] **перейти́**	
건물	**зда́ние**	즈다-니예
건물 입구	**подъе́зд**	빠드예-스트
건설된	**постро́ен**	빠스뜨로-인
건조하다	**су́хо**	쑤-하
걸어서	**пешко́м**	삐쉬꼼-
걸어서 가다	**пойти́**	
걸음	**шаг**	쉬악
걸치다	[불] **надева́ть**	나지바-쯔
검은 머리 남자	**брюне́т**	브류녜-트
검은 머리 여자	**брюне́тка**	브류녜-트까
겁내다	[불] **боя́ться**	바야-짜
것	[여] **вещь**	볘쉬
게으른	**лени́вый**	리니-븨
게임	**игра́**	이그라-
겨울	**зима́**	지마-
겨자소스	**горчи́ца**	가르취-짜
결과	**результа́т**	리줄따-트
결점	[여] **неиспра́вность**	니이스쁘라-브나스쯔
결제하다	[불] **рассчи́тываться**	라쉬-띄바짜
	[완] **рассчита́ться**	라쉬따-짜
결코 ~하지 않다	**никогда́ не**	니까그다- 니
결혼하다	[완] **пожени́ться**	빠쥐이니-짜
경찰	**поли́ция**	빨리-찌야
경찰서	**полице́йский уча́сток**	빨리쩨-이스끼 우취아-스딱
계란프라이	**я́ичница**	이이-취니짜
계산기	**калькуля́тор**	깔꿀랴-따르
계산서	**счёт**	쉬요-트
계속하다	[불] **продолжа́ть**	쁘라딜쥐아-쯔
계속해서	**постоя́нно**	빠스따얀-나
계좌	**счёт**	쉬요-트
계획	**план**	쁠란
계획하다	[불] **плани́ровать**	쁠라니 라바쯔
고객	**клие́нт**	끌리엔-트
고국	**ро́дина**	로-지나

고되다 **тяжело́** 찌질로-
고마워하다 불 **благодари́ть за** 블라가다리-쯔 자
고모 **тётя** 쬬-쨔
고장 여 **неиспра́вность** 니이스쁘라-브나스쯔
고장난 **сло́манный** 슬로-만늬
고춧가루 **пе́рец кра́сный мо́лотый** 뻬-리쯔 끄라-스늬 몰-라띄
고치다 완 **почини́ть** 빠취이니-쯔
고통받다 불 **му́чаться** 무-취짜
고향 **ро́дина** 로-지나
고혈압 **высо́кое давле́ние** 븨쏘-까예 다블레-니예
곡물/곡식 **зерно́** 지르노-
곧 **ско́ро** 스꼬-라
곧바로 **сра́зу** 스라-주
골프 **гольф** 골프
공식 **фо́рмула** 포-르물라
공연 **представле́ние** 쁘릿스따블레-니예
공원 **парк** 빠르크
공통의 **о́бщий** 옵-쉬
공항 **аэропо́рт** 아에라뽀-르트
공항청사 **аэровокза́л** 아에라바그잘-
과(課) **уро́к** 우로-크
과열되다 완 **перегре́ться** 삐리그레-짜
과자 복 **сла́дости** 슬라-다스찌
과정 **курс** 꾸르스
관광 **тури́зм** 뚜리-즘
관광버스 **туристи́ческий авто́бус** 뚜리스찌-취스끼 아프또-부스
관련해서 **по по́воду** 빠 뽀-바두
관리 **управле́ние** 우쁘라블레-니예
관리자 **нача́льник** 나촤알-니크
관심 **внима́ние** 브니마-니예
광장 여 **пло́щадь** 쁠로-쉬아쯔
괜찮다 **в поря́дке** 프 빠랴-드꼐
ничего́ 니취이보-
норма́льно 나르말-나
괴롭히다 불 **му́чать** 무-취쯔
교역 **торго́вля** 따르고-블랴
교외 **при́город** 쁘리-가라트
교육 **обуче́ние** 아부취예-니예
교차로 **перекрёсток** 삐리끄료-스딱
교체하다 완 **замени́ть** 자미니-쯔
완 **поменя́ть** 빠미냐-쯔
교통 **тра́нспорт** 뜨란-쓰빠르트
교통사고 **ава́рия** 아바-리야
구간 **уча́сток доро́ги** 우취아-스딱 다로-기
구급차 **ско́рая по́мощь** 스꼬-라야 뽀-마쉬
구내식당 **столо́вая** 스딸로-바야
구두 가게 **обувно́й магази́н** 아부브노-이 마가진-
구름 **о́блако** 오-블라까
구매부 **отде́л заку́пок** 앗지엘- 자꾸-빡
구매하다 완 **купи́ть** 꾸삐-쯔
완 **приобрести́** 쁘리아브리스찌-
구성되다 불 **состоя́ть из** 싸스따야-쯔 이즈
구성원 **член** 칠렌
구역질 **рво́та** 르보-따
구역질 나다 불 **тошни́ть** 따쉬니-쯔
9월 남 **сентя́брь** 씬쨔-브르

구조대	**кома́нда спаса́телей** 까만-다 쓰빠싸-찔리
구조대원	남 **спаса́тель** 스빠싸-찔
구토	**рво́та** 르보-따
국[羹]	**суп** 쑤프
국가	**страна́** 스뜨라나-
국경	**грани́ца** 그라니-짜
국내선	복 **вну́тренние ре́йсы** 브누-뜨린니예 례-이씌
국립의	**госуда́рственный** 가쑤다-르스뜨빈늬이
국적	**гражда́нство** 그라쥐단-스뜨바
국제선	복 **междунаро́дные ре́йсы** 미쥐두나로-드늬예 례-이씌
국제전화	**междунаро́дный звоно́к** 미쥐두나로-드늬 즈바녹-
굴	**у́стрица** 우-스뜨리짜
굽는 것	**прожа́рка** 쁘라쥐아-르까
궁궐/궁전	**дворе́ц** 드바례-쯔
권하다	완 **порекомендова́ть** 빠리까민다바-쯔
귀여운	**ми́лый** 밀-릐
규정 외로	**сверхуро́чно** 스비르후로-취나
그	**он** 온
	тот 또드
그 다음에	**пото́м** 빠똠-
그것	여 **она́** 아나-
	남 **он** 온
	중 **оно́** 아노-
그냥	**про́сто** 쁘로-스따
그녀	**она́** 아나-
그래서	**поэ́тому** 빠에-따무
그러한	**тако́й** 따꼬-이
그럭저럭	**потихо́ньку** 빠찌혼-꾸
그런데	**а** 아
그렇게	**так** 따크
그렇다	**да** 다
	так 따크
그렇다면	**то** 또트
그리스	**Гре́ция** 그례-찌야
그림 그리기	**рисова́ние** 리싸바-니예
그림 그리다	불 **рисова́ть** 리싸바-쯔
그만두다	완 **бро́сить** 브로-씨쯔
그제	**позавчера́** 빠자프취라-
그쪽	**та сторона́** 따 스따라나-
극장	**теа́тр** 찌아-뜨르
근무 여직원	**слу́жащая** 슬루-쥐아쉬야
근무 직원	**слу́жащий** 슬루-쥐아쉬이
금고	**сейф** 쎼이프
금발 남자	**блонди́н** 블란진-
금발 여자	**блонди́нка** 블란진-까
금요일	**пя́тница** 빠-뜨니짜
금지된	**запрещённый** 자쁘리쉬욘-늬
급하다	**сро́чно** 스로-취나
긍정적으로	**позити́вно** 빠지찌-브나
기간	**срок** 스로크
기계	**маши́на** 마쉬이-나
기기	**аппара́т** 아빠라-트
	устро́йство 우스뜨로-이스뜨바
기념일	**па́мятная да́та** 빠-미뜨나야 다-따
기다리다	불 **ждать** 쥐다쯔
기다림/기대	**ожида́ние** 아쥐다-니예
기름지다	**жи́рно** 쥐-르니
기본의	**основно́й** 아스나브노-이
기분	**настрое́ние**

나스뜨라예-니예
기분 좋다 прия́тно 쁘리야-뜨나
기분 좋은 прия́тный 쁘리야-뜨늬
기분이 안 좋은 неприя́тный
니쁘리야-뜨늬
기쁘다 рад 라트
기쁜 ра́достный 라-다스늬
기선 теплохо́д 찌쁠라호-트
기술적인 технологи́ческий
찌흐날라기-취스끼
기원 пожела́ние
빠쥐일라-니예
기원하다 불 жела́ть 쥐일라-쯔
기차 по́езд 뽀-이스트
기차역 вокза́л 바그잘-
기침 남 ка́шель 까-쉬엘
기회 шанс 쉬안스
기후 пого́да
긴 дли́нный 들린-늬
긴장한 напряжённый
나쁘리쥐욘-늬
길 доро́га 다로-가
길에서 벗어나다 완 заплута́ть
자쁠루따-쯔
길을 알다 ориенти́роваться
아리인찌-라바짜
길을 잃다 완 заблуди́ться
자블루지-짜
길이 длина́ 들리나-
깊게 глубоко́ 글루바꼬-
깊이 глубина́ 글루비나-
까다로운 капри́зен 까쁘리-진
~까지 до 다
~까지 가다 완 дойти́ 다이찌-
~까지 도달하다 완 добра́ться 다브라-짜
깨끗한 чи́стый 취이-스띄이
깨우다 완 разбуди́ть
라즈부지-쯔
꼭 обяза́тельно
아비자-찔나
꽉 끼다 те́сно 쩨-스나
꽉 찬 загру́женный
자그루-쥐인늬이
꽤나 вполне́ 프빨녜-
꿈 сон 쏜
꿈꾸다 불 мечта́ть 미취따-쯔
끄다 완 вы́ключить
븨-끌류취쯔
끊다 불 отключа́ться
앗끌류취아-짜
완 отключи́ться
앗끌류취-짜
끔찍한 стра́шный 스뜨라-쉬늬
у́жасный 우쥐아-스늬
끝 коне́ц 까녜-쯔
끝나다 불 зака́нчиваться
자깐-취이바짜
완 зако́нчиться
자꼰-취짜
끝내다 완 зако́нчить
자꼰-취이쯔
끼치다 불 доста́вить
다스따-비쯔

ㄴ

나 я 야
나가다 불 съе́хать 스예-하쯔
완 вы́йти 브이-이찌
나누다 완 подели́ть 빠질리-쯔
나라 страна́ 스뜨라나-
나쁘게 пло́хо 쁠로-하

나쁘지 않다 **непло́хо** 니쁠로-하
나쁜 **плохо́й** 쁠라호-이
나쁜 놈 **гад** 가트
나아짐 **улуше́ние** 울루쉬에-니예
나이가 더 많은 **ста́рший** 스따-르쉬이
나이가 더 어린 **мла́дший** 믈라-드쉬이
낙심하다 **унывáть** 우늬바-쯔
낚시 **рыба́лка** 릐발-까
날 [남] **день** 젠
날씨 **пого́да** 빠고-다
날씬한 **стро́йный** 스뜨로-이늬
날짜 **число́** 취이슬로-
남(南) **юг** 육
남기다 [완] **оста́вить** 아스따-비쯔
남다 [완] **оста́ться** 아스따-짜
남동(南東) **юго-восто́к** 유가바스똑-
남동생 **бра́тик** 브라-찌크
мла́дший брат
믈라-드쉬이 브라트
남서(南西) **юго-за́пад** 유가자-빠트
남성 **мужчи́на** 무쉬-나
남성 친구 **друг** 드룩
남자 **мужчи́на** 무쉬-나
남자 배우자 **супру́г** 쑤쁘룩-
남자 친구 **па́рень** 빠-린
남자 형제 **брат** 브라트
남편 **муж** 무쉬
супру́г 쑤쁘룩-
남한 **Ю́жная Коре́я**
유-쥐나야 까레-야
납입하다 [완] **внести́** 브니스찌-
낫다 [완] **попра́виться**
빠쁘라-비짜
낮 [남] **день** 젠
낮은 **ни́зкий** 니-스끼
내년 **сле́дующий год**
슬레-두유쉬 고트
내다 [불] **издава́ть** 이즈다바-쯔
내리다 [불] **сходи́ть** 스하지-쯔
[완] **сойти́** 싸이찌-
내부로 **внутрь** 브누뜨르
내일 **за́втра** 자-프뜨라
내후년 **по́слеследующий год**
뽀-슬리슬레-두유쉬 고트
냅킨 [복] **салфе́тки** 쌀폐-뜨끼
너 **ты** 띄
너무 **сли́шком** 슬리-쉬깜
чересчу́р 취리쉬우-르
널리 퍼진 **ходово́й** 하다보-이
넓다 **просто́рно** 쁘라스또-르나
넓은 **широ́кий** 쉬로-끼
넓은 방 **зал** 잘
넓이 **ширина́** 쉬리나-
네(yes) **да** 다
네 번째의 **четвёртый**
취이뜨뵤-르띄이
네덜란드 [복] **Нидерла́нды**
니지를란-듸
넥타이 **га́лстук** 갈-스뚝
년(年) **год** 고트
го́да 고-다
лет 례트
노래 **пе́сня** 뼤-스냐
노력하다 [완] **постара́ться**
빠스따라-짜
노르웨이 **Норве́гия** 나르볘-기야
노선 **ли́ния** 리-니야
노트북 **но́утбук** 노-우트북
녹다 [불] **та́ять** 따-이쯔
놀라운 **удиви́тельный**
우지비-찔늬
놀랍게 **удиви́тельно**

	우지비-찔나
농구	**баскетбо́л** 바스낏볼-
높은	**высо́кий** 비쏘-끼
높이	**высота́** 비싸따-
놓다	완 **положи́ть** 빨라쥐-쯔
놓치다	완 **урони́ть** 우라니-쯔
누구	**кто** 크또
누구든지	**кто-нибу́дь** 크또 니부-쯔
누군가	**кто-то** 크또-따
누르다	완 **набра́ть** 나브라-쯔
누워 있다	불 **лежа́ть** 리쥐아-쯔
누이	**сестра́** 씨스뜨라-
눈[雪]	**снег** 스녜크
눈에 띄게	**заме́тно** 자메-뜨나
눕다	불 **ложи́ться** 라쥐-짜
느끼하다	**жирнова́то** 쥐르나바-따
느끼한	**жи́рный** 쥐-르늬
느리게	**ме́дленно** 메-들린나
느린	**ме́дленный** 메-들린늬
늙은	**ста́рый** 스따-릐
늦게	**по́здно** 뽀-즈나
늦게까지	**допоздна́** 다빠즈나-
늦다	불 **опа́здывать**
	아빠-즈듸바쯔
	완 **опозда́ть** 아빠즈다-쯔
늦잠 자다	완 **проспа́ть** 쁘라스빠-쯔

ㄷ

다 되다(배터리)	완 **сесть** 쎼스쯔
다 쓰게 하다	불 **выма́тывать**
	븨마-띄바쯔
다녀오다	**ходи́ть** 하지-쯔
다니다	**ходи́ть** 하지-쯔
다른	**друго́й** 드루고-이
다섯 번째의	**пя́тый** 뺘-띄
다시	**вновь** 브노프
다시 전화하다	완 **перезвони́ть**
	삐리즈바니-쯔
다시 한번	**ещё раз** 이쉬요- 라스
다양한	**ра́зный** 라-즈늬이
다음 달	**сле́дующий ме́сяц**
	슬례-두유쉬 메-씨쯔
다음 번	**сле́дующий раз**
	슬례-두유쉬 라스
다음 주	**сле́дующая неде́ля**
	슬례-두유쉬야 니젤-랴
다행히	**счастли́во** 쉬이슬리-바
단순한	**просто́й** 쁘라스또-이
단순히	**про́сто** 쁘로-스따
단정하게	**аккура́тно** 아꾸라-뜨나
닫히다	불 **закрыва́ться**
	자끄릐바-짜
달[月]	**луна́** 루나-
	ме́сяц 메-씨쯔
달다	**сла́дко** 슬라-뜨까
달러	**до́ллар** 돌-라르
달콤한	**сла́дкий** 슬라-뜨끼
닭고기	**ку́рица** 꾸-리짜
닭튀김	**жа́реная ку́рица**
	쥐아-리나야 꾸-리짜
닮았다	**похо́ж на** 빠호-쉬 나
담배	**сигаре́та** 씨가례-따
담배 피우다	불 **кури́ть** 꾸리-쯔
답하다	완 **отве́тить на**
	앗볘-찌쯔 나
닷새	**пять дней** � 드녜이
당구	**билья́рд** 빌랴-르트
당뇨	**диабе́т** 지아볘-트
당신(들)	**вы** 븨
대략	**приме́рно** 쁘리메-르나
대량 구매	**заку́пка** 자꾸-프까

대사관 **посо́льство** 빠쏠-스뜨바
대접 **угоще́ние** 우가쉬예-니예
대접하다 불 **угоща́ть** 우가쉬아-쯔
완 **угости́ть** 우가스찌-쯔
대체 **же** 쥐에
대출하다 완 **взять в креди́т** 브쟈쯔 프 끄리디-트
대표이사 **генера́льный дире́ктор** 기니랄-늬 지렉-따르
대학 학년 **курс** 꾸르스
대학생 **студе́нт** 스뚜젠-트
대화 **разгово́р** 라즈가보-르
더 **ещё** 이쉬요-
더러운 **гря́зный** 그랴-즈늬
덕분에 **благодаря́** 블라가다랴-
던지다 완 **бро́сить** 브로-씨쯔
덥다 **жа́рко** 쥐아-르까
데우다 불 **подогре́ть** 빠다그례-쯔
데이트 **свида́ние** 스비다-니예
덴마크 **Да́ния** 다-니야
도달하다 불 **добира́ться до** 다비라-짜 다
도둑 **вор** 보르
도로 **доро́га**
도로 교통 **доро́жный тра́фик** 다로-쥐늬이 뜨라-피크
도매의 **опто́вый** 압또-븨
도서관 **библиоте́ка** 비블리아쪠-까
도와주다 완 **помо́чь** 빠모-취
도움 여 **по́мощь** 뽀-마쉬
도착 **прибы́тие** 쁘리븨-찌예
прилёт 쁘릴류-트
도착하다 불 **приезжа́ть** 쁘리이즈쥐아-쯔
완 **попа́сть** 빠빠-스쯔
완 **прибы́ть** 쁘리브이-쯔
완 **прийти́** 쁘리이찌-
독감 **грипп** 그립
독서 **чте́ние** 취쪠-니예
독일 **Герма́ния** 기르마-니야
돈 복 **де́ньги** 젠-기
сре́дства 스렛-스뜨바
돌려보냄 **возвра́т** 바즈브랏-
돌려주다 완 **верну́ть** 비르누-쯔
완 **возврати́ть** 바즈브라찌-쯔
돌리다(번호) 완 **набра́ть** 나브라-쯔
돌보다 불 **бере́чь** 비례-취
돌아가다/오다 **возвраща́ться** 바즈브라쉬아-짜
верну́ться 비르누-짜
돕다 완 **по́мочь**
동(東) **восто́к** 바스똑-
동갑내기 **рове́сник** 라볘-스니크
동급생 **однокла́ссник** 아드나끌라-스니크
동네 **райо́н** 라이온-
동료 **колле́га** 깔례-가
сотру́дник 싸뜨루-드니크
동물원 **зоопа́рк** 자아빠-르크
돛단배 **па́русник** 빠-루스닉
돼지고기 **свини́на** 스비니-나
되다 완 **получи́ться** 빨루취이-짜
되돌리다 완 **возврати́ть** 바즈브라찌-쯔
두 번째의 **второ́й** 프따로-이
두꺼운 **то́лстый** 똘-스띄
두께 **толщина́** 딸쉬나-
두다 완 **положи́ть** 빨라쥐-쯔

두려움	[여] **боя́знь**	바야-즌
두통	**головна́я боль**	갈라브나-야 볼
둘 다	**о́ба**	오-바
	о́бе	오-베
둘이서	**вдвоём**	브드바욤-
뒤에	**позади́**	빠자지-
뒤쳐지다	[불] **отстава́ть**	앗스따바-쯔
뒷줄	**за́дний ряд**	자-드니이 랴트
드디어	**наконе́ц-то**	나까녜-츠 따
드라마	**сериа́л**	씨리알-
드세요	**е́шьте**	예-쉬쩨
듣다	[불] **слу́шать**	슬루-쉬아쯔
들고 가다	[불] **нести́**	니스찌-
들고 오다	[불] **проноси́ть**	쁘라나씨-쯔
들리다	**слы́шно**	슬르이-쉬나
	[불] **слы́шать**	슬릐-쉬아쯔
	[완] **услы́шать**	우슬릐-쉬아쯔
들어가다	[완] **попа́сть**	빠빠-스쯔
들어오다	[완] **прибы́ть**	쁘리브이-쯔
등기우편	**зака́зное письмо́**	자까-즈나예 삐스모-
등산	**похо́д в го́ры**	빠호-트 브 고-릐
디자인	**диза́йн**	지자-인
디저트	**десе́рт**	지쎄-르트
따뜻하다	**тепло́**	찌쁠로-
따르다(액체)	[불] **лить**	리쯔
	[완] **нали́ть**	날리-쯔
딸	[여] **дочь**	도취
딸기	**клубни́ка**	끌루브니-까
때문에	**из-за**	이자
	по по́воду	빠 뽀-바두
떠나다	[불] **уходи́ть**	우하지-쯔
	[완] **отбы́ть**	앗브이-쯔
	[완] **уйти́**	우이찌-
떨어뜨리다	[완] **урони́ть**	우라니-쯔
또	**вновь**	브노프
	ещё	이쉬요-
또는	**и́ли**	일-리
또한	**то́же**	또-쥐예
	та́кже	따-그쥐예
똑같이	**по́ровну**	뽀-라브누
똑똑한	**у́мный**	움-늬
똑바로	**пря́мо**	쁘랴-마
뚱뚱한	**по́лный**	뽈-늬
	то́лстый	똘-스띄
뛰어나게	**отли́чно**	아뜰리-취나
뛰어난	**превосхо́дный**	쁘리바스호-드늬
뜨거운	**горя́чий**	가랴-취

ㄹ

~라고 여기다	[불] **счита́ть**	쉬따-쯔
~라고들 한다	**говоря́т, что**	가바랴-트 쉬또
라인	**ли́ния**	리-니야
러시아	**Росси́я**	라씨-야
러시아어	**ру́сский язы́к**	루-스끼 이직-크
러시아워	**час пик**	취아스 삑
러시아인	**граждани́н РФ**	그라쥐다닌- 에르에프
레어로	**сла́бой прожа́рки**	슬라-바이 쁘라쥐아-르끼
렌터카	**прока́тный автомоби́ль**	쁘라까-뜨늬 아프따마빌-
~로 가는	**иду́щий**	이두-쉬이

~로 향하다	불 **направля́ться** 나쁘라블랴–짜
로비	중 **ло́бби** 로–비
로켓	**раке́та** 라꼐–뜨까
루블(화폐 단위)	남 **рубль** 루블
룸서비스	**рум-се́рвис** 룸쎄–르비스
~를 가지다	완 **взять**
리셉션	**ресе́пшен** 리쎼–프쉰
리스트	**лист** 리스트
리터	**литр** 리뜨르

ㅁ

마개	**про́бка** 쁘로–프까
마늘	**чесно́к** 취스녹–
마련하다	완 **устро́ить** 우스뜨로–이쯔
마른	**худо́й** 후도–이
마무리	**заверше́ние** 자비르쉬예–니예
마무리하다	완 **заверши́ть** 자비르쉬이–쯔
마시다	불 **пить** 삐쯔
	완 **вы́пить** 븨–삐쯔
마요네즈	**майоне́з** 마야네–스
마음	**душа́**
마음에 들다	**по душе́** 빠 두쉬에–
	불 **нра́виться** 느라–비짜
	완 **понра́виться** 빠느라–비짜
마찬가지로	**та́кже** 따–그쥐예
마치다	완 **зако́нчить** 자꼰–취이쯔
마침	**как раз** 까크 라스
마침내	**наконе́ц-то** 나까녜–츠 따
마케팅	**марке́тинг** 마르꼐–찡
마케팅부	**отде́л марке́тинга** 앗지엘– 마르꼐–찡가
막힘	**про́бка** 쁘로–프까
만나다	완 **встре́тить** 프스뜨례–찌쯔
만남	**встре́ча** 프스뜨례–취아
	свида́ние 스비다–니예
만납시다	**дава́йте встре́тимся** 다바–이쩨 프스뜨례–찜쌰
만약	**е́сли** 예–슬리
만져보다	완 **потро́гать** 빠뜨로–가쯔
만큼	**на** 나
많다/많은	**мно́го** 므노–가
말(末)	**коне́ц** 까녜–쯔
말레이시아	**Мала́йзия** 말라–이지야
말하다	불 **говори́ть** 가바리–쯔
	완 **сказа́ть** 스까자–쯔
맑게 되다	완 **проя́сниться** 쁘라야–스니짜
맑다	**я́сно** 야–스나
맙소사	**бо́же** 보–쥐에
맛	**вкус** 프꾸스
맛보다	완 **попро́бовать** 빠쁘로–바바쯔
맛없는	**невку́сный** 니프꾸–스늬
맛있는	**вку́сный** 프꾸–스늬
망가지다	완 **слома́ться** 슬라마–짜
맞다	**да** 다
맞은편에	**напро́тив** 나쁘로–찌프
맞지 않는	**непра́вильный** 니쁘라–빌늬
매(每)	**ка́ждый** 까–쥐듸이
매니저	**ме́неджер** 메–니쥐르
매력적인	**привлека́тельный** 쁘리블리까–찔늬
매우	**о́чень** 오–취인

매운 것 о́строе 오–스뜨라예
매운 о́стрый 오–스뜨리
매일 ка́ждый день 까–쥐디 젠
매표소 ка́сса 까–싸
맥주 пи́во 삐–바
맵다 о́стро 오–스뜨라
머리 голова́ 갈라바–
먹다 [불] есть 예스쯔
[불] ку́шать 꾸–쉬아쯔
먹을 만하다 съедо́бно 스이도–브나
먼 далёкий 달료–끼
멀다 далеко́ 달리꼬–
멀미 морска́я боле́знь 마르스까–야 발례–즌
멀지 않은 곳에 неподалёку 니빠달료–꾸
멈추다 [완] останови́ть 아스따나비–쯔
멋진 прекра́сный 쁘리끄라–스늬이
메뉴/메뉴판 [중] меню́ 미뉴–
메스꺼움 тошнота́ 따쉬나따–
메스껍다 [불] тошни́ть 따쉬니–쯔
메시지 сообще́ние 싸아브쉬예–니예
멕시코 Ме́ксика 멕–씨까
며느리 неве́стка 니베–스뜨까
며칠 ско́лько дней 스꼴–까 드녜이
면세 거래 беспо́шлинная торго́вля 비스뽀–쉴린나야 따르고–블랴
면적 [여] пло́щадь 쁠로–쉬아쯔
명(名) челове́к 취일라베–크
명명하다 [완] назва́ть 나즈바–쯔
명절 пра́здник 쁘라–즈니크
명함 визи́тка 비지–뜨까
몇 ско́лько 스꼴–까
모니터 монито́р 마니또–르
모닝콜 서비스 у́тренний звоно́к 우–뜨린니 즈바녹–
모든 весь 볘스
모든 것 всё 프쑈–
모레 по́слеза́втра 뽀–슬리자–프뜨라
모습 вид 비트
모이다 [불] собира́ться 싸비라–짜
모임 собра́ние 싸브라–니예
모자 (챙 있는) шля́па 쉴랴–빠
모터선 теплохо́д 찌쁠라호–트
모퉁이 у́гол
목구멍 го́рло 고–를라
목록 катало́г 까딸록–
목요일 четве́рг 취이뜨볘–르크
목적 [여] цель 쩰
몸 те́ло 쩰–라
못생긴 уро́дливый 우로–들리븨
묘사하다 [완] описа́ть 아삐싸–쯔
무거운 тяжёлый 찌쥐욜–리
무게 вес 볘스
무덥다 ду́шно 두–쉬나
무료로 беспла́тно 비스쁠라–뜨나
무료의 беспла́тный 비스쁠라–뜨늬
무릎 담요 плед 블렛
무서운 стра́шный 스뜨라–쉬늬
무언가 что́-то 쉬또–따
무엇 что 쉬또
무엇이든지 что-нибу́дь 쉬또 니부–쯔
문서 докуме́нт 다꾸멘–트
문제 вопро́с 바프로–스
пробле́ма 쁘라블레–마
묻다 [불] спра́шивать

스쁘라-쉬이바쯔

물	**вода́** 바다-
물가	**це́ны на всё** 쩨-늬 나 프쏘-
물건	여 **вещь** 볘쉬
물러서다	완 **отступи́ть** 앗스뚜삐-쯔
물론	**коне́чно** 까녜-쉬나
물어보다	불 **спра́шивать** 스쁘라-쉬이바쯔
물품	**това́р** 따바-르
뮤지컬	**мю́зикл** 뮤-지끌
미국	복 **США** 쓰쉬아
미디엄으로	**сре́дней прожа́рки** 스례-드니 쁘라쥐아-르끼
미룰 수 없는	**неотло́жный** 니앗로-쥐늬
미성년의	**несовершенноле́тний** 니싸비르쉬인나례-뜨니이
미세스	**мисси́с** 미씨-스
미소 짓다	불 **улыба́ться** 울리바-짜
미스	**мисс** 미스
미스터	**ми́стер** 미-스떼르
미안합니다	**извини́те за** 이즈비니-쩨 자
믿기지 않게	**невероя́тно** 니비라야-트나
믿다	완 **пове́рить** 빠볘-리쯔
믿어지다	불 **ве́риться** 볘-리짜
밀도 있는	**пло́тный** 쁠로-뜨늬

ㅂ

바(bar)	**бар** 바르
바뀌다	불 **меня́ться** 미냐-짜
바나나	**бана́н** 바난-
바다	**мо́ре** 모-례
바람이 분다	**ве́трено** 볘-뜨리나
바로	**как раз** 까크 라스
바쁘다	**за́нят** 자-니트
바이칼 호수	**о́зеро Байка́л** 오-지라 바이깔-
바퀴	**колесо́** 깔리쏘-
밖에	**снару́жи** 스나루-쥐
반 년	**по́лго́да** 뽈-고-다
반가운	**прия́тный** 쁘리야-뜨늬
반갑다	**прия́тно** 쁘리야-뜨나
반납하다	완 **верну́ть** 비르누-쯔
반대편의	**обра́тный** 아브라-뜨늬
반드시	**обяза́тельно** 아비자-찔나
반복하다	완 **повтори́ть** 빠프따리-쯔
반환	**возвра́т** 바즈브랏-
받다	불 **получа́ть** 빨루취아-쯔
	완 **получи́ть** 빨루취-쯔
받아들이다	불 **принима́ть** 쁘리니마-쯔
	완 **приня́ть** 쁘리냐-쯔
받을 만하다	**заслу́живать** 자슬루-쥐이바쯔
발레	**бале́т** 발례-트
발렌타인 데이	**день Свято́го Валенти́на** 젠 스비또-바 발린찌-나
발생하다	완 **возни́кнуть** 바즈니-끄누쯔
	완 **произойти́** 쁘라이자이찌-
	완 **случи́ться** 슬루취-짜
발전된	**ра́звит** 라-즈비트

발표	**представлéние** 쁘릿스따블례-니예
밤[夜]	여 **ночь** 노취
밤에	**нóчью** 노-취유
밥	**рис** 리스
방	**кóмната** 꼼-나따
방귀	**газ** 가스
방금	**недáвно** 니다-브나
	тóлько что 똘-까 쉬또
방문	**визи́т** 비지-트
방문하다	불 **посещáть** 빠씨쉬아-쯔
방학	복 **кани́кулы** 까니-꿀리
방해하다	완 **помешáть** 빠뮈쉬아-쯔
방향	**направлéние** 나쁘라블례-니예
방향을 돌리다	완 **поверну́ть** 빠비르누-쯔
배[腹]	**живóт** 쥐보-트
배[船]	남 **корáбль** 까라-블
배고프다	**гóлоден** 골-라진
배구	**волейбóл** 발리볼-
배드민턴	**бадминтóн** 바드민똔-
배불리 먹다	완 **наéсться** 나예-스쯔짜
배우다	불 **учи́ться** 우취이-짜
배웅하다	완 **проводи́ть** 쁘라바지-쯔
배터리	**батарéйка** 바따례-이까
백조의 호수	**Лебеди́ное óзеро** 리비지-나예 오-지라
백화점	**универмáг** 우니비르막-
버섯 따기	**похóд за грибáми** 빠호-트 자 그리바-미
버스	**автóбус** 아프또-부스
버스 정류장	**автóбусная остановка** 아프또-부스나야 아스따노-프까
버터	**мáсло** 마-슬라
버튼	**кнóпка** 크노-프까
번(番)	**раз** 라스
번개	**мóлния** 몰-니야
번호	**нóмер** 노-미르
벌써	**ужé** 우쥐에-
범인/범죄자	**престу́пник** 쁘리스뚜-프닉
벗어나다	**избáвиться от** 이즈바-비짜 앗
베트남	**Вьетнáм** 비트남-
벨기에	**Бéльгия** 벨-기야
벨보이	**коридóрный** 까리도-르늬
벨트	남 **ремéнь** 리멘-
변경하다	완 **измени́ть** 이즈미니-쯔
변덕스럽다	**капри́зен** 까쁘리-진
변비	**запóр** 자뽀-르
변호사	**адвокáт** 아드바까-트
별	**звездá** 즈비즈다-
별명	**прóзвище** 쁘로-즈비쉬예
별장	**дáча** 다-취아
병원	**больни́ца** 발니-짜
보내다(시간)	불 **проводи́ть** 쁘라바지-쯔
	완 **провести́** 쁘라비스찌-
보내다	불 **отправля́ть** 앗쁘라블랴-쯔
	완 **отпрáвить** 앗쁘라-비쯔
보다	불 **смотрéть** 스마뜨례-쯔
	완 **посмотрéть** 빠스마뜨례-쯔
	완 **взгляну́ть** 브즈글리누-쯔
	완 **уви́деть** 우비-지쯔
보안	여 **безопáсность**

	비자빠-스나스쯔
보여주다	완 **показа́ть** 빠까자-쯔
보증서	**гаранти́йный тало́н** 가란찌-늬 딸론-
보증의	**гаранти́йный** 가란찌-늬
보통	**обы́чно** 아븨-취나
보통이 아닌	**необы́чный** 니아브이-취늬
보통이다	**норма́льно** 나르말-나
보험	**страхо́вка** 스뜨라호-프까
복사기	**копирова́льный аппара́т** 까삐라발-늬 아빠라-트
복용	**приём** 쁘리욤-
복통	**боль в животе́** 볼 브 쥐바쩨-
본사	**головно́й о́фис** 갈라브노-이 오-피스
볼펜	**ру́чка** 루-취까
봄	**весна́** 비스나-
부(部)	**отде́л** 앗젤-
부디	**пожа́луйста** 빠쥐알-스따
부러워하다	불 **зави́довать** 자비-다바쯔
부르다	완 **позва́ть** 빠즈바-쯔
	불 **зва́ть**
	불 **называ́ть** 나지바-쯔
	완 **назва́ть** 나즈바-쯔
부른다	**зову́т** 자부-트
부모님	복 **роди́тели** 리지 찔리
부상	**ра́на** 라-나
부상자	**пострада́вший** 빠스뜨라다-프쉬
부서	**отде́л** 앗젤-
부서지다	완 **слома́ться** 슬라마-짜
부서진	**сло́манный** 슬로-만늬
부어넣다	완 **зали́ть** 잘리-쯔
부엌	**ку́хня** 꾸-흐냐
부작용	**побо́чный эффе́кт** 빠보-취늬 에펙-트
부족하다	**не хвата́ет** 니 흐바따-잇
부지런한	**трудолюби́вый** 뜨루달류비-븨
부탁하다	불 **проси́ть** 쁘라씨-쯔
부탁합니다	**пожа́луйста** 빠쥐알-스따
부터	**с(со)** 스(싸)
부품	여 **запча́сть** 잡취아-스쯔
부피	**объём** 아비욤-
부회장	**вице-президе́нт** 비찌 쁘리지젠-트
북(北)	**се́вер** 쎄-비르
북동	**се́веро-восто́к** 씨비라바스똑-
북서	**се́веро-за́пад** 씨비라자-빠트
북한	**Се́верная Коре́я** 쎄-비르나야 까례-야
분(分)	**мину́та** 미누-따
분실된	**уте́рянный** 우쩨-린늬
분실물센터	**бю́ро нахо́док** 뷰-라 나호-닥
	стол нахо́док 스똘 나호-닥
분야	**сфе́ра** 스페-라
불가리아	**Болга́рия** 발가-리야
불량이다	불 **барахли́ть** 바라흘리-쯔
불쾌한	**неприя́тный** 니쁘리야-뜨늬
불편함	**неудо́бство** 니우돕-스뜨바
브라질	**Брази́лия** 브라질-리야
브러시	**щётка** 쉬요-뜨까

비	[남] **дождь** 도쉬쯔
비가 내린다	**дождли́во** 다쥐들리–바
비디오	[중] **ви́део** 비–지오
비밀	**секре́т** 씨끄례–트
비서	[남] **секрета́рь** 씨끄리따–르
비싼	**дорого́й** 다라고–이
비어 있는	**свобо́дный** 스바보–드늬
비자	**ви́за** 비–자
비참한	**несча́стный** 니쉬아–스늬
비축의	**запасно́й** 자빠스노–이
비행기	**самолёт** 싸말료–트
빌리다	[불] **аре́довать** 아렌–다바쯔
	[완] **взя́ть в аре́нду** 브쟈–쯔 브 아렌–두
	[완] **заня́ть** 자냐–쯔
빙빙 돌다	[불] **кружи́ться** 끄루쥐–짜
빠른	**бы́стрый** 븨–스뜨리
	ско́рый 스꼬–르이
빽빽한	**пло́тный** 쁠로–뜨늬
빨간 고추	**кра́сный пе́рец** 끄라–스늬 뻬–리쯔
빵	**хлеб** 흘렙

ㅅ

사건	**де́ло** 젤–라
사고	**ава́рия** 아바–리야
사귀다	[불] **встреча́ться** 프스뜨리취아–짜
사냥	**охо́та** 아호–따
사다	[완] **купи́ть** 꾸삐–쯔
사람	**челове́к** 취일라베–크
사랑	[여] **любо́вь** 류보–프
사랑하다	[불] **люби́ть** 류비–쯔
	[불] **обожа́ть** 아바쥐아–쯔
사립의	**ча́стный** 취아–스늬이
사무실	**о́фис** 오–피스
사소한 것	**пустя́к**
사실	**пра́вда** 쁘라–브다
사업	**би́знес** 비–즈니스
사용	**испо́льзование** 이스뽈–자바니예
사용하다	[불완] **испо́льзовать** 이스뽈–자바쯔
4월	[남] **апре́ль** 아쁘렐–
사위	[남] **зя́ть** 쟈–쯔
사이다	**са́йда** 싸–이다
사이즈	**разме́р** 라즈메–르
사인펜	**флома́стер** 플라마–스찌르
사장	**дире́ктор** 지렉–따르
사전	[남] **слова́рь** 슬라바–르
사진	**фо́тка** 포–뜨까
	фо́то 포–따
	фотогра́фия 파따그라–피야
사진 찍다	[불] **фотографи́ровать** 파타그라피–라바쯔
	[완] **сфотографи́роваться** 스파타그라피–라바짜
산책하다	[불] **гуля́ть** 굴랴–쯔
살[歲]	**год** 고트
	го́да 고–다
	лет 례트
살다	[불] **жить** 쥐이쯔
살찌다	[불] **поправля́ться от** 빠쁘라블랴–짜 앗
삶	[여] **жизнь** 쥐즌
30분	**по́лчаса́** 뽈취싸–
3월	**март** 마르트
삼촌	**дя́дя** 자–쟈

상담사 **консульта́нт** 깐쑬딴–뜨
상사 **нача́льник** 나취알–니크
상점 **магази́н** 마가진–
상처 **ра́на** 라–나
상태 **состоя́ние** 싸스따야–니예
상품 **това́р** 따바–르
새로운 **но́вый** 노–븨
새아버지 **о́тчим** 옷–취임
새어머니 **ма́чеха** 마–취이하
새우 **креве́тка** 끄리베–뜨까
새해 **Но́вый год** 노–븨이 고트
색깔 **цвет** 쯔볘트
샐러드 **сала́т** 쌀라–트
생각 **иде́я** 이졔–야
усмотре́ние 우스마뜨례–니예
생각하다 뮬 **ду́мать** 두–마쯔
생기다 완 **возни́кнуть** 바즈니–끄누쯔
생년 **год рожде́ния** 고트 라쥐졔–니야
생산 **произво́дство** 쁘라이즈봇–스뜨바
생선 **ры́ба** 릐–바
생일 **день рожде́ния** 졘 라쥐졔–니야
중 **рожде́ние** 라쥐졔–니예
서 있다 뮬 **стоя́ть** 스따야–쯔
서(西) **за́пад** 자–빠드
서두르다 뮬 **спеши́ть** 스삐쉬이–쯔
뮬 **торопи́ться** 따라삐–짜
완 **поторопи́ться** 빠따라삐–짜
서둘러서 **спеша́** 스삐쉬아–
서로 다른 **ра́зный** 라–즈늬이
서로 만나다 뮬 **встреча́ться** 프스뜨리취아–짜
완 **встре́титься** 프스뜨례–찌짜
서로 보다 뮬 **ви́деться** 비–지짜
완 **повида́ться с** 빠비다–짜 스
완 **уви́деться** 우비–지짜
서로 소개하다 완 **познако́миться** 빠즈나꼬–미짜
서류 **докуме́нт** 다꾸멘–트
서명하다 완 **подписа́ть** 빠드삐싸–쯔
완 **расписа́ться** 라스삐싸–짜
서비스 **обслу́живание** 압슬루–쥐바니예
서비스센터 **центр обслу́живания** 쩬뜨르 압슬루–쥐바니야
서울 **Сеу́л** 씨울–
서울역 **Сеу́льский вокза́л** 씨울–스끼 바그잘–
서커스 **цирк** 쯔이르크
선(線) **ли́ния** 리–니야
선물 **пода́рок** 빠다–라크
선선하다 **прохла́дно** 쁘라흘라–드나
선착장 **прича́л** 쁘리취알–
선편 **паро́м** 빠롬–
설사 **поно́с** 삐노–스
설탕 **са́хар** 싸–하르
성(性) **фами́лия** 파밀–리야
성공 **успе́х** 우스뻬–흐
성공하다 완 **успе́ть** 우스뻬–쯔
성당 **собо́р** 싸보–르
성수기 **высо́кий сезо́н** 븨쏘–끼 씨존–

성실한	**добросо́вестный** 다브라쏘–비스늬
성취	**уда́ча** 우다–취아
세 번째의	**тре́тий** 뜨례–찌이
세계	**мир** 미르
세관	**тамо́женный контро́ль** 따모–쥔늬 깐뜨롤–
세관검사대	**тамо́женный досмо́тр** 따모–쥔늬 다스모–뜨르
세관신고서	**тамо́женная деклара́ция** 따모–쥔나야 지끌라라–찌야
세금	**нало́г** 날록–
세단	**седа́н** 씨단–
세상	**мир** 미르
세우다	[완] **останови́ть** 아스따나비–쯔
세워두다	[완] **поста́вить** 빠스따–비쯔
세제곱미터	**куби́ческий метр** 꾸비–취스끼 메뜨르
세탁하다	[완] **постира́ть** 빠스찌라–쯔
센티미터	**сантиме́тр** 싼찌메–뜨르
셔틀버스	**маршру́тный авто́бус** 마르쉬루–뜨늬 아프또–부스
소개하다	[완] **предста́вить** 쁘릿스따–비쯔
소고기	**говя́дина** 가뱌–지나
소금	[여] **соль** 쏠
소나기	**кото́ткий ли́вень** 까로–뜨끼 리–빈
소리내어 읽다	[완] **продиктова́ть** 쁘라직따바–쯔
소매의	**ро́зничный** 로–즈니취늬
소방차	**пожа́рная маши́на** 빠쥐아–르나야 마쉬–나
소시지	**колбаса́** 깔바싸–
소식	[여] **но́вость** 노–바스쯔
소유하다	[불] **име́ть** 이메–쯔
소음	**шум** 쉬움
소중한	**дорого́й** 다라고–이
소중히 하다	[불] **бере́чь** 비레–취
소진시키다	[불] **выма́тывать** 븨마–띄바쯔
소포	**посы́лка** 빠씌일–까
소프트웨어	**програ́ммное обеспе́чение** 쁘라그람–나예 아비스뻬–취니예
소형차	**малолитра́жная маши́на** 말라리뜨라–쥐나야 마쉬–나
소화	**пищеваре́ние** 삐쉬바레–니예
소화기	[남] **огнетуши́тель** 아그니뚜쉬–찔
속달우편	**экспре́сс-по́чта** 엑스쁘레–스 뽀–취따
속상해하다	[불] **расстра́иваться** 라스뜨라–이바짜
속하다	[불] **подлежа́ть** 빠들리쥐아–쯔
손녀	**вну́чка** 브누–취까
손상된	**сло́манный** 슬로–만늬
손자	**внук** 브누크
솔	**щётка** 쉬요–뜨까
송금하다	[완] **перечи́слить** 삐리취–슬리쯔
쇼트트랙	**шорт-трек** 쉬오르뜨 뜨레크
쇼핑	**шо́пинг** 쉬오–삥 [복] **поку́пки** 빠꿉–끼
수건	**полоте́нце** 빨라쪤–쩨
수리	**почи́нка** 빠취인–까 **ремо́нт** 리몬–트

수리하다 — 완 **почини́ть** 빠취이니–쯔
수수한 — **просто́й** 쁘라스또–이
수신자 — **принима́ющий абоне́нт** 쁘리니마–유쉬 아바녠–트
수업 — **уро́к** 우로–크
수영 — **пла́вание** 쁠라–바니예
수영장 — **бассе́йн** 바쎼–인
수영하다 — 불 **пла́вать** 쁠라–바쯔
수요일 — **среда́** 스리다–
수용 — **приём** 쁘리욤–
수용하다 — 완 **приня́ть** 쁘리냐–쯔
수집 — **коллекциони́рование** 깔릭찌아니–라바니예
수표 — **чек** 취엑
수프 — **суп** 쑤프
수하물 — **бага́ж** 바가–쉬
수하물 가방 — **бага́жная су́мка** 바가–쥐나야 쑴–깜
수하물표 — **бага́жный тало́н** 바가–쥐늬 딸론–
수행하다 — 불 **выполня́ть** 븨빨냐–쯔
수화기 — **тру́бка** 뜨룹–까
숙모 — **тётя** 쬬–쨔
숙부 — 남 **дя́дя** 자–쟈
숙취 — **похме́лье** 빠흐멜–리에
순조롭다 — **в поря́дке** 프 빠랴–드꼐
숟가락 — **ло́жка** 로–쉬까
술집 — **бар** 바르
숨쉬다 — 불 **дыша́ть** 듸쉬아–쯔
쉬다 — 불 **отдыха́ть** 앗듸하–쯔
완 **отдохну́ть** 앗다흐누–쯔
스웨덴 — **Шве́ция** 쉬베–찌야
스위스 — **Швейца́рия** 쉬비이짜–리야
스위트룸 — **но́мер люкс** 노–미르 륙스
스카치테이프 — **кле́йкая ле́нта** 끌레–이까야 롄–따
스카프 — **шарф** 쉬아르프
스캐너 — **ска́нер** 스까–네르
스쿨버스 — **шко́льный авто́бус** 쉬꼴–늬이 아프또–부스
스크린 — **экра́н** 에끄란–
스키 타기 — **ката́ние на лы́жах** 까따–니예 나 릐–쥐아흐
스테이크 — **сте́йк** 스떼–이크
스테이플러 — **сте́плер** 스떼–플레르
스페인 — **Испа́ния** 이스빠–니야
스포츠 — **спорт** 스뽀르뜨
스포츠카 — **спорти́вный автомоби́ль** 스빠르찌–브늬 아프따마빌–
스프 — **суп** 쑤프
스피커 — **спи́кер** 스삐–끼르
슬퍼하다 — 불 **грусти́ть** 그루스찌–쯔
슬픈 — **печа́льный** 삐취알–늬
습득물 — **нахо́дка** 나호–트까
습하다 — **сы́ро** 씌–라
승용차 — **легково́й автомоби́ль** 리흐까보–이 아프따마빌–
시각 — **час** 취아스
시간 — 중 **вре́мя** 브레–먀
час 취아스
시간 외로 — **сверхуро́чно** 스비르후로–취나
시간 외의 — **сверхуро́чный** 스비르후로–취늬
시간제의 — **почасово́й** 빠취싸보–이
시간표 — **расписа́ние** 라스삐싸–니예
시계 — 복 **часы́** 취아씌–

시골 지역 **се́льская ме́стность** 쎌스까야 메-스나스쯔
시끄럽다 **шу́мно** 쉬움-나
시내 **центр** 쩬뜨르
시냇물 **руче́й** 루취예이
시다 **ки́сло** 끼-슬라
시동이 걸리다 뮬 **заводи́ться** 자바지-짜
시부속지 **при́город** 쁘리-가라트
시스템 **систе́ма** 씨스쪠-마
시아버지 **свёкор** 스뵤-까르
시어머니 여 **свекро́вь** 스비끄로-프
시원하다 **прохла́дно** 쁘라흘라-드나
10월 남 **октя́брь** 악쨔-브르
시작 **нача́ло** 나취알-라
시작되다 뮬 **начина́ться** 나취이나-짜
시작하다 뮬 **начина́ть** 나취이나-쯔
완 **нача́ть** 나취아-쯔
시장 **ры́нок** 릐-나크
시즌 **сезо́н** 씨존-
시청하다 뮬 **смотре́ть** 스마뜨례-쯔
시험 **экза́мен** 에그자-민
식단 **дие́та** 지예-따
식당 **рестора́н** 리스따란-
식사 **еда́** 이다-
ку́хня 꾸-흐냐
식욕 **аппети́т** 아삐찌-트
식욕을 돋우게 **аппети́тно** 아삐찌-뜨나
식이요법 **дие́та** 지예-따
식탁 **стол** 스똘
식히다 완 **остуди́ть** 아스뚜지-쯔
신[酸] **ки́слый** 끼-슬리
신고서 **заявле́ние** 자이블례-니예
신고하다 완 **заяви́ть** 자이비-쯔
신랑 **жени́х** 쥐이니-흐
신맛의 **ки́слый** 끼-슬리
신발 가게 **обувно́й магази́н** 아부브노-이 마가진-
신부 **неве́ста** 니베-스따
신어보다 완 **приме́рить** 쁘리메-리쯔
신용카드 **креди́тная ка́рта** 끄리지-뜨나야 까-르따
신청서 **заявле́ние** 자이블례-니예
신체 **те́ло** 쪨-라
신호등 **светофо́р** 스비따포-르
실수 **оши́бка** 아쉽-까
실습 **стажиро́вка** 스따쥐로-프까
싫어하다 뮬 **ненави́деть** 니나비-지쯔
심지어 **да́же** 다-쥐에
심취하다 뮬 **увлека́ться** 우블리까-짜
12월 남 **дека́брь** 지까-브르
11월 남 **ноя́брь** 나야-브르
싱거운 **пре́сный** 쁘례-스늬
싼 **дешёвый** 지쉬요-븨
쌀[米] **рис** 리스
쓰여지다 뮬 **писа́ться** 삐싸-짜
쓴 **го́рький** 고-르끼
~씨 남 **господи́н** 가스빠진-
여 **госпожа́** 까스빠쥐아-

ㅇ

아! **ой** 오이
아가씨 **де́вушка** 졔-부쉬까
아내 **жена́** 쥐이나-
супру́га 쑤쁘루-가
아니다 **нет** 녜트

아들 **сын** 씬
아래로 **вниз** 브니스
아르헨티나 **Аргенти́на** 아르긴찌-나
아름다운 **краси́вый** 끄라씨-븨
아마도 **мо́жет** 모-쥐이트
아무것도 아니다 **ничего́** 니취이보-
아버지 **оте́ц** 아쪠-쯔
아빠 **па́па** 빠-빠
아이 **ребёнок** 리뵤-나크
아이고! **эх** 에흐
아이들 **де́ти** 졔-찌
아이디어 **иде́я** 이졔-야
아일랜드 **Ирла́ндия** 이를란-지야
아주 잘 **кла́ссно** 끌라-스나
아주 좋은 **прекра́сный** 쁘리끄라-스늬이
아직 **ещё** 이쉬요-
아침 **у́тро** 우-뜨라
아침 식사 **за́втрак** 자-프뜨락
아파트 **кварти́ра** 끄바르찌-라
아프가니스탄 **Афганиста́н** 아브가니스딴-
아프다 [불] **боле́ть** 발례-쯔
[불] **ломи́ть** 라미-쯔
아홉 번째의 **девя́тый** 지뱌-띄이
악당 **гад** 가트
안개 **тума́н** 뚜만-
안내 **сто́йка информа́ции** 스또-이까 인빠르마-씨야
안녕 **приве́т** 쁘리볘-트
счастли́во 쉬이슬리-바
здоро́во 즈다로-바
안녕하세요 **здра́вствуйте** 즈드라-스뜨부이쩨
안부 **приве́т** 쁘리볘-트
안색 **цвет лица́** 쯔베트 리짜-
안에 **внутри́** 브누뜨리-
안으로 **внутрь** 브누뜨르
안전 [여] **безопа́сность** 비자빠-스나스쯔
안전벨트 **реме́нь безопа́сности** 리몐- 비자빠-스나스찌
앉다 [불] **сади́ться** 싸지-짜
[완] **сесть** 셰스쯔
알다 [불] **знать** 즈나쯔
알람시계 **буди́льник** 부질-니크
알러지 **аллерги́я** 알리르기-야
알리다 [완] **сообщи́ть** 싸아브쉬-쯔
알아듣다 [완] **расслы́шать** 라슬릐-쉬아쯔
알약 **табле́тка** 따블례-트까
알코올 중독자 **алкого́лик** 알까골-릭
암 **рак** 락
암기하다 [불] **учи́ть** 우취이-쯔
압력 **давле́ние** 다블례-니예
앞에 **впереди́** 프삐리지-
액정 **экра́н** 에끄란-
야구 **бейсбо́л** 비즈볼-
약속하다 [불] **обеща́ть** 아비쉬아-쯔
약제 **препара́т** 쁘리빠라-트
약하게 굽는 것 **сла́бая прожа́рка** 슬라-바야 쁘라쥐아-르까
약한 **сла́бый** 슬라-븨
얇은 **то́нкий** 똔-끼
양고기 **бара́нина** 바라-니나
양념 **припра́ва** 쁘리쁘라-바
양말 [복] **носки́** 나스끼-
양심적인 **добросо́вестный** 다브라쏘-비스늬
양지(陽地) **со́лнечная сторона́** 쏠-니취나야 스따리나
양파 **лук** 룩

어디까지	**доку́да** 다꾸–다
어디로부터	**отку́да** 앗꾸–다
어디에서	**где** 그졔
어떠하다	**како́в** 까꼬–프
어떠한 ~도	**ни** 니
어떤 ~이든	**любо́й** 류보–이
어떤	**како́й** 까꼬–이
어떻게	**как** 까크
어리석은	**глу́пый** 글루–삐
어머니	[여] **мать** 마쯔
어울리다	[불] **идти́** 잇찌–
어제	**вчера́** 프취라–
어지러움	**головокруже́ние** 갈라바끄루쥐예–니예
언어	**язы́к** 이지–크
언제	**как** 까크
	когда́ 까그다–
얻다	[불] **получа́ть** 빨루취아–쯔
	[완] **приобрести́** 쁘리아브리스찌–
얼굴	**лицо́** 리쪼–
얼마	**ско́лько** 스꼴–까
얼마 전	**неда́вно** 니다–브나
얼마나	**как** 깍
얼마인가요	**почём** 빠취욤–
얼음	**лёд** 료–트
엄마	**ма́ма** 마–마
업무	**де́ло**
	рабо́та 라보–따
업무상	**по дела́м** 빠 질람–
없다	**нет** 녜트
없이	**без** 비즈
~에	**в** 브(프)
~에 따르면	**по** 빠
에너지의	**энергети́ческий** 에니르기찌–취스끼
~에서	**в** 브(프)
엔진	[남] **дви́гатель** 드비–가찔
여가 시간	**свобо́дное вре́мя** 스바보–드나예 브레–먀
여권	**па́спорт** 빠–스빠르뜨
여기	**здесь** 즈졔스
여기로	**сюда́** 쓔다–
여기로부터	**отсю́да** 앗쓔–다
여기에(구어체)	**тут** 뚜트
여대생	**студе́нтка** 스뚜졘–뜨까
여덟 번째의	**восьмо́й** 바스모–이
여동생	**мла́дшая сестра́** 믈라–드쉬아야 씨스뜨라–
	сестрёнка 씨스뜨룐–까
여드름	**прыщ** 쁘릐쉬
여름	**ле́то** 례–따
여섯 번째의	**шесто́й** 쉬스또–이
여성 고객	**клие́нтка** 끌리옌–뜨까
여성 친구	**подру́га** 빠드루–가
여성의	**же́нский** 쥐엔–스끼
여왕	**цари́ца** 짜리–짜
여자	**же́нщина** 쥐엔–쉬나
여자 동급생	**одноклáссница** 아드나끌라–스니짜
여자 동료	**сотру́дница** 싸뜨루–드니차
여자 배우자	**супру́га** 쑤쁘루–가
여자 친구	**де́вушка** 제–부쉬까
여자 형제	**сестра́** 씨스뜨라–
여정	**доро́га** 다로–가
여직원	**сотру́дница** 싸뜨루–드니차
여행	**путеше́ствие** 뿌찌쉬예–스뜨비예
여행 가다	[불] **путеше́ствовать** 뿌찌쉬예–스뜨바바쯔

연결하다 | 완 **соедини́ть** 싸이지니–쯔
연락하다 | 완 **связа́ться** 스비자–짜
연료 | **то́пливо** 또–쁠리바
연속극 | **сериа́л** 씨리알–
연습하다 | 불 **практикова́ться** 쁘락찌까바–짜
연어 | **сёмга** 쏨–가
연장하다 | 완 **продли́ть** 쁘라들리–쯔
연차 휴가 | **годово́й отпуск** 가다보–이 옷뿌스끄
연필 | **каранда́ш** 까란다–쉬
열(熱) | **температу́ра** 찜삐라뚜–라
열 번째의 | **деся́тый** 지쌰–띠이
열광하다 | 불 **обожа́ть** 아바쥐아–쯔
열다 | 완 **откры́ть** 앗끄리–쯔
열리다 | 불 **открыва́ться** 앗끄리바–짜
열쇠 | **ключ** 끌류취
염려하다 | 불 **пережива́ть** 삐리쥐바–쯔
영국 | **А́нглия** 앙–글리야
영상 | 중 **ви́део** 비–지오
영수증 | **чек** 취엑
영어 | **англи́йский язы́к** 앙글리–스끼 이지–크
영화 | **фильм** 필림
кино́ 끼노–
영화관 | **кино́** 끼노–
옆에 | **ря́дом** 랴–담
예금 | **депози́т** 지빠지–트
예금 계좌 | **депози́тный счёт** 지빠지–뜨늬 쉬요–트
예보 | **прогно́з** 쁘라그노–스
예비의 | **запасно́й** 자빠스노–이

예쁜 | **краси́вый** 끄라씨–븨이
예상되다 | 불 **ожида́ться** 아쥐다–짜
예술가 | **тво́рческий челове́к** 뜨보–르취이스끼 취일라볘–크
예술적인 | **тво́рческий** 뜨보–르취이스끼
예약 | 여 **бронь** 브론
예약하다 | 완 **заброни́ровать** 자브라니–라바쯔
예전에 | **ра́ньше** 란–쉬예
예측 | **прогно́з** 쁘라그노–스
오늘 | **сего́дня** 씨보–드냐
오다 | 불 **идти́**
불 **проходи́ть** 쁘라하지–쯔
완 **прийти́** 쁘리이찌–
오래 전에 | **давно́** 다브노–
오래된 | **да́вний** 다–브니
ста́рый 스따–릐
오랜 | **до́лгий** 돌–기
오랫동안 | **до́лго** 돌–가
오렌지 | **апельси́н** 아삘씬–
오른쪽으로 | **напра́во** 나쁘라–바
오스트리아 | **А́встрия** 압–스뜨리야
5월 | **май** 마이
오토바이 | **мотоци́кл** 마다찌–끌
오페라 | **о́пера** 오–삐라
오한 | **озно́б** 아즈노–프
온도 | **температу́ра** 찜삐라뚜–라
올라가다 | 완 **подня́ться** 빠드냐–짜
올려주다 | 완 **поста́вить** 빠스따–비쯔
올바르다 | **пра́вильно** 쁘라–빌나
올바르지 않은 | **неве́рный** 니볘–르늬

올해 **э́тот год** 에–땃 고트

옳은 **пра́вильный** 쁘라–빌늬

와이파이 **вайфа́й** 바이파–이

와인 **вино́** 비노–

완료 **заверше́ние** 자비르쉬예–니예

완료하다 [완] **заверши́ть** 자비르쉬이–쯔

완벽하게 **доскона́льно** 다스까날–나

완전한 **це́лый** 쪨–리이

완전히 **совсе́м** 쌉씨옘–

왜 **почему́** 빠취무–

외국인 **иностра́нный граждани́н** 이나스뜨란–늬 그라쥐다닌–

외로움 **одино́чество** 아지노–취스뜨바

외모 [여] **вне́шность** 브녜–쉬나스쯔

외부인 **посторо́нний** 빠스따론–니

외출하다 [완] **вы́йти** 브이–이찌

외투 **пальто́** 빨또–

왼쪽에 **сле́ва** 슬례–바

왼쪽으로 **нале́во** 날례–바

요가 **йога** 이오가

요금 **тари́ф** 따리–프

요리 **гото́вка** 가또–프까

ку́хня 꾸–흐냐

еда́ 이다–

요리사 **по́вар** 뽀–바르

요리하다 [불] **гото́вить** 가또–비쯔

요율 **тари́ф** 따리–프

요일 **день неде́ли** 젠 니젤–리

요청하다 [불] **проси́ть** 쁘라씨–쯔

요트 **я́хта** 야–흐따

용기 [여] **хра́брость** 흐라–브라스쯔

용기 있는 **отва́жный** 앗바–쥐늬

용량이 적은 **малолитра́жный** 말라리뜨라–쥐늬

용서 **проще́ние** 쁘라쉬예–니예

용서하다 [완] **извини́ть** 이즈비니–쯔

우리 **мы** 믜

우박 **град** 그라트

우산 **зонт** 존트

우선 **снача́ла** 스나취알–라

우울한 **гру́стный** 그루–스늬

우유 **молоко́** 말라꼬–

우정 **дру́жба** 드루–쥐바

우주 **ко́смос** 꼬–스마스

우주선 **косми́ческий кора́бль** 까스미–취스끼 까라–블

우편번호 **и́ндекс** 인–덱스

우회전 **пра́вый поворо́т** 쁘라–븨 빠바로–트

운전 **управле́ние** 우쁘라블례–니예

운전대 [남] **руль** 룰

울다 [불] **пла́кать** 쁠라–까쯔

울리다 [불] **звони́ть** 즈바니–쯔

움직이다 [불] **передвига́ться** 삐리드비가–짜

웃다 [불] **смея́ться** 스미야–짜

원하다 [불] **хоте́ть** 하쪠–쯔

월 **ме́сяц** 메–씨쯔

월요일 **понеде́льник** 빠니젤–니크

웰돈으로 **си́льной прожа́рки** 씰–나이 쁘라쥐아–르끼

위대하게 **великоле́пно** 빌리까례–프나

위로	**вве́рх** 베–르흐
위치	**местонахожде́ние** 미스따나하쥐제–니예
위치하다	[불] **находи́ться** 나하지–짜
위통	**боль в желу́дке** 볼 브 쥘루–뜨꼐
위험하다	**опа́сно** 아빠–스나
유감스럽게도	**к сожале́нию** 끄 싸쥐알례–니유
유감이다	**жаль** 쥐알
유급 휴가	**опла́чиваемый о́тпуск** 아쁠라–취바이므이 옷–뿌스크
유리컵	**стака́н** 스따깐–
유머	**ю́мор** 유–마르
USB 메모리	**фле́шка** 플레–쉬까
6월	[남] **ию́нь** 이윤–
유일한	**еди́нственный** 이진–스뜨빈늬이
유지하다	[불] **держа́ть** 지르쥐아–쯔
유턴	**разворо́т** 라즈바로–트
유학	**учёбная стажиро́вка** 우취예–브나야 스따쥐로–프까
~으로부터	**из** 이즈
은행	**банк** 방크
은행 계좌	**ба́нковский счёт** 방–까프스끼이 쉬요–트
~을 위해	**для** 들랴
음력	**лу́нный календа́рь** 룬–니이 깔린다–르
음료	[복] **напи́тки** 나삐–뜨끼
음식	**блю́до** 블류–다
	еда́ 이다–
음주	**вы́пивка** 브이–삐프까
응대	**обслу́живание** 압슬루–쥐바니예
~의 말부터	**с конца́** 스 깐짜–
~의 초에	**в нача́ле** 브 나취알–례
의견	**усмотре́ние** 우스마뜨례–니예
의사	**врач** 브라취
의식	**созна́ние** 싸즈나–니예
이	**э́тот** 에–따트
	э́та 에–따
	э́то 에–따
	э́ти 에–찌
이것(들)	**э́то** 에–따
이기다	[완] **вы́играть** 븨–이그라쯔
이다	[불][완] **быть** 븨쯔
이라크	**Ира́к** 이라–크
이란	**Ира́н** 이란–
이러한	**э́тот** 에–따트
	э́та 에–따
	э́то 에–따
	э́ти 에–찌
이런!	**ой** 오이
이루어지다	[불] **получа́ться** 빨루취아–짜
이름	[중] **и́мя** 이–먀
이메일	**электро́нная по́чта** 엘릭뜨론–나야 뽀–취따
이번 달	**э́тот ме́сяц** 에–땃 메–씨쯔
이번 주	**э́та неде́ля** 에–따 니젤–랴
이사(理事)	**дире́ктор** 지렉–따르
	нача́льник 나취알–닉
이상한	**стра́нный** 스뜨란–늬
이스라엘	[남] **Изра́иль** 이즈라–일
이슬	**роса́** 라싸–
24시간	[복] **су́тки** 쑤–뜨끼
이야기하다	[완] **рассказа́ть** 라스까자–쯔

이용 **испо́льзование** 이스뽈–자바니예

이용하다 불완 **испо́льзовать** 이스뽈–자바쯔

불 **по́льзоваться** 뽈–자바짜

완 **воспо́льзоваться** 바스뽈–자바짜

2월 남 **февра́ль** 피브랄–

이집트 **Еги́пет** 이기–삐트

2층 **второ́й эта́ж** 프따로–이 에따–쉬

이탈리아 **Ита́лия** 이딸–리야

이틀 **два дня** 드바 드냐

이해하다 완 **поня́ть** 빠냐–쯔

이행하다 불 **выполня́ть** 비빨냐–쯔

이혼 **разво́д** 라즈보–트

이후 **по́сле** 뽀–슬례

익숙하다 **знако́м** 즈나꼼–

~인 것 같다 **ка́жется** 까–쥐이짜

похо́же 빠호–쥐에

인도 **И́ндия** 인–지야

인도네시아 **Индоне́зия** 인다녜–지야

인사부 **отде́л ка́дров** 앗지엘– 까–드라프

인사하다 완 **познако́миться** 빠즈나꼬–미짜

인생 여 **жизнь** 쥐즌

인쇄기 **печа́тная маши́на** 삐촤아–뜨나야 마쉬–나

인쇄하다 완 **распеча́тать** 라스삐춰아–따쯔

~인지 아닌지 **ли** 리

인치 **дюйм** 쥬임

인터넷 **интерне́т** 인떼르네–트

인터넷 검색 **по́иск в интерне́те** 뽀–이스크 브 인떼르네–쩨

인턴 **стажиро́вка** 스따쥐로–프까

인프라 **инфраструкту́ра** 인프라스뜨룩뚜–라

인후통 **боль в го́рле** 볼 브 고–를례

일[事] **де́ло** 젤–라

рабо́та 라보–따

일곱 번째의 **седьмо́й** 씨즈모–이

일기 **пого́да**

일기예보 **прогно́з пого́ды** 쁘라그노–스 빠고–듸

일본 **Япо́ния** 이뽀–니야

일어나다 완 **произойти́** 쁘라이자이찌–

완 **случи́ться** 슬루취–짜

일요일 **воскресе́нье** 바스끄리쎼–녜

1월 남 **янва́рь** 인바–르

일을 그만두다 완 **уво́литься** 우볼–리짜

일을 하다 불 **занима́ться рабо́той** 자니마–짜 라보–따이

일주일 **неде́ля**

일중독자 **трудого́лик** 뜨루다골–릭

일찍 **ра́но** 라–나

일하다 불 **рабо́тать** 라보–따쯔

잃다 완 **потеря́ть** 빠찌랴–쯔

임차 **аре́нда** 아렌–다

임차 기간 **срок аре́нды** 스로크 아렌–듸

임차하다 불완 **аре́довать** 아렌–다바쯔

입[口] **рот** 로트

입구 **вхо́д** 프호–트

입국신고서 **лист прибы́тия**

	리스트 쁘리븨-찌야
입다	[불] **надева́ть** 나지바-쯔
입맛	**аппети́т** 아삐찌-트
입어보다	[완] **приме́рить** 쁘리메-리쯔
입원	**госпитализа́ция** 가스삐딸리자-찌야
입원하다	[불] **лежа́ть** 리쥐아-쯔
있다	[불완] **быть** 븨쯔
	[불] **есть** 예스쯔
잊다	[완] **забы́ть** 자븨-쯔

ㅈ

자[尺]	**лине́йка** 리녜-이까
자동의	**автомати́ческий** 아프따마찌-취스끼
자동차	**маши́на** 마쉬이-나
	[남] **автомоби́ль** 아프따마빌-
자랑스러운	**го́рдый** 고-르듸
자리	**ме́сто** 메-스따
자명종	**буди́льник** 부질-니크
자산	[복] **сре́дства** 스렛-스뜨바
자신의	**свой** 스보이
자유 시간	**свобо́дное вре́мя** 스바보-드나예 브례-먀
자유로운	**свобо́дный** 스바보-드늬
자유롭다	**свобо́ден** 스비보-진
자이언트	**гига́нт** 기간-트
자전거	**велосипе́д** 빌라씨뻬-
자주	**ча́сто** 취아-스따
작가	**писа́тель** 삐싸-찔
	писа́тельница 삐싸-찔니짜
작년	**про́шлый год** 쁘로-슐릐 고트
작동이 잘 안 되다	[불] **барахли́ть** 바라흘리-쯔
작동하지 않는	**нерабо́чий** 니라보-취이
작열하는	**зно́йный** 즈노-이늬
작열하다	[불] **пали́ть** 빨리-쯔
작은	**ма́ленький** 말-린끼
작은 식탁	**сто́лик** 스똘-릭
작은 책	**кни́жка** 크니-쉬까
작은 탁자	**сто́лик** 스똘-릭
작은 파이	**пирожо́к** 삐라쥐옥-
잔돈	[여] **ме́лочь** 멜-라취
잔디	**газо́н** 가존-
잔업	**перерабо́тка** 삐리라보-뜨까
	сверхуро́чная рабо́та 스비르후로-취나야 라보-따
잘	**хорошо́** 하라쉬오-
잘 가!	**счастли́во** 쉬이슬리-바
잘 팔리는	**ходово́й** 하다보-이
잘못	**вина́** 비나-
잘생긴	**краси́вый** 끄라씨-븨
잠	**сон** 쏜
잠깐	**мину́тка**
잠시만	**мину́тку** 미누-트꾸
잡다	[불] **брать** 브라쯔
	[불] **держа́ть** 지르쥐아-쯔
	[불] **лови́ть** 라비-쯔
	[완] **взять** 브쟈쯔
잡지	**журна́л** 쥐우르날-
장모	**тёща** 쬬-쉬아
장소	**ме́сто** 메-스따
	местонахожде́ние 미스따나하쥐졔-니예
장인	[남] **тесть** 쪠스쯔
장치	**аппара́т** 아빠라-트

устро́йство
우스뜨로-이스뜨바
재미있는 интере́сный 인찌례-스늬
재작년 позапро́шлый год
빠자쁘로-쉴릐 고트
재정부 фина́нсовый отде́л
피난-싸븨 앗지엘-
재채기하다 불 чиха́ть 취하-쯔
재학하다 불 учи́ться 우취이-짜
저 тот 또트
저녁 ве́чер 베-취르
저녁 먹다 완 поу́жинать
빠우-쥐나쯔
저녁 식사 у́жин 우-쥐인
저수조 бак 박
저쪽 та сторона́ 따 스따라나-
저축 계좌 накопи́тельный счёт
나까삐-찔늬이 쉬요-트
적은 ма́ло 말-라
전(前) без 비즈
전공 여 специа́льность
스삐찌알-나스쯔
전근시키다 완 перевести́
삐리비스찌-
전기공학 электроте́хника
엘릭뜨라쪠-흐니까
전달하다 완 переда́ть 삐리다-쯔
전망 вид из окна́
비드 이즈 아크나-
전문 여 специа́льность
스삐찌알-나스쯔
전문가 специали́ст 스삐찌알
리-스트
전부 해서 всего́ 프씨보-
за всё 자 프쇼-
~전에 наза́д 나자-트
전자기기 электроте́хника
엘릭뜨라쪠-흐니까
전자메일 электро́нная по́чта
엘릭뜨론-나야 뽀-취따
전자의 электро́нный
엘렉뜨론-늬이
전차 трамва́й 뜨람바-이
전철역 ста́нция метро́
스딴-찌야 미뜨로-
ста́нция 스딴-찌야
전체의 о́бщий 옵-쉬
весь 베스
전통 тради́ция 뜨라지-찌야
전통 놀이 традицио́нные и́гры
뜨라지찌온-늬예 이-그릐
전통 의상 традицио́нный костю́м
뜨라지찌온-늬이 까스쯈-
전통 인사 традицио́нный покло́н
뜨라지찌온-늬이 빠끌론-
전통적인 традицио́нный
뜨라지찌온-늬이
전혀 совсе́м 쌉씨옘-
전화 오는 것 звоно́к 즈바녹-
전화기 телефо́н 찔리폰-
телефо́нный аппара́т
찔리폰-늬 아빠라-트
전화하다 불 звони́ть 즈바니-쯔
완 позвони́ть
빠즈바니-쯔
절망 отча́яние 앗취아-야니예
절반씩 по́ровну 뽀-라브누
젊은 молодо́й 말라도-이
젊은이 남 па́рень 빠-린
점수 бал 발
점심 식사 обе́д 아베-트
점심 식사하다 완 пообе́дать

빠아볘-다쯔
[불] **обе́дать** 아볘-다쯔
점차적인 **постепе́нный** 빠스찌뼨-늬
접시 **таре́лка** 따롈-까
정각 **ро́вно** 로-브나
정거장 **остано́вка** 아스따노-프까
정류장 **остано́вка** 아스따노-프까
정시에 **во́время** 보-브리먀
정원 **сад** 싸트
정의하다 [완] **определи́ть** 아쁘리질리-쯔
정차하다 [불] **остана́вливаться** 아스따나-블리바짜
[완] **останови́ться** 아스따나비-짜
정하다 [완] **назна́чить** 나즈나-취쯔
[완] **определи́ть** 아쁘리질리-쯔
제거하다 **изба́виться от** 이즈바-비짜 앗
제곱미터 **квадра́тный метр** 끄바드라-뜨늬 메뜨르
제공하다 [불] **доста́вить** 다스따-비쯔
제시하다 [완] **указа́ть** 우까자-쯔
제안하다 [완] **предложи́ть** 쁘리들라쥐-쯔
제일 좋은 **лу́чший** 룻-쉬
조금 **немно́го** 님노-가
조금 멀다 **далекова́то** 달리까바-따
조금 어렵다 **сложнова́то** 슬라쥐나바-따
조미료 **припра́ва** 쁘리쁘라-바
조사 **иссле́дование** 이슬례-다바니예
조속한 **скоре́йший** 스까례-이쉬이
조식 **за́втрак** 자-프뜨락
조심하다 **осторо́жен** 아스따로-쥔
조심히 **аккура́тно** 아꾸라-뜨나
조용한 **ти́хий** 찌-히
조임쇠로 조이다 [완] **пристегну́ть** 쁘리스찌그누-쯔
조종 **управле́ние** 우쁘라블례-니예
좁다 **те́сно** 쪠-스나
좁은 **у́зкий** 우-스끼
종료 **оконча́ние** 아깐취아-니예
종류/종목 **вид** 비트
종사하다 [불] **занима́ться** 자니마-짜
[완] **заня́ться** 자냐-짜
종합대학 **университе́т** 우니비르씨쪠-트
좋다 **хорошо́** 하라쉬오-
좋아하는 사람 [남] **люби́тель** 류비-찔
좋아하다 [불] **люби́ть** 류비-쯔
[불] **нра́виться** 느라-비짜
좋은 **до́брый** 도-브릐이
хоро́ший 하로-쉬이
좋은 주말 **хоро́шие выходны́е** 하로-쉬예 븨하드늬-예
좋은 하루 **хоро́ший день** 하로-쉬이 젠
좌회전 **ле́вый поворо́т** 례-븨 빠바로-트
주(週) **неде́ля** 니젤-랴
주다 [완] **дать** 다쯔
[완] **положи́ть** 빨라쥐-쯔
주말 **выходны́е** 븨하드늬-예
주말농장 **да́ча** 다-취아

주머니 **кармáн** 까르만–
주문 **закáз** 자까–스
주문하다 불 **закáзывать** 자까–즤바쯔
완 **заказáть** 자까자–쯔
주사 **укóл** 우꼴–
주소 **áдрес** 아–드리스
주스 **сок** 쏘크
주요한 **основнóй** 아스나브노–이
주유소 **заправка** 자쁘라–프까
주의 **внимáние** 브니마–니예
주차 **стоянка** 스따얀–까
주차공간 **паркóвка** 빠르꼬–프까
준비하다 불 **готóвить** 가또–비쯔
완 **подготóвить** 빳가또–비쯔
준수하다 불 **соблюдáть** 싸블류다–쯔
중간 사이즈 **срéдний размéр** 스레–드니 라즈메–르
중간 **середина** 씨리지–나
중간에 **посреди** 빠스리지–
중간의 **срéдний** 스레–드니
중간의 굽는 것 **срéдняя прожáрка** 스레–드니야 쁘라쥐아–르까
중국 **Китáй** 끼따–이
중국인 **китáец** 끼따–이쯔
중단되다 불 **прекращáться** 쁘리끄라쉬아–짜
중심지 **центр** 쩬뜨르
즉시 **срáзу** 스라–주
즐거운 **весёлый** 비쏠–리
즐기다 불 **наслаждáться** 나슬라쥐다–짜
증명(서) **удостоверéние** 우다스따비례–니예
증오 여 **нéнависть** 녜–나비스쯔
지각 **опоздáние** 아빠즈다–니예
지각하다 불 **опáздывать** 아빠–즈듸바쯔
완 **опоздáть** 아빠즈다–쯔
지갑 **кошелёк** 까쉴료–크
지금 **сейчáс** 씨이취아–스
지나가다 불 **проходить** 쁘라하지–쯔
완 **пройти** 쁘라이찌–
지나서 **чéрез** 취예–리스
지나치게 **чересчýр** 취리쉬우–르
지난 달 **прóшлый мéсяц** 쁘로–쉴리 메–씨쯔
지난 **прóшлый** 쁘로–쉴리
지난주 **прóшлая недéля** 쁘로–쉴라야 니젤–랴
지내다 불 **поживáть** 빠쥐바–쯔
지다 완 **проигрáть** 쁘라이그라–쯔
지도 **кáрта** 까–르따
지름길 **корóткая дорóга** 까롯–까야 다로–가
지부 **филиáл** 필리알–
지불 계좌 **расчётный счёт** 라쉬요–뜨늬 쉬요–트
지불하다 완 **заплатить** 자쁠라찌–쯔
완 **оплатить** 아쁠라찌–쯔
지사 **филиáл** 필리알–
지속적인 **постоянный** 빠스따얀–늬
지어진 **пострóен** 빠스뜨로–인
지역 **рай́он** 라이온–
여 **мéстность**

메-스나스쯔

지우개	**ла́стик** 라-스찍
지저분한	**гря́зный** 그랴-즈늬
지진	**землетрясе́ние** 지믈리뜨리쎄-니예
지체되다	불 **заде́рживаться** 자제-르쥐이바짜
지치다	불 **устава́ть** 우스따바-쯔 완 **уста́ть** 우스따-쯔
지키다	불 **соблюда́ть** 싸블류다-쯔
지폐	**банкно́та** 방크노-따
지하철	**метро́** 미뜨로-
지하철역	**ста́нция метро́** 스딴-찌야 미뜨로-
직원	**сотру́дник** 싸뜨루-드니크
직위	여 **до́лжность** 돌-쥐나스쯔
직장	**рабо́та** 라보-따
직장 동료	**сослужи́вец** 싸슬루쥐이-비쯔 여 **сослужи́вица** 싸슬루쥐이-비짜
직접	**пря́мо** 쁘랴-마
진실	**пра́вда** 쁘라-브다
진정하다	완 **успоко́иться** 우스빠꼬-이짜
진행되다	불 **идти́** 잇찌-
질리다	완 **надое́сть** 나다에-스쯔
질문	**вопро́с** 바프로-스
짐	**бага́ж** 바가-쉬
짐 찾는 곳	**вы́дача бага́жа** 븨-다취아 바가-쥐아
짐이 가득 실린	**загру́женный** 자그루-쥐인늬이
집	**дом** 돔
짠	**солёный** 쌀료-늬
짧은	**коро́ткий** 까로-뜨끼
쨍쨍하다	불 **пали́ть** 빨리-쯔
쨍쨍한	**зно́йный** 즈노-이늬
쪽	**сторона́** 스따라나-
~쪽으로 끌리다	**клони́ть** 끌라니-쯔
찍히다	불 **фотографи́роваться** 파타그라피-라바짜 완 **сфотографи́роваться** 스파타그라피-라바짜

ㅊ

차(茶)	**чай** 취아이
차지하다	불 **занима́ть** 자니마-쯔 완 **заня́ть** 자냐-쯔
착한	**до́брый** 도-브리이
찬스	**шанс** 쉬안스
참다	불 **терпе́ть** 찌르뻬-쯔
참석자	**прису́тствующий** 쁘리쑷-스뜨부유쉬
참치	**туне́ц** 뚜녜-쯔
창문	**окно́** 아크노-
창조적인	**тво́рческий** 뜨보-르취이스끼
찾아내다	완 **найти́** 나이찌-
찾아보다	불 **иска́ть** 이스까-쯔
채비하다	불 **собира́ться** 싸비라-짜
채우다	완 **запо́лнить** 자뽈-니쯔
책	**кни́га** 크니-가
책상	**стол** 스똘
책임	여 **отве́тственность** 앗볫-스뜨빈나스쯔
책임지다	불 **нести́ отве́тственность** 니스찌- 앗볫-스뜨빈나스쯔

챙겨가다 [완] **забра́ть** 자브라-쯔
~처럼 **как** 깍
처방전 **реце́пт** 리쩹-트
처음으로 **впервы́е** 프삐르븨-예
천둥 **гром** 그롬
천만에요 **пожа́луйста** 빠줘알-스따
천재 **ге́ний** 계-니
천천히 **ме́дленно** 메-들린나
첫 번째 줄 **пе́рвый ряд** 뻬-르비 랴트
첫 번째의 **пе́рвый** 뻬-르븨이
체류하다 [완] **останови́ться** 아스따나비-짜
체증 **про́бка** 쁘로-프까
체크아웃 **выселе́ние** 븨씰례-니예
체크아웃 하다 [완] **вы́селиться** 븨-씰리짜
체크인 **заселе́ние** 자씰례-니예
체크인 카운터 **сто́йка регистра́ции** 스또-이까 리기스뜨라-찌이
체크인 하다 [완] **засели́ться** 자씰리-짜
초(初) **нача́ло** 나취알-라
초대 **приглаше́ние** 쁘리글라쉬예-니예
초대하다 [불] **приглаша́ть** 쁘리글라쉬아-쯔
[완] **пригласи́ть** 쁘리글라씨-쯔
초콜릿 **шокола́д** 쉬아깔라-트
촬영물 **сни́мок** 스니-막
촬영하다 [완] **снять** 스냐쯔
최근에 **в после́днее вре́мя** 프 빠슬레-드니예 브레-먀
최대의 **максима́льный** 막시말-늬
추가적으로 **дополни́тельно** 다빨니-찔나
추가하다 [완] **доба́вить** 다바-비쯔
추운 **холо́дный** 할로-드늬이
추천하다 [완] **порекомендова́ть** 빠리까민다바-쯔
[완] **посове́товать** 빠싸볘-따바쯔
축구 **футбо́л** 푸드볼-
축구 하다 [불] **игра́ть в футбо́л** 이그라-쯔 프 푸드볼-
축하하다 [불] **поздравля́ть** 빠즈드라블랴-쯔
출구 **вы́ход** 브이-하트
출국 **вы́лет** 브일-릿
출발하다 [완] **пое́хать**
[완] **отбы́ть** 앗브이-쯔
출입 **вход** 프호트
출입국관리 **пограни́чный контро́ль** 빠그라니-취늬 깐뜨롤-
출장 **командиро́вка** 까만지로-프까
출혈 **кровотече́ние** 끄라바찌취예-니예
춤 **та́нец** 따-니쯔
춥다 **хо́лодно** 홀-라드나
충분하다 [불] **хвата́ть** 흐바따-쯔
충분히 **вполне́** 프빨녜-
доста́точно 다스따-따취나
충전기 **заря́дное устро́йство** 자랴-드나예 우스뜨로-이스뜨바
충전의 **заря́дный** 자랴-드늬
충전하다 [완] **заряди́ть** 자리지-쯔
취미 [중] **хо́бби** 호-비
취소하다 [완] **отмени́ть** 앗미니-트
취하기 시작하다 [완] **опьяне́ть**

아삐녜–쯔

취향 **вкус** 프꾸스

측 **сторона́** 스따라나–

층 **эта́ж** 에따–쉬

치수 **разме́р** 라즈메–르

치즈 **сыр** 씌르

치즈버거 **чи́збургер** 취–즈부르기르

치통 **зубна́я боль** 주브나–야 볼

친구 **друг** 드룩

친구로 지내다 ⓚ **дружи́ть** 드루쥐이–쯔

친분 **знако́мство** 즈나꼼–스뜨바

친척 **ро́дственник** 롯–스뜨빈니크

칠레 ⓚ **Чи́ли** 췰–리

7월 ⓚ **ию́ль** 이율–

침실 **спа́льня** 스빨–냐

침착하다 ⓚ **успоко́иться** 우스빠꼬–이짜

침통한 **го́рестный** 고–리스늬

ㅋ

카드 **ка́рта** 까–르따

카메라 **ка́мера** 까–키라

카오스 **хао́с** 하오–스

카탈로그 **катало́г** 까딸록–

카페 ⓚ **кафе́** 까페–

캐나다 **Кана́да** 까나–다

캠퍼스 **ка́мпус** 깜–뿌스

커터칼 **канцеля́рский нож** 깐쯔일랴–르스끼 노쉬

커피 ⓚ **ко́фе** 꼬–폐

컨베이어 **конвейер** 깐베–이르

컴퓨터 게임 **компью́терная игра́** 깜쀼–떼르나야 이그라–

컴퓨터 **компью́тер** 깜삐유–떼르

케이블카 **фуникулёр** 푸니꿀료–르

케이크 **торт** 또르트

케첩 **ке́тчуп** 껫–춥

켜다 ⓚ **включи́ть** 프끌류취–쯔

코감기 **на́сморк** 나–스마르크

코드 **код** 코트

코스 **курс** 꾸르스

코스모스 **ко́смос** 꼬–스마스

콘서트 **конце́рт** 깐쩨–르트

콜라 **ко́ла** 꼴–라

콧물 ⓚ **со́пли** 쏘–쁠리

쾌유 **выздоровле́ние** 븨즈다라블례–니예

쿠폰 **тало́н** 딸론–

크기 **разме́р** 라즈메–르

크리스마스 **Рождество́** 라쥐지스뜨보–

크리스마스트리 **ёлка** 욜–까

크림 ⓚ **сли́вки** 슬리–프끼

크지 않은 **небольшо́й** 니발쉬오–이

큰 **большо́й** 발쉬오–이

클럽 **клуб** 끌루프

키 **рост** 로스트

키가 작은 **ма́ленького ро́ста** 말–린까바 로–스따

ни́зкий 니–스끼

키가 큰 **высо́кий** 븨쏘–끼

высо́кого ро́ста 븨쏘–까바 로–스따

키보드 **клавиату́ра** 끌라비아뚜–라

킬로그램 **килогра́мм** 낄라그람–

ㅌ

타고 가는 것 **проéзд** 쁘라예–스트
타고 가다 ㊏ **éхать** 예–하쯔
타고 나가다 ㊏ **выезжáть** 븨이즈쥐아–쯔
㊎ **вы́ехать** 브이–이하쯔
타고 다녀오다 ㊏ **éздить** 예–즈지쯔
타고 데려가다 ㊎ **довезти́ до** 다비스찌– 다
타고 떠나다 ㊏ **уезжáть** 우이즈쥐아–쯔
타고 오다 ㊏ **приезжáть** 쁘리이즈쥐아–쯔
㊎ **приéхать** 쁘리예–하쯔
타고 지나가다 ㊎ **проéхать** 쁘라예–하쯔
타이어 **колесó** 깔리쏘–
ши́на 쉬–나
탁구 **пинг-пóнг** 삥뽕–
탁월한 **превосхóдный** 쁘리바스호–드늬
탄산수 **гази́рованная водá** 가지–라반나야 바다–
탈의실 **примéрочная** 쁘리메–라취나야
탑승게이트 **вы́ход на посáдку** 븨–하트 나 빠싸–뜨꾸
탑승권 **посáдочный талóн** 빠싸–다취늬 딸론–
태양 **сóлнце** 쏜–쩨
태어나다 ㊎ **роди́ться** 라지–짜
태풍 **тайфу́н** 따이푼–
택시 ㊥ **такси́** 딱씨–
택시 승차장 **стоя́нка такси́** 스따얀–까 딱씨–
탱크 **бак** 박
터키 **Ту́рция** 뚜–르찌야
테니스 **тéннис** 떼–니스
텔레비전 **телеви́зор** 찔리비–자르
토네이도 **торнáдо** 따르나–다
토요일 **суббóта** 쑤보–따
통과 **транзи́т** 뜨란지–트
통로 **прохóд** 쁘라호–트
통역사 **перевóдчик** 삐리봇–취크
перевóдчица 삐리봇–취까
통장 **бáнковская кни́жка** 방–까프스까야 크니–쉬까
통증 ㊍ **боль** 볼
통증이 있다 ㊏ **ломи́ть** 라미–쯔
통통한 **пóлный** 뽈–늬
통해 **чéрез** 취예–리스
통화 **валю́та** 발류–따
퇴근하다 ㊏ **уходи́ть с рабóты** 우하지–쯔 스 라보–띄
트렁크 **чемодáн** 취마단–
트레킹 **похóд** 빠호–트
트림 **отры́жка** 앗릐–쉬까
특별한 **необы́чный** 니아브이–취늬
осóбый 아쏘–븨이
특정한 **определённый** 아쁘리질룐–늬
틀린 **невéрный** 니볘–르늬
неправи́льный 니쁘라–빌늬
티켓 **билéт** 빌례–트
팀 **комáнда** 까만–다
팀장 **начáльник** 나촤알–니크
팁 ㊐ **чаевы́е** 취이븨–예

ㅍ

파	**зелёный лук** 질료-늬 룩
파손	여 **неиспра́вность** 니이스쁘라-브나스쯔
파슬리	**петру́шка** 삐뜨루-쉬까
파운드	**фунт** 푼트
파인애플	**анана́с** 아나나-스
파트너 회사	**компа́ния-партнёр** 깜빠니야 빠르뜨뇨-르
파트너십	**партнёрство** 빠르뜨뇨-르스뜨바
파트타임 근무	**почасова́я рабо́та** 빠취싸바-야 라보-따
파티	**вечери́нка** 비취이린-까
판단	**усмотре́ние** 우스마뜨례-니예
판매	**прода́жа** 쁘라다-쥐아
	торго́вля 따르고-블랴
팔다	불 **продава́ть** 쁘라다바-쯔
팔리다	완 **прода́ться** 쁘라다-짜
8월	**а́вгуст** 아-브구스트
패스트푸드	**фастфу́д** 파스트푸-트
패스트푸드점	**кафе́ фастфу́да** 카페- 파스트푸-다
팩스	**факс** 팍스
퍼센트	**проце́нт** 쁘라쏀-트
펑크 나다	완 **проколо́ться** 쁘라깔로-짜
페리선	**паро́м** 빠롬-
페이스북	**фейсбу́к** 페이스부-크
페테르부르크	**Петербу́рг** 삐찌르부-륵
편리한	**удо́бный** 우도-브니이
편안한 밤	**споко́йная ночь** 스빠꼬-이나야 노취
편지	**письмо́** 삐스모-
편하다	**удо́бно** 우도-브나
평균의	**сре́дний** 스례-드니
평방미터	**квадра́тный метр** 끄바드라-뜨늬 메뜨르
평화	**мир** 미르
폐	**неудо́бство** 니우돕-스뜨바
포기하다	완 **отступи́ть** 앗스뚜삐-쯔
포르투갈	**Португа́лия** 빠르뚜갈-리야
포스트잇	**бума́га для заме́ток** 부마-가 들랴 자메-딱
포인트	**бал** 발
포장하다	완 **упако́вать** 우빠꼬-바쯔
포크	**ви́лка** 빌-까
포함하여	**включа́я** 프끌류취아-야
폭	**ширина́** 쉬리나-
폭우	남 **ли́вень** 리-빈
폭풍이 치다	불 **штор ми́ть** 쉬따르미-쯔
폴란드	**По́льша** 뽈-쉬아
표	**биле́т** 빌례-트
	тало́н 딸론-
표시	남 **указа́тель** 우까자-찔
표시하다	완 **отме́тить** 앗메-찌쯔
	완 **указа́ть** 우까자-쯔
표지판	남 **указа́тель** 우까자-찔
프랑스	**Фра́нция** 프란-찌야
프로젝트	**прое́кт** 쁘라엑-트
프린터	**при́нтер** 쁘린-떼르
피	여 **кро́вь** 끄로-프
피겨 스케이팅	**фигу́рное ката́ние** 피구-르나예 까따-니예

피부	**ко́жа** 꼬-쥐아
피자	**пи́цца** 삣-짜
픽업하다	[완] **забра́ть** 자브라-쯔
핀란드	**Финля́ндия** 핀란-지야
필름	**плёнка** 쁠룐-까
필리핀	[복] **Филиппи́ны** 필리피-늬
필수적이다	**необходи́м** 니아브하짐-
	необходи́мо 니아브하지-마
필요가 있다	**сто́ит** 스또-이트

ㅎ

~하게 되다	[완] **прийти́сь**
	[완] **стать** 스따쯔
~하게 보이다	[불] **вы́глядеть** 븨-글리지쯔
~하게 하다	[완] **заста́вить** 자스따-비쯔
~하게 해주다	[완] **дать** 다쯔
~하고 싶다	[불] **хоте́ть**
~하기 위해	**что́бы** 쉬또-븨
하나의	**оди́н** 아진-
하늘	**не́бо** 녜-바
하다	[불] **де́лать** 졜-라쯔
	[불] **занима́ться** 자니마-짜
	[완] **заня́ться** 자냐-짜
	[완] **сде́лать** 즈졜-라쯔
~하려고 하다	[불] **собира́ться** 싸비라-짜
하루	**оди́н день** 아진- 젠
	[복] **су́тки** 쑤-뜨끼
하루 종일	**весь день** 베즈 젠
	це́лыми дня́ми 쩰-리미 드냐-미
하루에	**в день** 브 젠
~하면 안된다	**нельзя́** 닐자-
하이브리드의	**гибри́дный** 기브리-드늬
~하자	**дава́й** 다바-이
하지만	**но** 노
하키	**хокке́й** 하께-이
하품하다	[불] **зева́ть** 지바-쯔
학교(초중고)	**шко́ла** 쉬꼴-라
학기	**семе́стр** 씨메-스뜨르
학년(대학)	**курс** 꾸르스
학습하다	[불] **учи́ть** 우취이-쯔
한 번	**оди́н раз** 아진- 라스
한 잔	**кру́жка** 끄루-쉬까
한 장	**лист** 리스트
한 컵	**кру́жка** 끄루-쉬까
한국	**Коре́я** 까례-야
한국인	**коре́ец** 까례-이쯔
한국인 여성	**корея́нка** 까리얀-까
한기	**озно́б** 아즈노-프
한번에	**за раз** 자 라스
~할 때	**пора́** 빠라-
~할 만하다	[불] **сто́ить**
할 수 있다	[불] **мочь** 모취
	[완] **смочь** 스모취
할 줄 알다	[불] **уме́ть** 우메-쯔
할머니	**ба́бушка** 바-부쉬까
~할수록 ~하다	**чем..., тем...** 취옘 쪰
할아버지	**де́душка** 제-두쉬까
할인	**ски́дка** 스키-트까
할인하다	[완] **ски́нуть** 스끼-누쯔
함께	**вме́сте** 브메-스쩨
~합시다	**дава́йте** 다바-이쩨
항공우편	**авиапо́чта** 아비아뽀-취따

항공편	**рейс** 례이스
항구	**порт** 뽀르트
항상	**всегда́** 프씨그다–
해	**со́лнце** 쏜–쩨
해[年]	**год** 고트
	го́да 고–다
	лет 례트
해도 된다	**мо́жно** 모–쥐나
해버리다	완 **допусти́ть** 다뿌스찌–쯔
~해보다	완 **попро́бовать** 빠쁘로–바바쯔
~해야 한다	**ну́жно** 누–쥐나
~해야 할 것이다	**придётся** 쁘리죠–짜
해일	**цуна́ми** 쭈나–미
핸드백	**су́мка** 쑴–까
햄버거	**га́мбургер** 감–부르기르
행복한	**счастли́вый** 쉬아슬리–븨
행운	**уда́ча** 우다–취아
향기	**арома́т** 아라마–트
허락하다	완 **разреши́ть** 라즈리쉬–쯔
허리 통증	**боль в спине́** 볼 프 스삐녜–
허리케인	**урага́н** 우라간–
허용하다	완 **допусти́ть** 다뿌스찌–쯔
헬기	**вертолёт** 비르딸료–트
혀	**язы́к** 이지–크
현금	여 **нали́чность** 날리–취나스쯔
협의회	**совеща́ние** 싸비쉬아–니예
형제	**брат** 브라트
호감 가는	**симпати́чный** 씸빠찌–취늬
호주	**Австра́лия** 압스뜨랄–리야
호텔	**гости́ница** 가스찌–니짜
	남 **оте́ль** 아뗄–
호텔 로비	중 **ло́бби** 로–비
호텔 안내창구	**ресе́пшен** 리셉–쉰
혹시	**мо́жет** 모–쥐이트
혹은	**и́ли** 일–리
혼란	**хао́с** 하오–스
홀	**зал** 잘
홍수	**наводне́ние** 나바드녜–니예
화난	**серди́тый** 씨르지–띄
화내다	불 **зли́ться** 즐리–짜
화면	**экра́н** 에끄란–
화물차	**грузови́к** 그루자빅–
화상	**ожо́г** 아쥐–옥
화요일	**вто́рник** 프또–르니크
화장실	**туале́т** 뚜알렛–
화장실 휴지	**туале́тная бума́га** 뚜알레–뜨나야 부마–가
화재 비상벨	**противопожа́рная кно́пка** 쁘라찌바빠쥐아–르나야 크놉–까
화폐	**валю́та** 발류–따
확대하다	완 **увели́чить** 우빌리–취쯔
확인하다	완 **прове́рить** 쁘라베–리쯔
환불	**возвра́т** 바즈브랏–
환승	**транзи́т** 뜨란지–트
환영하다	**добро́ пожа́ловать** 다브로– 빠쥐알–라바쯔
환율	**курс валю́т**

꾸르스 발류-트
курс 꾸르스
환전 **обме́н валю́т**
압멘- 발류-트
환전하다 완 **обменя́ть** 압미냐-쯔
회(回) **раз** 라스
회계의 **бухгалте́рский**
부흐갈쪠-르스끼
회복되다 완 **попра́виться**
빠쁘라-비짜
회사 **компа́ния** 깜빠-니야
회의 **собра́ние** 싸브라-니예
совеща́ние
싸비쉬아-니예
회의실 **конфере́нц-зал**
칸피렌-쯔 잘
회장 **президе́нт** 쁘리지젠-트
횡단보도 **пешехо́дный перехо́д**
삐쉬호-드늬 삐리호-트
후식 **десе́рт** 지쎼-르트
후추 **пе́рец чёрный**
뻬-리쯔 취요-르늬
훌륭하게 **великоле́пно**
빌리까례-프나
훌륭히 **кла́ссно** 끌라-스나
훔치다 완 **укра́сть** 우끄라-스쯔
훨씬 **заме́тно** 자메-뜨나
휴가 **о́тпуск** 옷-뿌스크
휴대폰 **со́товый телефон**
쏘-따비 찔리폰-
휴식 **о́тдых** 옷-듸흐
흐르다 불 **лить** 리쯔
흐리다 **па́смурно** 빠-스무르나
흥미롭게 하다 불 **интересова́ть**
인찌리싸바-쯔
희망 **наде́жда** 나졔-쥐다
희망하다 불 **наде́яться**
나졔-야짜
힘 **си́ла** 씰-라
힘들다 **тяжело́** 찌쥘로-

■저자 **조안순**

고려대학교 인문대학 노어노문학과 졸업
우크라이나 키예프국립대학 교환학생
(현) 종로신중성어학원 러시아어 강사
(현) 미래탐구, 학림학원 러시아어 강사
한국가스공사, 국립외교원, 신한은행, 수출입은행 출강
러시아어 학습 블로그 '안나비의 러시아어' 운영

■저서

혼자배우는 러시아어첫걸음
통기초 러시아어 생활회화

언제 어디서나 통하는
러시아어 일상회화사전

초판 1쇄 인쇄 2021년 4월 10일
초판 1쇄 발행 2021년 4월 15일

발행인 박해성
발행처 정진출판사
지은이 조안순
편집 김양섭
기획마케팅 박상훈, 이민희
디자인 · 삽화 허다경
출판등록 1989년 12월 20일 제 6-95호
주소 02752 서울시 성북구 화랑로 119-8
전화 02-917-9900
팩스 02-917-9907
홈페이지 www.jeongjinpub.co.kr

ISBN 978-89-5700-167-7 *13790

• 이 도서의 국립중앙도서관 출판예정도서목록(CIP)은 서지정보유통지원시스템 홈페이지(http://seoji.nl.go.kr)와 국가자료공동목록시스템(http://www.nl.go.kr/kolisnet)에서 이용하실 수 있습니다.(CIP제어번호 : CIP2020048315)
• 파본은 교환해 드립니다. 책값은 뒤표지에 있습니다.